제국의 품격

제국의 품격

작은 섬나라 영국은 어떻게 세계를 지배했는가

박지향 지음

21세기북스

나의 부모님 박명희, 이진영 님께

이 책을 바칩니다.

영국은 어떻게 남들보다
'성공한' 나라가 되었는가

한평생을 서양사, 그중에서도 영국의 역사에 집중해왔다. 이제 그 대장정을 공식적으로 마감하는 시점에서 이 책을 썼다. 대학에서 서양사를 공부하기 시작할 때 내 관심사는 '근대화'였다. 당시 우리나라에는 근대화 바람이 불고 있었고, 우리도 못난 과거를 극복하고 서양처럼, 일본처럼 근대화에 성공해서 잘 살아보자는 당시 분위기에 나도 동조했다. 그것이 서양사 가운데서도 영국의 역사를 공부하기로 결심한 동기였다. 근대를 가장 먼저 연 여러 요소, 즉 의회민주주의, 자본주의, 사상과 표현의 자유, 과학기술의 발달 등에서 가장 앞섰던 나라를 공부해보고 싶은 생각이었다.

영국의 역사를 공부하면서 참으로 배울 점이 많은 나라임을 실감했다. 물론 단점도 적잖이 발견된다. 그러나 그것은 인간의 삶에 주어진 운명이다. 어떤 역사적 인물도, 어떤 역사적 사건도 공과 과가 복잡하게 얽혀 있고 섞여 있기 마련이다. 이

책은 굳이 영국의 단점을 들추려 하지 않는다. 될 수 있으면 그들의 장점에 주목하려 한다. 그리하여 영국이 어떻게 남들보다 '성공한' 나라가 되었는지에서 교훈을 얻고자 한다. 이 태도는 요즘 내게 생긴 새로운 습관이다. 사람이든, 사건이든, 부정적인 면보다는 우선 긍정적인 면을 보고 싶다. 정년 후 한동안은 쉬고 싶다. 그러고 나서 다시 책을 쓰고 싶어지면, 그땐 영국에 대한 부정적인 책을 한번 써볼까?

이 책의 전작은 2000년에 발간한 『제국주의: 신화와 현실』이다. '신화와 현실'이라는 부제가 설명해주듯, 그때만 해도 제국주의에 대한 국내 학계의 의견은 대단히 편파적이고 수준이 낮았다. 제국주의는 전적으로 경제적 착취를 위한 것이라는 마르크스주의적 시각도 팽배해 있었다. 그런 상황에서 제국주의가 얼마나 복잡 미묘한 '동기들'에서 연유했고, 얼마나 복합적인 '결과들'을 야기했는지를 짚어보고자 그 책을 썼다. 이 책은 영제국에 집중하며, 제국주의라는 이념보다는 영제국의 구체적 역사를 살펴본다는 점에서 『제국주의: 신화와 현실』과는 다른 성격을 띠지만, 그 책에서 언급하고 있는 제국주의에 대한 전반적 이해는 이 책을 읽는 데도 도움이 될 것이다. 기술적으로 명기할 일은 영국이라는 국가의 명칭이다. 우리가 현재 영국이라 부르는 나라는 1707년에 잉글랜드와 스코틀랜드가 통합하여 통합 왕국United Kingdom을 만들면서 기초가 마련되었다. 따라서 이 책에서는 1707년 이전에는 '잉글랜드'라는 명칭을, 1707년 이후에는 '영국'이라는 국명을 사용하기로 한다.

이 책을 마무리하면서 나의 연구 과정에 큰 영향을 끼친 에릭 홉스봄(Eric Hobsbawm) 교수와 버너드 셈멜(Bernard Semmel) 교수를 생각하게 된다. 한 분은 소위 좌파, 또 한분은 우파. 두 분 사이에서 곤란한 때도 여러 번 있었다. 이제 두 분 다 작고하셨다. 두 분의 가르침을 받고 사랑을 받았다는 것은 큰 축복이었다. 두 분 사이에서 역사를 좀 더 객관적으로 봐야 겠다는 욕심이 싹튼 것 같다. 현재의 나와 마찬가지로, 연구의 끝자락에서 '나를 기억해주는 제자가 있겠지'라는 희망도 가져본다. 인하대학교와 서울대학교라는 좋은 환경에서 교수 생활을 한 것도 큰 행운이었다. 특히 서울대학교에서 맺은 여러 인연은 참으로 소중하다.

이 책을 오래전에 작고하신 부모님께 바친다. 물질적으로 큰 것을 베풀어주시지는 못했지만 인형보다는 책을 사다주심으로써 '지식'에 대한 사랑을 가르치신 부모님 덕분에 오늘의 내가 존재하게 된 것 같다.

마지막으로, 관악에서

박지향

차례

해상의 지배자이자 자유의 통치자,
영국을 말하다

이 책은 유라시아 대륙의 서쪽 끝에서 해협을 건너가야 닿을
수 있는 작은 섬나라 영국이 어떻게 세계 최초의 의회민주주
의 제도를 정립하고, 세계 최초의 산업혁명을 수행했으며, 세
계 최대의 제국을 건설할 수 있었는지를 탐구해보려는 노력이
다. 물론 오늘날의 영국은 과거의 영광을 많이 잃었고, 브렉시
트 같은 사건이 있어야 사람들 입에 오르내리는 존재로 물러났
다. 그럼에도 영국이 자랑하는 '세계 최초'의 여러 기록은 인류
가 역사를 공부하는 한 사라지지 않을 것이다.

영국은 '자유가 태어난 나라'로 불렸다. 영국인들은 근대
이후 자신들의 정체성을 '자유롭게 태어난 영국인'에서 찾았다.
동시에 영국은 인류 역사상 가장 광대한 제국을 건설한 나라

다. 영제국은 진실로 '해가 지지 않는 대영제국'이었다. '제국'이 환기시키는 '착취와 종속'이라는 개념을 생각할 때, 자유와 제국이라는 두 이미지 사이에는 언뜻 괴리감이 느껴진다. 자유와 제국이 공존할 수 있을까?

식민주의 혹은 제국주의는 한 국민이 다른 국민에 의해 종속되는 형태를 포함한다. 이 세상은 그런 종류의 지배의 오랜 역사를 기억하고 있다. 전통적으로 제국의 형태는 하나의 땅덩어리 안에서 팽창하는 경향을 보였다. 예를 들어 알렉산더의 제국, 로마제국과 중화제국이 그러한데 이런 지리적 집중은 16세기에 극적으로 변화했다. 항해술이 발달함에 따라 대양 너머에 제국을 건설하는 것이 가능해졌고 제국은 지리적으로 연결될 필요가 없었다. 스페인과 포르투갈제국은 이런 의미에서 새로운 제국의 효시가 되었다. 그러나 스페인제국과 포르투갈제국은 빠른 시일 안에 폭압적인 방법으로 부를 추출하고 원주민들을 기독교로 개종시키는 일에 집중함으로써 원주민 사회를 파괴시켰다.[1]

상업 제국이며 해상 제국임을 선언한 영제국은 이 모든 제국과 성격이 달랐다. 알렉산더와 로마, 그 뒤의 후계자들은 땅을 소유하고 민족들을 종속시키려 했지만 해상 제국은 땅이나 종속에 관심이 없었다. 영국인들은 스페인 사람들을 비난하면서 자기들의 제국은 자유의 이름으로 통치되는 상업 제국이라고 주장했다. 1698년에 어떤 영국인은 다음과 같이 선언했다.

"바다는 자연스럽게 우리에게 속한 유일한 제국이다. 정복은 우리의 관심거리가 아니다."[2] 영국인들의 우선적 관심사는 상업이었고 정치적 권력은 관심 밖이었다. 영제국과 상업의 밀접한 연관은 예전의 제국들이나 동시대 다른 경쟁국들과는 다른 성격의 제국을 만들어냈다. 즉 다른 제국들은 힘에 의한 통합을 추구하고 부보다는 권력을 위해 작동했지만, 영제국은 상업 활동을 보장해줄 자유를 앞세웠고 권력보다는 부를 추구했다. 따라서 자유와 제국이라는 두 이미지에 내포된 갈등은 영제국이 기본적으로 상업 제국이었다는 사실을 감안할 때 이해 가능해진다. '자유와 제국'이라는 전통적으로는 양립할 수 없는 이상은 영국인들에 의해 결합되었다. 저명한 역사가 허버트 버터필드(Herbert Butterfield)가 갈파했듯 "자유라는 휘그적 역사와 제국이라는 토리의 역사는 불가분의 것"[3]이었다.

자유에 대한 영국인들의 집착은 남달랐다. 영국인의 자유는 처음에는 왕의 자의적 통치를 제한하는 것에서 출발하여 점차 의회, 법, 재산권과 각종 권리의 제도적 안착으로 구체화되었다. 이렇게 안착된 제도와 조건은 신분에 상관없이 재능 있고 노력하는 개인들에게 기회를 주는 개방 사회, 실력 위주의 사회로 일찍이 방향을 틀면서 영국인들의 자유를 확고하게 보장해주었다. 엘리자베스 1세 시대에 해적에서 위대한 해군 지도자로 변신한 드레이크 같은 인물들은 모두 주어진 기회를 잘 포착한 자유인들이었다. 1588년에 스페인 무적함대를 격파하고 세상의 바다를 제패한 영국은 강력한 해상력을 이용하여 대양을 넘나드는 상업과 해외 무역을 구축했다. 상업과 바다의 제패는 이번에는 영국인들의 자유를 보호하는 요새가 되는 부를 가져다주었다. 실상 영국이 제국으로 팽창하는 데 가장 중요한 이점은 섬나라라는 지리적·지정학적 사실이었다. 덕분에 영국은, 안정적이고 비교적 유연한 정치 체제와 사회 체제를 발달시킬 수 있었다.

'방심한 상태에서' 제국이라는 이름을 얻다

영제국은 20세기 초에 이르면 지표면의 4분의 1을 포괄할 정도로 광대해졌지만 일관되고 통일적인 통치 전략을 가지고 있지 않았다. 영제국은 중심부의 일관된 기획이 아니라 오랜 기간에 걸쳐 상황에 따라 즉흥적으로 획득되고 확장되었다. 그래서 영제국은 '방심한 상태에서' 얻은 제국이라는 말을 듣는다.

일단 공간적으로 영제국의 범위를 확인해보자. 공식적으로 영제국은 인도 같은 식민지, 캐나다, 오스트레일리아 같은 백인 정착지, 보호령, 신탁 통치령, 이집트 같은 점령지, 그 외 군사 기지인 지브롤터와 몰타를 포함했다. 그 밖에 공식적 제국은 아니지만 영국이 영향력을 끼치는 광대한 지역들이 있었다. 달리 표현하면 영제국은 지중해, 중동, 북아메리카, 중앙아메리카, 카리브해 지역, 남아시아, 동아시아, 아프리카, 태평양에 위치한 영토들에 널리 퍼져 있었다. 아프리카 해안이나 중

국 해안에 위치한 거점들은 상업적인 수출입항 아니면 해군 기
지로 기능했다. 한편 싱가포르와 홍콩은 정착지로서 매력이 없
었고 대농장 제도하의 농업 생산에도 적합하지 않았으나 전략
적인 무역 요충지였다. 물론 백인들의 정착지인 자치령들은 제
국 내에서도 특별한 지위를 점하고 있었다. 진실로 영제국은
해가 지지 않는 제국이었으며, 공식 제국 너머까지 뻗친 영국
의 영향력은 거대했다. 사실상 이 모든 것을 포괄하는 용어는
존재하지 않았다.

시간적으로 영제국은 몇 백 년이라는 오랜 기간에 걸쳐 형
성되었다. 제국의 팽창은 세 단계로 구분할 수 있다. 첫 단계
인 1600~1750년 사이에 제국은 신세계의 정복과 함께 시작되
었다. 영국인들은 17세기 초 버지니아와 뉴펀들랜드에 첫 해외
식민지들을 세운 후 북아메리카 동부로 퍼져 나갔으며 바베이
도스(1627), 자메이카(1655), 다른 카리브해 섬들을 포함할 정도
로 팽창했다.

두 번째 단계인 1750~1850년 사이에 영제국은 아시아와
오스트랄라시아로 팽창했는데 인도 아대륙이 가장 중요한 획
득물이었다. 인도 아대륙 자체는 하나의 제국이었기에 그곳을
통제하게 되면서 영제국은 위상이 바뀌었다고 할 수 있다. 인
도의 정복은 오랜 시간이 걸렸고, 동인도회사 설립 당시의 목
표였던 무역은 정치적인 지배로 변모했다. 19세기 중반에 이르
러 영국은 로마제국 이후 최대 제국을 성립했다. 이런 성취에

는 물론 1770년경부터 시작된 산업혁명의 기여가 컸다. 산업화로 인해 세계 시장에서 들어온 수익은 영국의 제국적 팽창을 돕고 제국적 팽창은 영국의 경제 성장을 더욱 부추기는 선순환이 이때 이뤄졌다.

영국 식민지 정복의 마지막 국면인 1850~1920년 사이에 영제국은 아프리카와 중동으로 퍼져 나갔는데, '암흑대륙'의 전면적인 식민화는 19세기 말까지 시작되지 않았다. 그러나 일단 시작되자 오늘날의 가나, 나이지리아, 시에라리온, 수단, 우간다, 짐바브웨, 케냐, 탄자니아를 포함하는 아프리카의 광대한 지역들이 빠르게 영국 통치하에 놓였다. 영제국은 1800년에 150만 평방마일에 2,000만 명의 인구를 가지고 있었는데 100년 후인 1900년에는 영토는 7배, 인구는 20배가 늘었다. 오늘날 영연방에 속한 나라의 수가 53개에 이른다는 사실은 영제국이 얼마나 광대한 규모였는지를 가늠하게 해준다.

그러나 이 거대한 제국을 통치할 도구는 절대적으로 부족했다. 가장 필요한 것은 인력이었지만 절대 부족했고 따라서 영국의 식민 통치는 대부분 간접 통치에 의존할 수밖에 없었다. 식민 행정을 도맡은 중앙 부서는 존재하지 않았으며 부서 간의 연관도 느슨하기 이를 데 없었다. 식민성과 인도성은 1801년에야 창설되었다. 20세기 초에 이르러서도 6개의 부서, 즉 외무성, 식민성, 인도성, 전쟁성, 해군성, 상무성이 해외에서 영국의 이해관계를 수행하는 데 관여하고 있었다. 각 부서

간의 일관된 협력도 1940년대가 되어서야 가능해졌다.

식민성 자체는 정부 부서들 가운데서 별 볼일 없는 부서였다. 1907년 당시 식민성 소속 관리 수는 125명에 불과했다. 이러한 소규모 부서로서는 철저한 감독이 불가능했고 1920년대까지는 자유방임적 정부의 태도가 제국 경영에서 그대로 드러났다. 19세기 중엽 파머스턴에 대한 일화는 식민성이 정부에서 차지하고 있던 위치를 시사해준다. 이 일화에 의하면 수상 파머스턴 경은 내각 회의에서 아무도 식민성 장관직을 원하지 않자 자신이 담당하기로 했다. 그러고는 회의가 끝난 후 "이곳들이 어디 있는가"를 보여달라고 주문했다.

파머스턴은 아마 당대 영국 정치인들 가운데 가장 국제적 감각을 가진 정치인이었을 것이다. 그런데도 그는 영국이 보유하고 있는 식민지들의 위치조차 알지 못했던 것이다. 19세기 말에 이르면 사정이 많이 달라졌는데 당대인들은 그것이 제국의 영광을 보수당의 비전으로 제시한 디즈레일리 수상과 '시대정신' 덕분이라고 생각했다.[4]

자유무역으로 세계를 지배하다

거대한 영제국의 영향력은 직접적으로 정치적 통제를 가하는 지역에만 국한되지 않았다. 19세기 영제국의 목표는 이 세상의 평화와 안전을 보장해주어 모든 사람과 물자가 자유롭게 왕래할 수 있는 팍스 브리타니카를 형성하고 유지하는 것이었다. 영국이 만들어낸 영향권은 전 지구적 경제 블록이었고 그것의 규모는 어마어마했다. 1865년에 경제학자 제본스(William Jevons, 1835~1882)는 영국의 무역 블록을 다음과 같이 표현했다.

> 북아메리카와 러시아의 평원은 우리의 옥수수 밭이고, 시카고와 오데사는 우리의 곡창 지대이며, 캐나다와 발트해 연안은 우리의 목재를 생산하는 삼림 지대다. 오스트레일리아에는 우리의 양이 자라고, 아르헨티나와 북아메리카의 서부 초원에는 우리의 소 떼가 자라고 있다. 페루의 은이 영국으로 들어오고, 남아프리카와 오스트레일리아의 금이 런던으로 흘러 들어온다. 힌두인과 중국인들은 우리를 위해 차를 재배하고, 인도 제국의 플랜테이션에서는 우리의 커피와 설탕, 향료를 생산한다. 스페인과 프랑스는 우리의 포도밭이고, 지중해 연안은 우리의 과수원이다. 오랫동안 미국 남부 지방을 차지하고 있던 목화밭은 기후가 따뜻한 지구상 전역으로 확대되고 있다.[5]

인용문에서 언급된 지역들 가운데는 공식적으로 영제국에 포함된 곳도 있고 포함되지 않은 곳들도 있다. 그러나 이 모든 지역은 영국의 영향력 아래 있었고 영국이 꿈꾸던 '자유무역 지대'를 구성하고 있었다. 실로 19세기 영국이 만들어낸 세계 체제는 제국이라는 개념으로는 표현할 수 없는 규모였다. 그것은 공식적인 영제국보다 훨씬 광범위한 개념이며 전 지구적 현상이었다. 자유무역 지대는 단순한 경제 블록이 아니었다. 그곳은 인류 모두의 염원인 평화가 지배할 것이었다. 그러나 19세기 말에 이르면 영국도 영토적 욕심을 제어할 수 없게 된다. 제국주의라는 시대정신에 휩쓸렸던 것이다.

모든 제국의 팽창에는 전략적·경제적 동기가 있기 마련이다.[6] 어느 쪽이 더 중요한 고려였는지는 각 시대 상황과 맥락을 따져보아야 한다. 영제국이 '방심한 상태에서' 만들어진 것은 확실하지만 그 팽창 과정에서 국가 전략이 전무했던 것은 아니다. 통상적으로 제국은 권력 정치와 국제적 위신, 전략과 방위에 대한 것이다. 제국은 국가 자원과 인력의 배분이나 무력 사용에서 매우 중요할 뿐 아니라 영국처럼 거의 전적으로 식량을 수입에 의존하는 나라에서는 특히 중요한 고려가 아닐 수 없었다.

한동안 제국주의에 대한 관심은 경제적 측면에 집중되어 있었다. 무엇보다 제국이 얼마나 이득을 가져다주었는가에 대한 논의가 활발했는데, 이제까지의 연구 결과를 종합해보면 식민지들은 적어도 일정 기간 동안은 이득이 될 수 있지만, 시간이 지나면서 경제적 이익은 감소했음을 알 수 있다. 영제국의 경우, 그 방대한 제국을 지키는 데 들어간 방위비는 제국이 가져다준 경제적 이익을 훨씬 앞질렀다. 일부 학자들이 주장하듯 19세기 말에 영국인들이 해외에 투자한 돈이 국내에 투자되었다면 영국 경제의 쇠퇴를 막을 수 있었을 것이라는 가정도 맞지 않는다. 영국 경제는 자본이 부족해서 쇠퇴한 것이 아니라 기술 혁신과 구조 조정에 실패했기 때문에 쇠퇴했던 것이다. 대조적으로 18~19세기에 영국이 전 세계에 영국 제품을 판매할 수 있었던 것은 그만큼 영국 제품의 질이 좋고 가격이 저렴했기 때문이다. 제국은 결코 '안전한 피난처'가 아니었다.

19세기 말 영제국의 팽창에서 전략적 동기는 분명한 존재감을 드러낸다. 독일의 통일 후 재편된 국제 정치적 판짜기에서 영국은 전략적으로 제국을 팽창시켜야 했다. 제국 팽창의 전략적 동기에 주목하는 하이엄(Ronald Hyam)은 영국 정치인들에게는 전략적인 문제가 가장 중요한 관심사였기에 경제적 고려가 우선시되는 일은 거의 발생하지 않았다고 강조한다. 영국 정부는 기업가에게 결코 이로운 행동을 취하지 않았으며 비록 기업인들이 어부지리로 혜택을 입을 수 있었다 해도 경제적 고려가 정부 정책의 우선순위는 아니었다는 것이다.[7] 그러나 하이엄이 간과한 것은 전략적 동기와 경제적 동기가 자주 혼합되어 있었다는 것이다. 상업은 골짜기에서 이뤄지고 골짜기의 안전을 확보하려면 그곳을 내려다보는 언덕을 통제해야 했다. 그리고 골짜기와 언덕의 통제 후의 다음 단계는 자명했다.

한편 경제적·전략적 동기가 중요한 만큼이나 소위 '문명화의 사명'은 제국주의의 가장 큰 명분이었다. 우월한 문명의 전파는 사실 역사상 존재했던 모든 제국이 자임한 명분이었다. 로마제국도, 중국도 마찬가지였다. 그러나 근대 유럽은 다른 어느 문명보다도 '근대성'을 자신들의 독특한 자산으로 주장하면서 문명의 전파를 사명으로 인식했다는 점에서 특이했다. 특히 영제국은 자유와 자유무역의 전파를 자신들의 소명으로 여겼다. 그러나 문명화 사명은 영국인들이 의도했던 대로 실행되지 않았고 그렇게 인식되지도 않았다. 영국과 유럽 제국주의에 대한 아프리카인들의 평가는 다음과 같다.

> 백인들이 처음 왔을 때, 그들은 성경을 가지고 있었고 우리는 땅을 가지고 있었다. 얼마 후에 우리는 주변 상황이 변한 것을 발견했다. 지금 그들은 땅을 가지고 있고 우리는 성경을 가지고 있다.[8]

영제국은 무엇보다 상업적이고, 바다를 통한 것이고, 자유로웠다. 그러나 영국 역시 결국에는 공격적이고 탐욕스런 제국이 되었다. 그렇지만 제국을 문명의 확장으로 파악하고, 제국은 좀 더 유능한 사람들이 관대하게 통치해야 하는 것이며, 그것은 권리면서 동시에 의무이기도 하다는 영국인들의 시각은 그들의 제국을 가장 '덜' 사악한 제국으로 만드는 데 기여했다.

1장
해적에서 해군으로

영국은 섬나라다. 섬이라는 지리적 조건은 영국 역사에 중대한 영향을 미쳐왔다. 섬나라이기 때문에 영국의 대외적 팽창은 바다를 통해 달성되어야 했다. 그 사실이 명확히 인식된 것은 튜더 시대(1485~1603)에 들어서면서였다. 튜더 왕조 이후 바다를 통한 진출과 해상력의 강화가 추진되는 과정에서 영국은 스페인제국의 헤게모니를 종식시키고 영국이 주도하는 세상을 만들어냈다.

일부 사람들은 9세기 말 알프레드 대왕이 바이킹에 대적해 싸울 때 해군이 존재했다고 말하기도 한다. 그러나 그런 주장에는 억지가 있다. 노르만 정복(1066) 이후 대부분의 군주들은 자기 소유의 선박을 몇 척 가지고 있었지만 대개 전시에는 상선들을 개조하여 함대를 동원했다. 튜더 왕조를 연 헨리 7세와 그의 아들인 헨리 8세 치세에야 영속적인 해군 조직이라 할 수 있는 조직이 등장했다. 그러나 해군이 정식으로 '국가의 군'으로 인정받은 것은 크롬웰이 집권하던 1650년대였다.

19세기 초에 이르러 전 세계 바다를 장악하게 될 영국 해군은 사실 매우 초라한 기원을 가지고 있다. 주로 스페인제국의 보물선을 약탈하던 사략선이 그 기원이기 때문이다. 해적이었지만 그들의 노략질은 잉글랜드의 자유를 수호하고 '가톨릭을 무찌르는 개신교 십자군'의 성전으로 칭송을 받았다. 18세기를 통해 영국 해군은 꾸준히 성장하고 있었고 나폴레옹전쟁을 통해 그 막강한 존재를 인식시켰다. 1805년, 넬슨이 트라팔가르 해전에서 승리했을 때 영국 해군력에 도전할 수 있는 세력은 어디에도 없었다.

바다 사나이들이 활약하다

15~16세기에 유럽인들은 좁은 유럽을 벗어나 미지의 땅을 탐험하고 대항해 시대를 열었다. 일단 포르투갈과 스페인이 앞서고 네덜란드와 잉글랜드가 곧 합류했다. 유럽인들의 해외 팽창은 당시 진행된 기술 발전이 가져다준 당연한 결과였다.

1400~1600년 동안에 선박 건조 기술과 항해술이 크게 발달했는데, 1400년경에 만들어진 배에는 돛이 한 개뿐이었지만 1435년에 이르면 3개의 돛이 상식이 되었다. 1500년에는 5개의 돛을 장착한 캐러벨과 갈레온 등이 건조되었으며, 이 배들은 대서양의 거친 파도를 더 잘 헤쳐 나갈 수 있었다. 특히 전투를 목적으로 한 범선인 갈레온은 유연성과 기동력을 겸비한 당시로선 최상의 원거리 항해용 선박이었다. 물론 범선의 성격상 해결하기 어려운 문제도 있었다. 예를 들어 유럽 해안에는 북동 무역풍이 일 년 내내 불기 때문에 북쪽으로의 항해가 무척 어려웠는데 이 문제는 궁극적으로 삼각형과 사각형의 돛을 혼합하여 3개의 돛을 단 캐럭으로 어느 정도 해결되었다. 그러는 사이 선원들도 바람과 조류에 대해 더 많은 지식을 가지게 되었고 15세기에는 더 합리적인 지도가 만들어짐으로써 먼 거리 항해가 보다 쉬워졌다.[1]

유럽인들의 해외 팽창에는 당연히 무기가 필수적이었다. 유럽인들이 만든 대포는 크기가 작아지고 정확성이 더 커졌는데, 유럽에서 포금, 황동 같은 포 주조용 합금이 발달함으로써 가능했다. 이제 유럽과 다른 지역 사이의 과학기술적 차이가 훨씬 더 커졌으며 유럽인들은 본격적으로 팽창할 준비를 갖추었다. 그러나 아무리 기술이 발달했더라도 인간의 의지가 없다면 무용지물이다. 대항해 시대는 금에 대한 욕망, 하나님 말씀의 전파라는 강한 의지에 덧붙여 기술 발전이 결합한 결과였다. '하나님, 대포, 배'가 유럽 문명의 세 기둥이 되었던 것이다.

영국은 이 모든 점에서 이점을 가지고 시작했다. 가장 큰 이점은 '상비 육군이 필요 없는 섬나라'라는 이점이었다. 영국의 남부 해안에는 훌륭한 항구들이 퍼져 있을 뿐 아니라 영국에는 대포를 만들 철광 자원과 배를 만드는 목재도 풍부했다. 15세기 초에 이미 영국인들은 해양의 중요성을 깨닫고 있었다. 당시 쓰인 유명한 시에는 "상업을 소중히 생각하라. 해군성을 유지하라. 우리는 잉글랜드 해협의 주인이 되어야 한다"는 충고가 담겨 있었다.[2]

헨리 7세(재위 1485~1509)의 즉위는 영국 해상력의 역사에서 첫 전환점이라 할 수 있다. 튜더 왕조의 왕들은 섬나라 잉글랜드의 운명은 결국 바다에, 그것도 먼바다로의 진출에 달려 있다는 사실을 깨달았다. 튜더 왕조는 돛을 만드는 데 필요한 아마와 대마의 재배를 장려했다. 엘리자베스 여왕은 1562년에 일주일의 3분의 1을 생선 먹는 날로 달력에 표시하기까지 했다.[3] 이것은 통치 엘리트가 미래를 좌우할 해양력의 역할에 대해 잘 인식하고 있었음을 보여준다. 이때 선박과 선박의 무장 방법이 발달함에 따라 상선을 개조해서 전시에 동원하는 것이 부적절해졌다. 헨리 7세는 선박 건조 장려금 제도를 실시하는 등 해군의 발전을 위해 노력했다.

그러나 해군의 진정한 시작은 헨리 8세(재위 1509~1547) 시대였다고 할 수 있다. 헨리 8세는 아버지보다 활발하게 선박 건

1509~1511년 사이에 건조된 메리 로즈 호. 헨리 8세의 누이인 메리와 튜더 가의 상징인 장미의 이름을 따 명명했다.

조 장려금을 시행하고, 해군 보유 선박 수를 84척으로 크게 늘렸으며, 왕궁이 있는 그리니치 가까운 곳에 조선소를 건설했다. 나아가 왕은 함선과 해군 정비창의 관리 업무를 담당할 해군위원회Navy Board를 창설하여 제도적 영속성을 부여했다. 어떤 사람들은 해군에 속한 배의 선장으로 활동하면서 일생을 보냈는데, 이는 전문적인 해군 장교 부대의 시초였다. 헨리 8세는 아버지로부터 배 6척을 인계받았으나 아들과 딸들에게는 전적으로 전투를 위해 설계되고 건조된 전함으로 구성된 유럽 최강의 해군과 항구적인 행정 조직 그리고 조선소를 물려주었다.

헨리 8세 시대 잉글랜드 해군의 주요 인물은 호킨스(John Hawkins, 1532~1595) 제독이었다. 플리머스의 상업용 선박주의

아들로 태어나 일찍부터 배를 탄 호킨스는 당시 최첨단 배인 갈레온을 개선하여 뱃전에 대포를 장착한 배를 최초로 개발했다. 그 배는 돌출한 포성을 전부 제거해 선체가 유선형이었기 때문에 기동성이 높았고 공격력도 크게 신장되었다. 이제 잉글랜드 해군은 필요시 상선으로 보충하기는 했지만 왕의 배만 가지고도 해양 정찰 활동과 통상적인 해전을 수행할 수 있게 되었다. 헨리 8세는 또한 상선을 보호하는 데 전용 전함을 사용하게 한 최초의 왕이었다.

그러나 헨리 8세의 아들딸인 에드워드 7세와 메리 1세는 해상력을 키우는 데 관심이 없었고 방치해두었다. 따라서 엘리자베스 1세(재위 1558~1603)가 등극했을 때 잉글랜드 해상력은 미약한 수준에 머물렀고 200톤 넘는 상업용 선박은 12척도 되지 않았다. 네덜란드 및 발트해와 북해를 누비던 독일 한자동맹 도시들과 비교할 때 잉글랜드는 약소한 상업 세력에 불과했다. 당시 가장 번성하던 항구 도시는 안트베르펜이었다. 인구로 봐서도 잉글랜드는 이웃인 프랑스에 비교가 안 될 정도로 소국이었다. 당시 프랑스는 1,200만 명의 인구를 자랑하고 있었지만 잉글랜드 인구는 300만 명도 채 안 되었다. 그러나 엘리자베스 통치 후반기에 이르면 이런 판도가 확연히 달라진다. 잉글랜드 선박량이 증가했을 뿐 아니라 전함의 증가는 특히 눈여겨볼 만했다. 헨리 7세가 도입한 선박 건조 장려금도 계속 지불되어 1596~1597년 사이에 적어도 57척에 장려금을 지불했

엘리자베스 시대의 바다 사나이들. 왼쪽부터 토머스 캐번디시 (Thomas Cavendish, 1560~1592), 프란시스 드레이크, 존 호킨스.

다.[4] 무엇보다 1588년에는 스페인 무적함대를 격파하는 쾌거를 이루었고 잉글랜드는 바야흐로 변두리 섬나라에서 유럽의 중심 국가로 도약하고 있었다.

엘리자베스 시대를 특징짓는 가장 중요한 것은 뛰어난 바다 사나이들의 등장이었다. 프란시스 드레이크(Francis Drake, 1542?~1596), 월터 롤리(Walter Raleigh, 1554~1618) 등 해상의 역사에 길이 이름을 남긴 인물들이 이때 등장했다. 그들은 모두 잉글랜드와 웨일스가 만나는 서부 지역 데번 출신으로 서로 인척 관계이거나 잘 아는 사이였다. 이들의 출현을 도운 것은 영국의 남쪽 해안을 따라 훌륭한 자연 발생의 항구가 많이 있었다는 사실과 잉글랜드인들의 총포 만드는 기술이 뛰어났다는 사실이었다.

이때 등장한 바다 사나이들은 사실 일종의 해적이었는데, 사략선을 이용한 해적 행위는 그 시대 해상 전투의 특징적인 형태였다. 사략선 업자는 정부와 계약을 맺고 약탈 면허장을 얻어 전시에 적선을 공격할 권리를 허가받은 민간업자들이다. 16세기경부터 해상 경쟁이 치열한 상황에서 각국 정부는 무장을 갖춘 민간 선박에게 적국의 배를 공격하고 약탈하도록 부추겼다. 즉 정부가 담당해야 할 전쟁 업무를 민간 분야에 위탁했던 것이다. 이 사업은 정부가 몸소 나서지 않으면서 적국에 타격을 가할 뿐 아니라 수익금의 일부를 챙길 수 있는 매우 이로운 사업이었다.

바다 사나이들이 사략 행위에 몰려든 이유는 무엇보다도 전리품과 전리 분배금을 받을 기회 때문이지만 사략 행위가 주는 재미와 자극도 무시할 수 없었다. 1587년에 드레이크가 나포한 산 펠리페 호에 실린 화물과 금은보화의 가치는 자그마치 11만 파운드가 넘었다. 이런 위험한 활동을 통해 얻는 이익은 국가 수입 전체의 10~15퍼센트에 이르렀는데, 그 덕분에 자본 공급이 늘고 해운이 성장했으며 무역에서 발생하는 손실을 메우고도 남았다. 이 모든 것에 덧붙여 사략 사업에 참여하는 사람들은 조국의 영광을 위해 일한다는 의식도 가질 수 있었다. 스페인 상인과 상선들을 노략질하던 이들 잉글랜드 뱃사람들이 후에 국가적 차원에서 중요한 의미를 가지는 해군으로 도약했던 것이다.

잉글랜드 뱃사람들은 특히 당시 최대 상업 도시인 안트베르펜으로 들고나는 선박들을 대상으로 한 해적질에 적극적이었다. 그들은 상업용 배만 약탈한 것이 아니라 사람들도 납치하여 몸값을 받았다. 어떤 베네치아 사람은 "기독교도 상인들의 배를 약탈하는 데 열중하지만 않는다면 잉글랜드 사람들은 칭찬할 만한 종족"[5]이라고 평했다. 머지않아 잉글랜드 바다 사나이들은 연안 지역을 떠나 대서양으로, 더 넓은 바다로 눈을 돌렸다. 그들의 표적은 스페인제국이었다. 콜럼버스의 항해로 신대륙을 차지한 스페인은 남아메리카에서 은광을 개발하여 호황을 누리고 있었고 그것을 본국으로 실어 나르는 작업이 활발했는데 그 몫을 빼앗기 위해 사략선들이 몰려들었다. 그들은 스페인 본토를 공략하여 약탈하고 배를 파괴하기도 했다.

엘리자베스 1세는 훗날 영제국을 건설하기 시작한 위대한 군주로 역사에 기록되었지만 여왕은 실상 대외 관계에서 군사적 행동을 사용하는 데 무척 소극적이었다. 비록 이 시대에 잉글랜드의 해상력이 크게 증강되었다고는 해도 여전히 해상 전투의 경우 상업용 배를 빌려 전투에 내보내는 식의 방어적 입장을 취하고 있었다. 헨리 8세 시대부터 활약한 호킨스는 엘리자베스의 해군 회계 담당관으로 임명되면서 여왕의 정책과 갈등을 빚었다. 호킨스는 여왕의 우유부단함 때문에 힘들어했는데, 예를 들어 신대륙에서 스페인으로 가는 대서양 보물 수송

루트를 차단하려는 전략을 여왕이 내켜하지 않고 지원하지 않았기 때문에 고민했다.

호킨스는 여왕의 수세적 자세를 공세적으로 바꾸는 것을 사명으로 생각했으며 해군을 재건하는 데 온 힘을 쏟았다. 그는 병사들 수를 줄이고 임금을 50퍼센트 올려주는 개혁을 실행하여 만족도를 높였고 선상의 질서를 확립했다. 또한 거의 연안 방어용이던 잉글랜드 함대를 긴 활동 반경을 갖고 작전할 수 있는 대양함대로 바꾸었는데, 그 결과 엘리자베스는 잠시나마 세상에서 가장 훌륭한 해군을 가질 수 있었다.[6]

호킨스보다 더욱 두각을 나타낸 바다 사나이는 드레이크였다. 드레이크는 당시 이 세상의 바다를 호령한 가장 유명한 바다 사나이였다. 그때까지 태평양상의 항해는 스페인의 독점 상태였는데 드레이크가 스페인의 아성을 깨뜨렸던 것이다. 그는 해적이면서 유능한 지휘관이었고, 탐험가로 신화를 남겼다. 드레이크는 대단히 신실한 개신교 집안에서 태어났는데 인척인 호킨스의 아프리카 항해에 따라나서면서 배를 타기 시작했다. 드레이크는 주로 대서양과 서인도 제도에서 스페인 선박들을 약탈하는 것으로 아주 유명했는데, 약탈 과정에서 마젤란의 선단 이후 두 번째로 지구를 한 바퀴 돈 인물로 역사에 남게 되었다.

열렬한 개신교도였던 드레이크는 스페인을 증오했다. 그는 스페인의 재산을 빼앗고 지위에 흠집을 내는 것을 일종의 종교적 사명으로 생각했다. 드레이크는 아메리카 신대륙으로부터 본국으로 보물을 실어 나르는 스페인 선박과 항구들을 공격하는 데 번번이 성공하여 스페인제국에 큰 피해를 입혔다. 드레이크가 남긴 가장 유명한 일화는 1579년에 스페인 보물선을 약탈하여 26톤의 은괴를 비롯한 엄청난 양의 금은보화를 약탈한 후, 선장에게 선박을 돌려주면서 혹시 선장 자신이 화물을 횡령한 게 아니냐는 오해를 받지 않도록 약탈 물품의 목록을 써준 것이었다. 그야말로 '영국 신사다운 해적'의 면모를 보여주었던 것이다. 그의 위력은 다음의 일화에서도 드러난다. 스페인 선박 중 하나를 공략하면서 그가 "내가 프란시스 드레이크다!"라고 외치자 스페인 배의 함장은 지체하지 않고 항복했다. 마치 그런 유명한 바닷사람에게 항복하는 것을 영광으로 생각한 듯한 태도였다.[7]

　　드레이크가 1577년부터 3년에 걸쳐 스페인령 아메리카의 태평양 연안 지역을 약탈하고 지구를 한 바퀴 도는 유명한 항해를 한 후 돌아왔을 때, 엘리자베스 여왕은 스페인의 분노에도 불구하고 그의 배인 골든 하인드Golden Hind 호에 몸소 올라 드레이크에게 기사 작위를 수여했다(1581). 이제 대놓고 여왕의 지지를 받으며 스페인에 대한 적대 행위를 감행하던 그는 무적함대와의 전투 시 잉글랜드 함대의 실질적인 사령관 역할을 수행했다. 1596년에 마지막 사략선을 이끌고 출항했다가 열병에 걸려 사망할 때까지 드레이크는 국민적 영웅이었다. 19세기에

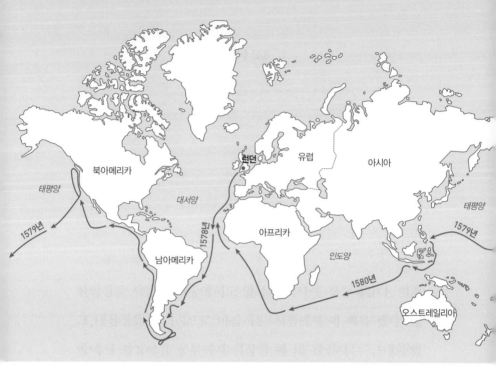

해적이면서 유능한 지휘관이자 탐험가, 드레이크의 세계 일주 경로.

이르러 드레이크를 두고 여왕과 나라를 위해 봉사한 영웅이라
는 이미지가 만들어졌는데 이것은 확실히 신화였다. 그러나 그
반대되는 해석, 즉 사기꾼에 무자비한 해적이라는 해석은 옳지
않다. 드레이크는 해적이었지만 모험가이기도 했으며 잉글랜드
인들의 눈에는 확실한 영웅이었다.

　　당시 바다 사나이들은 자금이 부족했기에 개인 공동 투자
기업들을 인가받아 길을 떠났는데 드레이크의 모든 원정은 그
런 식으로 자금 지원을 받았다. 엘리자베스 여왕은 총 비용의
6분의 1을 대주기도 했고 어떤 경우 이익의 3분의 1을 차지하

기도 했다. 드레이크의 세계 일주 항해를 지원한 조합은 투자액 1파운드당 47파운드라는 어마어마한 순수익을 올렸다. 이런 해적 행위 덕분에 잉글랜드의 부가 증가했을 뿐 아니라 더욱 중요한 것은 스페인의 자원에 커다란 해를 입혔다는 사실이다. 비록 스페인제국이 잉글랜드 해적들 때문에 망하지는 않았지만 그 세력은 크게 침해받았다. 엘리자베스 시대는 이처럼 사략 행위에 의해 크게 수익을 올렸지만 사략 행위 외에 정규 해군도 육성되었다. 여왕은 해군을 키우고 함대를 다시 구축했다. 그러나 여왕의 선박에 대한 관리와 지휘는 여전히 사략선을 주도한 사람들의 책임 아래 있었고 아직 정규 해군이 존재한다고 말할 수는 없었다.

스페인 무적함대를 격파하다

영국 해군의 역사를 이해하기 위하여 중요한 점은 해군이 단순히 군사적 사건이 아니라 자유와 밀접히 연결되어 있었다는 사실, 그리고 16세기 이후 영국의 자유의 핵심 중 하나는 가톨릭교에 대한 반대였다는 사실이다. 1534년에 헨리 8세가 로마 가톨릭교회를 떠나 잉글랜드 국교회를 설립한 후 잉글랜드는 개신교 신앙을 수호하는 주도적인 나라로 인식되었다. 특히 교황이 엘리자베스 여왕을 파문(1570)한 후 가톨릭을 제거하는 것은 잉글랜드인들에게 애국적인 일이 되었고, 바다 사나이들도 가톨릭 세력을 제거하여 나라의 방위를 철저히 하는 데 동원되었다. 해적 행위조차 개신교 신앙과 연결되었다. 이 시기 스페인과 벌인 모든 전쟁에서 해적 행위는 '즐거운 도둑질'이면서 동시에 개신교 신앙을 지키는 '성전'이고 '자유를 지키는 위업'이었다. '종교와 자유와 돈'이 하나의 체계를 이루었던 것이다.[8]

1560년대부터 유럽은 신구교도들 사이의 종교 전쟁으로 극심한 혼란을 겪고 있었다. 특히 프랑스 내에서 벌어지고 있던 신구교 간의 갈등과 전쟁, 그리고 스페인의 개신교 탄압에 대항하여 일어난 네덜란드를 위시한 저지대 식민지들의 저항이 처절했다. 잉글랜드로서는 같은 신교도들의 저항을 지원해줄 법했지만 엘리자베스 1세는 대외 전쟁에 극도로 소극적이었고 스페인에 대항하는 어떤 정책과 전략에도 주저한 채 신교도들의 종교 전쟁을 간접적으로 지원해주는 방식을 취할 뿐이었다. 그러던 중 어쩔 수 없는 사태의 진전으로 잉글랜드는 당시 최대 강대국이던 스페인과 나라의 생존을 건 한판 전쟁을 벌이게 된다.

스페인과의 전쟁은 사실 언제고 터질 수 있는 활화산이었다. 잉글랜드는 개신교 국가의 지도자로 자처하고 있었고 스페인은 가톨릭 신앙의 수호자였다. 위에서 살펴보았듯 스페인은 아메리카 신대륙의 부를 독점하고 있었고 그에 대해 강한 반감을 가진 잉글랜드인들의 사략 행위로 두 나라 관계는 최악의 상황에 처해 있었다. 그렇지만 엘리자베스 여왕은 스페인에 대한 태도에서 극도로 조심스러웠다. 주저하는 여왕을 어쩔 수 없이 전쟁으로 몰고 간 결정적인 사건 가운데 하나는 1580년에 포르투갈 왕이 후계자 없이 사망하자 스페인이 포르투갈을 점령하고 합병해버린 것이었다. 그 결과 스페인 해군은 대단히 위력적인 해군으로 재탄생했고 이제 잉글랜드는 나라의 안위를 심각하게 우려하는 사태에 처하게 되었다. 이 사실을 충분히 인식하고 있던 엘리자베스의 정부는 1583년에, 전쟁 시 동원할 수 있는 해상 자원을 조사하는 작업을 수행했다. 즉 전국에 있는 선박과 항해 기술을 가진 사람들을 전수 조사했던 것이다. 1585년에는 여왕의 대신인 벌리 경(William Burleigh, 1520~1598)이 전쟁 시 가능한 전략과 해군의 대응에 대한 제안서를 작성했다.

그런 상황에서 결정타는 잉글랜드에 망명 중이던 스코틀랜드 여왕 메리가 엘리자베스 암살 음모에 가담한 혐의로 처형된 사건이었다. 헨리 7세의 혈통을 타고났고 엘리자베스와 5촌간인 메리는 일찍이 프랑스 왕실에 시집갔다가 미망인이 되어 스코틀랜드로 돌아와 통치하고 있었다. 그러던 중 염문과 부정에 연루되어 신하들에 의해 쫓겨난 후 간신히 잉글랜드로 탈출한 후에도 메리는 끊임없이 엘리자베스에 대항하는 잉글랜드 가톨릭 세력이 꾸민 음모의 중심에 있었다. 잉글랜드 국교

잉글랜드 해군(오른쪽)이 '프로테스탄트 바람'을 등지고 스페인 군함(왼쪽)과 싸워 승리한 해전을 그린 그림.

회가 성립된 지 얼마 지나지 않은 시기였기에, 엘리자베스를 제거하고 가톨릭인 메리를 옹립하려는 가톨릭 세력이 잔존했던 것이다. 결국 결정적 증거가 드러나자 그동안 메리의 처형을 꺼려하던 엘리자베스조차 반대할 수 없게 되었고, 메리 스튜어트는 1587년에 처형되었다. 스페인으로서는 잉글랜드를 침공할 결정적 근거가 마련된 것이었다.

　　이제 영국과 스페인 간 갈등은 확실히 종교 전쟁의 성격을 띠게 되었다. 최근 연구는 당시 스페인 왕 펠리페 2세의 '메시아적' 망상이 잉글랜드와의 전쟁을 야기한 결정적 요인이었다고 분석한다.[9] 당시 사회에는 신구교의 갈등 속에서 메시아주의가 유행했는데, 특히 신앙심이 돈독했던 펠리페 2세의 세계관이 더욱 그러했다는 것이다. 스페인은 어떤 나라보다도 종교적 열정에 의거해 외교 및 군사 작전을 수행한 나라였다. 펠리페 2세는 잉글랜드를 다시 가톨릭 신앙으로 회복시킨다는 비현실적인 계획을 신의 섭리로 믿었다. 펠리페는 잉글랜드 침공을 결심하고 총사령관으로 메디나 시도니아 공작을 임명했다. 그러나 그는 무경험을 이유로 고사하다가 어쩔 수 없이 받아들였는데, 그 자신 무적함대라는 명성이 허명임을 솔직히 알고 있었던 것이다.

스페인 전략의 골자는 시도니아가 지휘하는 본군이 네덜란드에 주둔해 있던 파르마 공작의 군대와 연합하여 잉글랜드를 침공하는 것이었다. 1588년 5월, 전투함과 수송선을 합쳐 총 130척으로 구성된 무적함대가 마침내 출발했고 7월 19일 잉글랜드 남동부 리저드곶에 모습을 드러냈다. 무적함대의 출현은 잉글랜드 사람들로 하여금 오히려 안도감을 가지게 했다. 그동안 무력하게 기다리던 상태에서 벗어나 이제 무언가 결론을 내릴 수 있게 되었기 때문이다. 드레이크는 "이제 게임을 끝내고 스페인을 무찌를 때가 왔다"고 포효했다.[10]

무적함대를 거느린 최강대국인 스페인제국과 조그만 섬나라 잉글랜드가 벌인 전쟁의 승부는 당대인들에게 너무도 명백해 보였다. 이때 양국의 전력을 비교한 사람들은 스페인이 보유한 대규모 함대의 수적인 우위와 막대한 국가의 부를 언급했다. 그러나 좀 더 예리한 관찰자의 눈에는 잉글랜드 배의 민첩함, 유연함, 항해술 등 잉글랜드의 승리를 점칠 수 있는 가능성이 보였다.

플리머스에 정박해 있던 잉글랜드 함대는 총 197척으로, 양측의 전투력은 비슷했다. 그러나 잉글랜드가 건조하고 활용하던 새로운 유형의 함선인 갈레온에 비해 스페인은 부적절하고 비효율적인 갤리와 캐럭 그리고 일시적으로 임대한 무장 상선으로 구성된 잡다한 함선들을 가지고 있었다. 스페인 함대를 목격한 사람들의 견해에 의하면 "스페인 함대의 배들은 아주 튼튼하게 지었고 너무 높아서 마치 거대한 성같이 보였으며, 방어용이고 어떤 공격도 견딜 수 있어 보였다."[11]

그러나 잉글랜드가 보유한 갈레온은 더 기동력이 뛰어났고 잉글랜드는 숙달된 선원을 더 많이 거느리고 있었다. 지휘관의 능력에서도 당연히 잉글랜드 측이 더 뛰어났는데 스페인 총사령관인 시도니아는 유능한 귀족이었지만 해상 경험이 없었고 실질적 지휘관인 데 발데즈는 경험이 풍부한 선원이었지만 부하들을 통솔하는 능력이 부족했다. 반면 잉글랜드의 실질적 지휘관인 드레이크는 당시 절정기에 있었다. 스페인제국과 전쟁을 벌이고 있던 '네덜란드 거지들the Dutch Beggars'*도 배 30척을 지원했을 뿐 아니라 스페인 군함들이 정박하고 있던

---

* '네덜란드 거지들'은 스페인 통치자들이 네덜란드 지도자들을 폄훼하여 말한 모욕적 표현인데 오히려 네덜란드인들이 그것을 받아들여 스스로를 '거지 기사단'으로 불렀다.

항구의 동향을 치밀하게 조사하여 잉글랜드에 정보를 보냈다.

5일 내내 계속된 전투에서 잉글랜드 함대의 기동성과 사정거리가 긴 대포, 그리고 선원들의 우수함이 유감없이 드러났다. 드레이크의 지휘력도 뛰어났다. 처음에 전투의 주도권을 빼앗은 드레이크는 바람을 등지고 싸우는 위치를 줄곧 고수했는데, 다행히 '신교도의 바람'으로 불린 남서풍이 계속 불어온 덕분에 그 작전을 고수할 수 있었다. 그러나 잉글랜드군이 사용한 대포는 너무 가벼워서 적선에 심각한 타격을 가할 수 없었다. 이때 스페인 측은 무모하게 포탄을 다 써버리는 실수를 저질렀다. 며칠 후 무적함대의 포탄이 떨어지자 비로소 잉글랜드 함대는 적 가까이 접근하여 격전을 벌였고 스페인 배 11척을 침몰시켰다. 반면 스페인 배는 단 한 척도 잉글랜드 배에 접근하지 못했다. 스페인 측의 불운은 파르마 공작이 때맞추어 플랑드르 연안에 군대를 집결시키지 못함으로 배가되었다. 결국 무적함대는 130척 가운데 53척만이 심하게 부서진 채 귀환할 수 있었다.

전쟁이 끝난 후 시도니아가 분석한 패배 원인은 궂은 날씨, 잉글랜드의 우월한 함대, 잉글랜드 사람들의 끈질김, 포탄 실력 등의 결합이었다. 특히 잉글랜드 선박의 민첩함은 당시 기록에 잘 드러난다. 모든 스페인 측 해석은 잉글랜드 배의 놀라운 기동력을 언급하고 있다. 시도니아는 왕에게 바친 보고서에서 "그들의 배는 너무 유연해서 원하는 대로 움직일 수 있는 것처럼 보였습니다"라고 썼다. 잉글랜드 배들이 "마치 잘 훈련된 말들처럼 반응했다"는 보고도 있었다.[12]

해군,
사명을 짊어지다

무적함대 격파는 잉글랜드인들에게 새로운 자기 확신을 불러일으켰고, 네덜란드 사람들은 숨 쉴 여유를 찾았다. 진정한 이득을 취한 것은 사실 잉글랜드가 아니라 네덜란드였다. 무적함대의 잉글랜드 침공이 실패로 돌아간 후에도 네덜란드의 대스페인 전쟁은 계속되었고 1648년에야 공식적으로 독립을 인정받았지만, 1600년에 이르면 잉글랜드가 아닌 네덜란드인들이 한자동맹 도시들, 베네치아, 포르투갈 같은 상업 제국들의 진정한 후계자라는 사실이 분명해졌다. 네덜란드공화국은 1670년에 이르면 루이 14세의 군대에 필적하는 10만 명의 군대를 보유할 수 있었다. 당시 프랑스가 인구에서 네덜란드보다 10배나 많았다는 사실을 기억할 때 놀라운 병력이었다. 물론 이 가운데 많은 수는 용병들이었고 네덜란드 시민들은 프랑스나 잉글랜드 국민보다 평균 3배 이상의 세금을 내야 했다.[13]

잉글랜드와의 전쟁에서 패했다고 해서 스페인제국이 바로 쇠락하지는 않았다. 무적함대의 패배로 스페인제국의 전성기가 막을 내린 것도 아니었다. 스페인은 계속 신대륙의 부를 끌어모았는데 1588~1603년 동안 스페인 역사상 그 어떤 기간보다 더 많은 보물이 아메리카 대륙에서 본국으로 도착했다. 사실 스페인제국의 몰락은 여왕이 원하는 바가 아니었을 뿐 아니라 잉글랜드에는 그렇게 할 수 있는 능력도 없었다. 엘리자베스는 스페인제국을 '산산조각 내려는' 의도를 가지고 있지 않았다. 이유는, 프랑스를 견제하려면 스페인이 절대 필요하다는 것을 여왕이 알고 있었기 때문이다. 엘리자베스는 해양 정책과 대륙 정책 사이에서 올바른 균형을 유지하고자 했으며 가능하다면 어느 강대국에 대해 홀로 맞서기를 피하는 것이 잉글랜드의 국운에 매우 중요하다는 것을 알고 있었다. 그것이 스페인에 대한 엘리자베스 1세의 미온적 태도를 설명해주는 요인이다. 여왕은 "프랑스가 마지막 날을 맞이하게 된다면 그것은 잉글랜드 파멸의 전야제가 될 것"이라고 확신했다. 프랑스와 스페인이라는 두 강대국들이 있는 세계에서는 잉글랜드가 생존할 수 있지만 하나일 경우에는 생존할 수 없을 것이었다.[14]

무적함대 격파 후 세상은 변하고 있었다. 1590년대가 되면 사략 행위에 의해 쉽게 수입을 얻던 시대는 막을 내리고 있었다. 1595~1596년에 드레이크와 호킨스는 카나리 제도(카나리아 제도)의 스페인 사람들을 공략하는 마지막 사략선 모험 항해를 떠났는데 두 사람 모두 이 항해 중 열병으로 죽었다. 호킨스와 드레이크의 종말은 한 시대의 끝을 보여주는 상징적 사건이었다. 서인도 제도 주변에서의 약탈은 점점 더 어려워졌으며 국가가 후원하는 해적 행위의 시대는 끝났다. 다음 단계는 국가의 공식적 군으로서의 해군의 출현이었다.

튜더 왕조가 잉글랜드 해상력의 막강한 증대를 시작하고 그 성과를 보았다면 스튜어트 시대는 튜더의 명성에 눌려 기억조차 되지 않는다. 제임스 1세(재위 1603~1625)는 스페인과의 평화 정책을 추진했는데 평화의 정착은 엘리자베스가 유산으로 남긴 함대를 유지할 필요가 없게 만들었다. 제임스는 또한 다른 나라 군주들과 달리, 사략업자들에게 약탈 허가장의 발부를 거부함으로써 사략 활동을 금지시켰다. 따라서 해군 자체가 국가의 공식 기구로 인정되지 않는 한 지속적인 해군 전략이 없었던 것은 당연했다. 그의 아들 찰스 1세는 선박세를 징수했는데(1634), 그 돈은 새로운 배를 건조하여 잉글랜드 해협에서 외국을 견제하기에 충분한 비교적 강력한 부대를 건설하는 데 사용되었다. 이제 브리튼 제도 주변의 정기 순항이 해군의 정규 기능이 되었다. 그런 찰스 1세가 의회와의 갈등을 빚고 이어진 혁명전쟁에서 패하여 처형된 데 선박세가 일정 역할을 했다는 사실은 역사의 아이러니라 할 수 있다.

17세기 중엽에 발생한 혁명으로 나라 자체는 심각한 혼란 상태에 빠져들고 크롬웰(Oliver Cromwell, 1599~1658)이라는 독재자의 통치하에 들어갔지만 해군은 이때 의회에 의해 '국가의 군'으로 간주되는 위업을 이루게 된다. 이제 잉글랜드 해군은

런던 의회 광장에 있는 올리버
크롬웰 동상.

왕과 귀족 및 상인이 제공한 선박들의 집합체라는 구태의연한
모습에서 탈피하여 의회에 의해 정식으로 예산을 지급받는 나
라의 군대로 변모해갔다. 다시 말해 잡다한 임시 단체였던 함
대가 상비적이고 통일된 조직을 갖게 되었고, 아마추어 신사들
의 지시를 받던 조직이 전문적인 지휘관들의 통제를 받게 되었
던 것이다.

　헨리 8세 때 잉글랜드 국교회를 수립하면서 몰수한 수도
원 재산이 해군 확장 기금으로 사용되었듯, 영국혁명 기간 중
해군 기금의 대부분은 몰수된 왕당파의 토지에서 나왔다. 이
때 병사들의 임금이 인상되고 연금 제도가 도입되었으며 조선

소들이 추가로 건설되었다. 1649~1651년 사이에 41척의 새로운 함선이 추가되어 잉글랜드 해군의 함대 규모는 2배로 커졌으며 1660년에 왕정이 복고될 때까지 총 207척의 함정이 새로 건조되거나 획득되었다.

해군의 발전에서 가장 중요한 것은 항해법Navigation Act 제정이었다(1651). 항해법은 당시 네덜란드 사람들이 무역을 독점하는 것에 불만을 품은 크롬웰 정부가 그들로부터 무역을 빼앗아오려는 목적에서 추진한 중상주의적인 보호무역 정책이었다. 몇 차례에 걸쳐 입법된 항해법은 잉글랜드로 들어오는 상품들은 오직 잉글랜드 선박 및 그 상품이 생산된 원산지의 선박에 의해서만 운송할 수 있다고 못 박았다. 식민지들은 해외 선박을 통해 상품들을 들여오는 것이 금지되었다.

항해법 덕분에 잉글랜드 상업과 해운업이 번성했고 정부는 그 대가로 증가된 관세와 물품세를 받아냈다. 이처럼 항해법은 정부와 상공업자 쌍방에 이로운 정책으로 차후 잉글랜드 상업과 무역이 발달하는 데 크게 기여했다. 항해법은 동시에 잉글랜드 뱃사람들에게 대양 항해의 경험을 제공하여 궁극적으로는 해군에 긴요한 인력을 공급하는 어부지리까지 안겨주었다. 즉 항해법 덕분에 잉글랜드 해군은 선박의 수와 질, 운영과 재정, 지휘관과 병사들, 세계로의 접근에서 누구보다도 우월한 세력이 되었던 것이다. 이처럼 크롬웰은 해군의 과거와 미래를 연결시켜주는 중요한 연결점이었고, 비록 독재자였지만

'진정한 해군의 창설자'로 추앙받게 된다.

크롬웰은 해군을 전적으로 블레이크(Robert Blake, 1598~ 1657)에게 맡겼는데, 당대 최고의 지휘관으로 인정받고 있던 블레이크는 "넬슨조차 감히 그와 동격이라고 생각할 수 없다" 고 할 정도로 아주 유능했다. 블레이크는 병사들에게 "가장 신분이 낮은 사람조차 나와 마찬가지로 자유롭게 태어난 잉글 랜드인"이라는 말을 함으로써 병사들 사이에 공동체 의식이 싹트게 했다.[15]

비록 왕정복고(1660) 후 해군의 발달에 큰 진척은 없었지 만 소소한 발전이 있었는데, 그 가운데 중요한 것으로 그리니 치 천문대가 설립되었으며 해군 장교가 되려면 반드시 시험을 보아야 한다는 원칙이 수립되었다는 것이다. 해군은 점차 전문 적이 되었고, 정치와 무관할 뿐 아니라 정치보다 상위 개념으 로 간주되었다. 해군은 국가적 관심거리였다. 즉 모든 잉글랜 드 사람은 각자 해군에 대해 의견을 가지고 있었다. 해군은 모 든 사람이 지지한 유일한 국가 제도였으며, 해군만이 정치적으 로 통일된 의견의 주제일 수 있었다.

17세기 중·후반에 해군 및 해양력과 관련하여 기억해야 할 중요한 사건은 잉글랜드–네덜란드 전쟁이다. 영란전쟁은 잉 글랜드가 제정한 항해법에 불만을 품은 네덜란드와 잉글랜드 가 1652~1674년 동안에 세 차례에 걸쳐 벌인 전쟁이다. 무적 함대 격파 때만 해도 동맹국이던 잉글랜드와 네덜란드의 유대

세계 항해 발달에 기여한 그리니치 천문대.

는 이때쯤 되면 약해졌는데, 스페인제국이 쇠락하자 두 나라가 서로 연합해야 할 필요성이 없어졌을 뿐 아니라 해상 무역에서 강력한 경쟁자가 되었기 때문이다.

영란전쟁은 잉글랜드가 참여한 그 어떤 전쟁보다도 무역전쟁의 성격이 강했다. 누가 해양을 지배하고 통상 이익을 얻을 것인가를 둘러싼 분쟁이었던 것이다. 궁극적으로는 잉글랜드의 승리로 마무리되었는데, 네덜란드가 패한 원인 가운데 중요한 것은 잉글랜드 함대의 우세한 화력과 우월한 병력이었지만, 홀란드가 주도하는 것에 대해 다른 연방들이 반발하는 등 네덜란드 측의 내분과 불화도 큰 원인이었다. 이 전쟁의 결과 네덜란드는 잉글랜드의 항해법을 인정하게 되었고 네덜란드의 국력은 곧이어 프랑스와의 분규로 크게 약화되었으며 결국 해상의 왕좌를 잉글랜드에게 넘겨주게 된다.

한편 영란전쟁이 반드시 잉글랜드 상인들에게 이득이 되지는 않았다. 세금이 증가하고 무역이 방해를 받았으며 병사들의 강제 징집 등 폐해도 만만치 않았기 때문이다. 그러나 잉글랜드의 해외 무역은 제3차 영란전쟁 종결(1674) 후에 급격히 확대되었으며, 모직물 수출에 지나치게 의존하고 유럽만을 대상으로 하던 무역 활동의 영역이 다양해졌다. 마침 이때 설탕과 담배 소비가 붐을 이뤄 해외 무역이 성했다. 덕분에 관세와 소비세가 증가하여 정부 재정에 크게 도움이 되었고 해운과 조선업도 활황기를 맞았다.

18세기는 '제2차 백년전쟁의 시기'라고 불릴 만큼 전쟁이 흔한 시대였는데 이때 영국의 주적은 프랑스였다. 17세기 말에 이르면 스페인제국이 아니라 프랑스가 잉글랜드에게 최대의 위협이 되었다. 어느 당대인이 지적했듯 "잉글랜드 왕의 관심은 프랑스가 대륙에서 너무 강해지지 않도록 막는 것이고 프랑스의 관심은 잉글랜드가 대양의 주인이 되는 것을 막는 것"이었다.[16] 1702년부터 시작된 스페인 왕위계승전쟁도 프랑스를 상대로 한 전쟁이었는데 이 전쟁에서 영국 해군은 중요한 역할을 하게 된다. 스페인 합스부르크 왕실의 왕위계승이 끊기자 루이 14세의 손자를 왕위에 추대하려는 프랑스와 그를 견제하려는 영국 동맹국들이 10년 가까이 벌인 스페인 왕위계승전쟁에서

스페인 왕위계승전쟁의 일환으로 벌어진 비고만 해전에서 영국-네덜란드 함대가 스페인-프랑스 함대를 격파했다. 루돌프 바쿠우이젠, 〈비고만 해전〉, 1702년 작.

결국 프랑스는 패하게 된다. 프랑스가 기진맥진해진 이유는 군사비 때문이고 영국 동맹국들이 승리할 수 있었던 것은 영국의 경제력 덕분이었다. 루이 14세의 도전은 실패로 끝났고 스페인 왕위계승전쟁이 끝나기 전에 영국 함대는 서유럽에서 가장 거대하고 강력한 함대가 되어 있었다. 결국 프랑스와 스페인이 한 국왕 밑에서 통일되지 않을 것이라는 약속을 하게 만든 위트레흐트조약(1713)은 영국이 이 전쟁의 진정한 승자임을 보여주었다.*

영국의 위치를 더욱 확실하게 한 것은 18세기 중반에 발발한 7년전쟁(1756~1763)이었다. 18세기에 치러진 여러 차례의 전쟁이 가장 잘 드러낸 것은 영국 경제의 힘 자체였다. 굳건한 경제력 덕분에 영국은 다른 나라들보다 전쟁을 훨씬 쉽게 극복할 수 있었고, 영국 정부는 어느 나라보다도 앞선 공채 제도를 잘 활용하여 어려운 전비 문제를 해결할 수 있었다. 계속된 전쟁들 덕분에 영국 해군도 엄청난 규모로 커졌다. 영국 해군은 다른 어떤 산업보다 더 많은 노동자를 고용한 최대 고용주였으며, 조선업, 목재업, 해운업, 부두 계약자 등 많은 집단이 이러한 자금의 흐름으로부터 이익을 얻고 있었다. 18세기를 통해 성취된 최종적인 업적은 효율적인 제해권을 장악한 영국 해군의 명백한 우위였고 이것은 트라팔가르 해전에서 확실히 입증되었다.

넬슨 제독,
해군의 역사를 새롭게 쓰다

1588년에 무적함대를 격파한 후 200년 동안 영국 해군은 전면적이고 결정적인 해상 교전을 거의 겪지 않았다. 물론 전쟁의

---

* 스페인 왕위계승전쟁이 진행되고 있던 중 잉글랜드와 스코틀랜드가 병합하여 정식으로 영국, 즉 브리튼 연합 왕국이 탄생했다. 박지향, 『클래식 영국사』(김영사, 2012) 참조.

세기인 18세기에 영국 해군은 여러 차례 전쟁을 경험했지만 결정적 전투는 아니었다. 18세기를 통해 영국 해군과 프랑스 해군은 제해권을 둘러싸고 승부 겨루기를 했는데, 그 절정은 프랑스혁명 전쟁과 나폴레옹전쟁의 격동기(1793~1815)였다. 이 겨루기에서 영국 해군은 압승을 거두었다. 누구보다도 결정적인 공을 남긴 인물은 말할 것도 없이 넬슨(Horatio Nelson, 1758~1805)이었다.

노포크 지방의 말단 성직자의 아들로 태어난 넬슨은 12세에 해군에 들어가 35세에 선장이 되었고 마침 발발한 프랑스혁명 전쟁에서 두각을 나타냈다. 넬슨의 능력은 독특했다. 그때까지 영국 해군의 철칙은 상부 명령을 그대로 복종하는 것이었는데, 넬슨은 그 철칙을 무시함으로써 존재감을 드러냈던 것이다. 넬슨은 전선을 따라가는 것이 아니라 적 함대의 가장 취약한 곳을 돌파하는 전략을 기가 막히게 해냄으로써 명성을 드날렸고 궁극적으로는 그 전략으로 트라팔가르 전투도 대승리로 이끌었다. 이미 1797년, 포르투갈 남서부에 있는 세인트 빈센트곶에서 전개된 프랑스·스페인 연합 함대와의 전투에서 넬슨의 전략이 선을 보였다. 즉 넬슨은 기함의 명령 없이 자신의 배 한 척만으로 적의 대열 사이에 뛰어들어 단독으로 적선 7척과 교전했는데 그 결과 영국 함대는 완벽한 승리를 거둘 수 있었다. 전투 후 넬슨은 처벌이 아니라 오히려 상관의 축하를 받았다. 넬슨은 그 전투에서 오른쪽 눈을 잃었다. 같은 해 산타

크루즈 공격에서는 오른팔을 잃었다.

넬슨의 천재성이 드러난 다음 전투는 유명한 나일 전투였다. 1798년, 넬슨은 지중해의 반을 돌면서 프랑스 함대를 이리저리 추격한 끝에 8월 1일, 아부키르만에서 그들을 발견했다. 늦은 오후였지만 넬슨은 바로 그날 저녁 공격을 감행했다. 결과는 영국 측의 대승리였다. 13척의 프랑스 전열함 중 2척만이 대피할 수 있었다. 나일 전투 이후 넬슨은 유명 인사가 되었고 지중해는 이제 영국의 바다가 되었다.* 그 후 벌어진 스칸디나비아 전투에서도 넬슨은 철수하라는 기함의 신호를 무시하고 전투를 계속해 적의 항복을 받아냈다. 넬슨은 후에 상관의 명령을 무시했다는 비난에 대하여 신호를 보지 못했다고 변명했다. 이때도 넬슨은 벌이 아니라 상관의 축하를 받았다. 이처럼 자신의 판단에 따라 전투 원칙을 무시하고라도 승리를 쟁취하는 것이 넬슨에게 일종의 스타일이 되었으며, 넬슨은 부하 지휘관들도 자신의 방식대로 독창력을 발휘하기를 원했다.

한편 나폴레옹은 유럽 대륙에서는 계속 군사적 성공을 거두고 있었지만 도저히 진압할 수 없는 영국 해군력의 위협 때문에 지상의 성공은 별로 가치가 없어 보였다. 1803~1805년 동안 나폴레옹은 영국을 침공하려는 일련의 계획을 세우고 대규모 육군을 불로뉴에 주둔시켰다. 그러나 그는 영국 해협을

---

* 나일 전투 직후 넬슨과 엠마 해밀턴 부인의 유명한 스캔들이 시작되었다.

넬슨과 그의 연인 엠마 해밀턴(Emma Hamilton, 1765~1815). 넬슨 초상화는 르뮤얼 애봇, 엠마 해밀턴은 조지 롬니 작품이다.

손에 넣지 않고는 런던을 칠 수 없었는데, 그것은 당시 프랑스 해군의 실력으로는 불가능했다. 두 나라 해상력의 격차는 프랑스혁명 이후 더 커졌는데, 그것은 프랑스군에서 귀족 출신 장교들이 전부 제거되었기 때문이다. 결국 나폴레옹은 영국 침공 계획을 포기할 수밖에 없었다.

영국 해군과 프랑스 해군이 벌인 마지막 격전은 바로 트라팔가르 해전(1805)이었고 이 해전은 넬슨의 이름을 불멸로 이끌었다. 프랑스 해군의 총지휘관은 빌뇌브(Pierre Villeneuve, 1763~1806)였다. 그는 16세에 루이 16세의 해군에 들어간 후, 특히 혁명 후에 급속히 승진했다. 물론 능력도 있었지만 혁명으로 인해 지휘관 자리에 공석이 많았기 때문이기도 했다. 그 자신이 혜택을 입기도 했지만 바로 그 이유로 빌뇌브는 프랑스 해군의 상대적 허약함을 잘 알고 있었다.[17] 해전의 전반적인 작전은 나폴레옹이 지시했는데 그는 무지막지한 지휘관이었고 프랑스 함대가 영광스럽게 패배한다면 배가 침몰하더라도 상관없다는 식의 명령을 내렸다. 반대로 넬슨은 병사들과 인간적 관계를 맺고 있던 지휘관이었다. 넬슨이 지닌 힘의 비결은 그가 평범한 병사들을 이해했고 평범한 병사들도 그를 이해해주었다는 데 있었다. 넬슨은 사람들의 마음을 사로잡는 법을 알고 있었다.

1805년 10월 21일, 마침내 영국 함대와 프랑스 함대가 스페인 남서부의 트라팔가르곶에서 교전을 벌이게 되었다. 역사상 가장 유명한 이 해전에서 넬슨 휘하의 함대는 프랑스·스페인 연합함대를 맞아 결정적 승리를 거두었다. 넬슨은 자신이 항상 사용하던 전술대로 적의 전열을 끊은 다음 뱃머리를 돌려 혼전을 벌였고, 그 작전은 완벽하게 성공했다. 프랑스 전함 30척 가운데 18척이 나포되거나 침몰했다. 범선 시대 최후의 중요 전투인 트라팔가르 해전은 가장 완벽한 전투로 기록되었다. 넬슨도 이 전투에서 전사했지만 이 해전은 너무나 결정적이어서 영국 해군의 제해권은 전쟁의 남은 기간 동안 어떤 도전도 받지 않았다.

넬슨이라는 탁월한 지휘관 덕분이긴 했지만 그 외 여러 요인이 영국 해군의 승리를 보장해주었다. 우선 당시 영국 해군의 선박 조종술은 대단히 높은 수준에 있었다. 영국 함정의 속

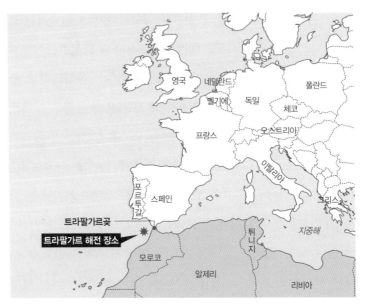

트라팔가르 해전의 발발 위치.

도는 다른 나라 함정에 비해 굉장히 느렸지만 그 함정들로 구
성된 전대들은 더 많은 훈련과 효율성 및 응집력 덕분에 더
욱 신속하고 정확하게 기동할 수 있었다. 영국 함포의 우수성
도 한몫했다. 게다가 영국 지휘관들의 열정과 효율성 및 전문
성은 프랑스나 스페인 지휘관들의 자질과 크게 대조되었다. 물
론 넬슨은 독특한 지도력과 전술적 재능, 그리고 승리에 대한
열망이라는 측면에서 탁월했고 해전사에 길이 남는 명예와 명
성을 남겼지만 영국군 사령관들 가운데는 넬슨 외에도 뛰어난
지휘관이 여러 명 있었다. 프랑스혁명 전쟁 초기인 1794년 6월
에 최초의 승리를 영국에 안겨준 지휘관은 하우(Richard Howe,

1726~1799)였다. 이듬해에도 소규모의 두 차례 해전에서 하우는 제해권을 장악하고 프랑스 함대를 항구에서 움직이지 못하게 했다. 지상전이라면 이데올로기적 열정이 불가능한 일을 가능하게 만들 수도 있었겠지만 대규모 함대를 운용하는 데는 유능한 장교와 훈련된 승조원 및 연륜 있는 경험자가 필요했던 것이다.[18]

트라팔가르의 승리를 가져다준 마지막 요인은 영국이 다른 어떤 나라 해군도 가지지 못한 새로운 신호 체계를 가지고 있었다는 사실이었다. 이것은 하우와 켐펜펠트(Richard Kempenfelt, 1718~1782)가 고안했는데, 이 신호 체계는 작전 행동 시 요구되는 함대의 공조를 쉬우면서도 완벽하게 만들어주었다. 덕분에 지휘관들은 정교하고 유연하며 일사분란하게 통제되는 해상 전술을 펼칠 수 있었다. 이 알기 쉬운 신호 체계는 병사들의 사기를 진작시키는 데도 이용되었다.

넬슨은 트라팔가르 전투 직전에 신호로 그의 함대를 즐겁게 해주려는 생각을 하게 되었다. 그는 "넬슨은 모든 병사가 의무를 다할 것을 믿는다Nelson confides that every man will do his duty"라는 신호를 보낼 것을 명했다. 부하 지휘관 가운데 누군가가 '넬슨' 대신 '영국'을 제안하자 넬슨이 그 의견을 받아들였다. 그러자 신호 담당자는 'confides'가 시그널 어휘록에 없어서 스펠링을 일일이 적어야 한다며 대신 'expects'는 목록에 있음을 알렸다. 그 결과 '영국은 모든 병사가 각자 의무를 다할 것을 기대한다ENGLAND EXPECTS THAT EVERY MAN WILL DO HIS DUTY'라는 유명한 메시지가 탄생했다. 수십 척의 전함에 타고 있던 병사들은 이 신호를 듣는 순간 환호와 박수를 보냈다. 메이지유신 후 일본 해군의 가장 위대한 장군으로 인정받는 도고 헤이하치로는 넬슨을 흠모했는데, 노일전쟁 당시 그는 넬슨의 유명한 메시지를 따라 병사들에게 "제국의 운명은 이 전투에 있다. 각자 최선을 다하라"고 명령했다.[19]

트라팔가르 해전은 넬슨을 불멸의 인간으로 만들었다. 2차 세계대전 시 영국군 원수를 역임한 몽고메리 장군은 시대를 통틀어 넬슨보다 더 위대한 해군 지휘관은 없다고 단언했다.[20] 트라팔가르 해전 이후 나폴레옹은 육지의 전략에만 발이 묶이게 되었다. 그러나 해상에서의 대패에도 불구하고 나폴레옹은 지상전에서는 계속 승리하여 아우스터리츠(슬라프코프)에서 대승했고 그의 야망은 끝이 없었다.

트라팔가르 해전 후 영국 해군의 우위가 도전받지 않았다면 나폴레옹 역시 유럽 대륙에서 도전받지 않는 지배력을 즐겼다. '고래와 코끼리는 서로 맞붙어 싸우기가 어렵다'는 것이 밝혀지고 있었다.[21] 해군력만으로는 강대국의 지위를 유지하기 어렵다는 사실도 확실했다. 나폴레옹을 격파하려면 해양 전략을 대륙 전략과 혼합할 필요가 있었고, 나폴레옹의 운명이 판결나기까지 그 후 10년이 더 걸렸다. 그럼에도 궁극적으로 영국이 온 세상의 바다를 제패하는 데 결정적으로 기여한 것은 역설적이게도 나폴레옹이었다.

프로이센의 그나이제나우 장군은 다음과 같은 평을 남겼다.

> 대영제국은 지구상의 생명체 중에서 이 악당(나폴레옹)에게 가장
> 감사해야 할 것이다. 왜냐하면 그 악당이 일으킨 사건들을 통해
> 영국의 위대함, 번영, 부가 훨씬 더 크게 성장했기 때문이다. 영
> 국은 이제 해양의 지배자가 되었으며 해양의 지배나 세계적인 교
> 역에서 두려워할 어떤 경쟁국도 갖지 않게 되었다.[22]

프랑스혁명 전쟁과 나폴레옹전쟁은 영국이 해상력을 장악
하기 위해 성장하면서 마주쳐야 했던 가장 큰 시련이었다. 영
국이 프랑스와의 경쟁에서 완승했을 때 그것은 누가 가장 큰
함대와 더 많은 해군 기지와 지휘관을 가지고 있는가의 문제
가 아니었다. 그것보다는 비전, 총명함, 이기려는 의지가 더욱
중요했다. 트라팔가르 해전은 영국 해군의 우세함을 결정적으
로 입증했으며 이후 영국은 무역과 군사적 목적을 위해 바다
를 더 자유롭게 이용할 수 있게 되었다. 나폴레옹전쟁을 거치
면서 영국 해군은 2배 이상 커졌다. 영국 해군은 과학적이고
체계적으로 항해 데이터를 모으고 전 세계에서 해상력을 행사
할 기반 시설을 마련했다. 이제 영국 해군은 고만고만한 경쟁
자들 가운데 가장 앞선 존재가 아니라 이 세상에서 가장 크고
가장 강력한 존재였다. 넬슨과 트라팔가르 해전은 영국 해군의

불패의 상징으로 인식되었으며 나폴레옹전쟁이 종결된 세상에서 영국은 어느 누구도 도전할 수 없는 세상의 패권자였다. 그리고 영국 해군은 1920년대 미국 해군이 전함 수에서 그들을 앞설 때까지 그 지위를 유지했다.

2장
자유가 태어난 나라

자유는 서양에서 태어났습니다. 더 정확히 말한다면 당신네 작은 섬
에서 태어났지요. 즉 중세 잉글랜드에서 출현했고, 거기서 전 세계로
퍼져 나갔습니다.
— 러시아 학자가 1941년에 영국인 친지에게 보낸 편지[1]

　18세기 전반기에 영국을 방문한 몽테스키외와 볼테르 등
프랑스 계몽주의 사상가들은 프랑스와 비교하여 선진화된 영
국 사회에 찬탄을 금치 못했다. 몽테스키외는 자신이 '유럽의
다른 어떤 지역과도 닮은 점이 없는 나라'에 있음을 깨달았는
데, 그가 파악한 영국의 가장 큰 특징은 제한된 왕권과 개인의
자유였다. 몽테스키외는 영국인들이 "자유에 대해 매우 열정

적"이고 그 나라의 법체계와 관습은 개인의 자유에 이롭게 작용한다고 관찰하면서 "법으로 왕의 권한을 제한하는 데 성공한 영국인이 세계에서 가장 자유로운 국민"이라고 감탄했다.[2] 볼테르도 수년 동안 영국에 머무는 동안 영국 예찬자가 되었다. 그는 영국을 "자유의 땅"으로 부르며 프랑스의 절대 왕정을 공격했다. 볼테르는 영국의 자유와 부와 권력의 상호 관계를 잘 파악하고 있었다. 즉 무역은 영국인들을 부유하게 만들고 그들의 부는 그들을 자유롭게 만들며, 그렇게 얻은 자유는 그들의 상업을 확대시키고, 무역으로 번 돈으로 해군력을 강화시키면 그 해군력을 기반으로 영국은 다시 해상권을 장악하고 국가의 위신을 드높인다고 관찰했던 것이다.[3]

이들이 관찰한 대로, 18세기에 이미 영국 국민은 부유할 뿐 아니라 자유로웠다. 국민들이 자유로워지려면 왕권의 제한이 필수적이었다. 그렇다면 대륙과 달리 영국에서는 어떻게 왕권이 일찍부터 약화되었을까?

왕권을 밀어내고 의회가 권력을 장악하다

잉글랜드 왕권의 약화는 로마 시대로 거슬러 올라가는 역사에 뿌리를 두고 있다.[4] 브리타니아를 정복하고 400년 가까이 통치한 로마인들은 정복 당시 브리튼에 존재하던 기존 체제를 대체로 그대로 받아들였다. 물론 도로를 부설하고 성을 축조하는 등 외형적으로는 로마적 특성을 보이는 변화를 가져왔지만 기존 통치 체제를 흔들어놓지는 않았다. 그것은 정복자 로마인들수가 원주민들에 비해 압도적으로 적었기 때문이다. 이러한 사정은 5세기에 로마가 떠나고 앵글로색슨 시대에 들어서서도 마찬가지였다. 사실상 잉글랜드의 왕권은 앵글로색슨의 전사들무리와 더불어 시작되었는데, 5세기경 대륙으로부터 브리튼섬을 침략해 들어온 앵글로색슨 부족들은 9세기까지 통일 국가를 이루지 못한 채 군웅할거의 양상을 띠었다. 정치적 분열과그들끼리의 잦은 싸움이 그 시대의 특징이었다. 고만고만한 지배자들은 전쟁에서 패배한 군소 지배자들을 함부로 내쫓지 않고 자율을 보장해주었는데, 이러한 초기 상황이 중앙과 지방세력들 간의 궁극적인 균형에 유리하게 작용했다. 왕의 권위가초기에 어떻게 형성되었는지가 후대 역사에 지속적 영향을 끼쳤던 것이다. 1,000년에 걸친 로마와 앵글로색슨 왕국들의 지배는 '분산된 지배'라는 구조를 낳았고 수많은 내부 전쟁과 위기에도 불구하고 살아남았다.

왕권은 바이킹의 침략을 물리치고 웨식스 왕가를 강화시켜 잉글랜드 통일의 초석을 놓은 알프레드 대왕(재위 877~891)시기에 잠시 강화되었지만, 곧 다시 약화되었다. 두 번째 바이킹족의 지배가 끝나고 웨식스 가문의 에드워드 고해왕이 즉위했을 때(1042) 그의 즉위를 도운 유력한 귀족들이 세력을 얻게 되었다. 그 결과 왕권은 다시 약화되고 귀족들의 세력이 강화되었다. 앵글로색슨 국가의 마지막 왕인 에드워드 고해왕이 죽은 후 브리튼섬을 침공하여 노르만 왕조를 연 윌리엄의 치세에도 사정은 마찬가지였다. 윌리엄은 '정복왕'이라 불렸음에도 불구하고 결과적으로 잉글랜드 왕권의 약화에 적잖이 기여했다. 윌리엄을 도와 잉글랜드를 정복하고 그에게서 봉토를 받은 노르만 기사들은 아마 2,000명 미만이었을 것이다. 로마 시대와 마찬가지로 소수 이민족 지배자가 다수 원주민들을 통치해야 하는 상황이 야기되었으며, 그 결과 지배자는 바뀌었지만 앵글로색슨의 제도들은 유지되었다. 즉 분권적 통치 제도가 지속되었던 것이다.

분권적 통치 제도는 중세를 통해 계속되었다. 윌리엄 정복왕 사후 왕위계승이 순조롭지 않았다는 사실도 이에 기여했다. 정복왕과 장남 로버트의 사이가 나빴을 뿐 아니라 아들들 간의 반목과 다툼이 끊이지 않았다. 정복왕은 장남에게 노르만 공국을, 차남인 윌리엄에게 잉글랜드를, 막내인 헨리에게는 5,000파운드의 현금을 남겨주었다. 그러나 장남과 차남의 반목, 영토를 상속받지 못한 막내의 욕심이 더해져 형제들 간 다툼이 계속되었다. 게다가 정복왕은 죽기 직전, 생전에 자신이 저지른 잔혹한 행위들이 마음에 걸렸는지 여러 교회와 수도원들에 재산을 희사하도록 명령했다. 애초에 윌리엄은 정복

Magna Carta of King John, AD 1215

자유와 권리의 상징,
대헌장.

한 잉글랜드 전체 토지의 4분의 1을 자기 몫으로 하고, 4분의
1은 교회에 바쳤으며, 나머지를 봉신들에게 나눠 주었었다. 그
런데 왕의 영지 가운데 상당 부분을 교회에 희사했던 것이다.
왕의 영지를 더욱 축소시킨 이 조치는 왕실 재정을 형편없이
악화시켰고 그 결과 잉글랜드 왕의 재산은 대륙의 왕들과 비
교해 형편없이 적었다. 시간이 흐르면서 왕의 영지는 더욱 줄
어들어, 1436년 통계에 의하면 왕실 소유의 토지는 전 국토의
5퍼센트에 불과했다. 반면 교회가 20퍼센트를 소유하고 있었으
며, 6,000~1만 명의 귀족과 상류층 가문이 전체 토지의 45퍼
센트를 차지하고 있었다. 근대 국민 국가가 성립되기 전에 국왕
은 자신의 수입으로 통치 비용을 부담했기 때문에 왕의 권력

대헌장에 서명하는 존 왕.

은 그의 재산과 상응했다. 불행히도 잉글랜드 왕은 재산이 별로 없었고 그에 상응한 권력도 제한적이었다.

왕실 형제들의 싸움도 귀족들의 권리를 강화시키는 결과를 야기했다. 아버지 정복왕으로부터 잉글랜드를 물려받은 윌리엄 2세가 사냥 도중에 의문의 죽음*을 당한 직후 동생인 헨리가 왕으로 즉위하자 맏형인 노르만 공작이 도전해왔다. 헨리 1세는 봉신들의 권리를 보호해주겠다고 약속함으로써 그들의 충성심을 확보하려 했는데, 이 선서가 이후 전통이 되었다. 또다시 왕위계승을 둘러싸고 벌어진 스티븐과 마틸다의 내전에

---

* 막내인 헨리가 이에 연루되었다는 소문이 파다했다.

서도 양측은 귀족들의 환심을 사야 했다. 1201년에는 프랑스와 전쟁을 벌이려는 존 왕(재위 1199~1216)에게 귀족들이 자신들의 권리를 인정해주지 않으면 해협을 건너지 않겠다고 도전하는 사태가 발생했다. 이런 과정들이 모여 그 유명한 대헌장 Magna Carta(1215)으로 귀결되었다. 대헌장은 왕권의 제약을 기록으로 남긴 최초 문건으로, 왕이 지켜야 할 의무를 길게 나열하고 있다. 그것은 무엇보다 왕이 세금을 부과할 때 귀족들의 자문을 구할 것을 명시했다. 이후로는 왕이 이 헌장을 재확인하는 것이 전통이 되어 16세기까지 무려 30여 차례에 걸쳐 잉글랜드 왕들은 대헌장을 재확인했는데, 단순히 재확인에 그치지 않고 원래의 헌장을 보완하고 발전시키는 새로운 조항이 첨가되곤 했다. 말하자면 대헌장의 인생에는 공백기가 없었다.[5] 중세 말쯤 되면 봉신들의 권리는 왕의 권리와 막상막하가 되었고 양측은 상호 인정의 관계에 돌입했다.

중세 잉글랜드에서 왕권의 약화에 기여한 또 다른 요인은 노르만 왕실이 잉글랜드 외에 노르망디, 브리타니, 아키텐 등 대륙에 봉토를 가지고 있었다는 사실이었다. 그들은 한동안 잉글랜드보다 대륙에서의 이해관계를 중히 여겼고 대륙에 있는 영지를 돌보느라 정신이 없었다. 그 덕분에 잉글랜드 내 귀족들은 권력을 확장할 수 있었다. 그들은 빠르게 토착화하고 왕권에 맞서는 대항체로 성장했다. 14세기 초에 이르면 잉글랜드 왕은 아무리 강력하더라도 국가적·지역적 행정을 유력 가문들과 공유한다는 매우 독특한 정치 제도가 만들어졌다. 즉 왕은 국가 엘리트와 통치를 나눠야 한다는 원칙이 성립되었던 것이다. 지방 통치를 책임진 지주층*은 치안 판사로 활약하는 등, 국록을 받지 않는 아마추어 행정관으로 통치에 참여했다. 이처럼 잉글랜드에는 일찍이 지배자와 피지배자 간의 일종의 '계약'이라는 개념이 발달했고, 이것이 잉글랜드 정치사에서 오랫동안 심리적 중요성을 유지했다.

16세기에 이르면 잉글랜드는 왕국이기보다 마치 오늘날의 국민 국가와 유사한 정치 공동체라는 의식이 나타났다. 즉 왕과 신민들 사이는 일종의 '정치 계약'에 의한 관계라는 의식이 생겨났던 것이다. 엘리자베스 1세 시대에 외교관이며 학자였던 스미스(Thomas Smith, 1513~1577)는 『잉글랜드 국가에 관하여 De Republica Anglorum』(1565)라는 책자에서, 잉글랜드를 우월한 왕에 의해 통치되는 신민들의 왕국이 아니라 '계약에 기초한 동등한 사람들의 동맹'으로 표현했다.[6] 그러한 계약설은 후에 홉스와 로크의 사회 계약설로 연결된다.

잉글랜드 왕권을 제약한 요인들 가운데 관습법인 보통법 Common Law도 매우 중요하다. 유럽 대륙과 달리 잉글랜드에서는 보통법 체제가 발달했는데 그것은 앵글로색슨 시대의 구습에서 유래했다. 12~13세기에 유럽 대륙에서는 로마법이 부활

---

* 이들은 젠트리gentry라 불린다. 젠트리는 신사gentleman의 복수 명사다.

하여 기존 관습법을 국왕의 사법권으로 대체하면서 절대 왕정의 수립을 돕고 신민들이 누리던 관습적 권리들을 앗아가 버렸다. 그러나 잉글랜드에는 이미 11세기에 보통법 체제가 발달해 있었기 때문에 로마법과 무관한 색슨 시대의 관습법이 유지되었다. 특히 보통법은 신민의 재산권을 보호해주는 장점을 가지고 있었다. 보통법 체제가 발전한 과정에서 지방 유력자인 지주층의 기여가 컸다. 그들은 치안판사를 겸임하면서 특히 소유에 관한 보통법 체제를 차근차근 발전시켰다. 15세기에 법률가로 활동했던 포티스큐(John Fortescue, 1394~1479)는 로마법과 보통법의 차이를 지적하면서 로마법을 절대 왕정에, 보통법을 자유와 연관시켰다. 왜 다른 나라들은 잉글랜드의 우월한 법을 채택하지 못하는가라는 질문을 제기한 포티스큐는 다른 나라들과 다른 잉글랜드의 특성은 농촌에도 부유하고 교양 있는 사람들이 많이 있다는 사실이라고 지적했다. 배심원 제도 같은 잉글랜드의 우월한 법 제도는 잉글랜드의 경제적·사회적 구조에서만 가능한데 그것의 뿌리는 주로 앵글로색슨의 관습으로 소급될 수 있다는 것이었다.[7]

1640년대 영국혁명 시기에 보통법은 소유권뿐 아니라 더 광범위한 의미에서 왕의 자의적 통치로부터 신민들의 자유를 지켜주는 것으로 인식되었다. 그런 성격은 영국혁명을 거치면서 더욱 강화되었다. 이때 '자유롭게 태어난 잉글랜드 사람'이라는 개념이 확산되고 정부의 가장 중요한 기능은 재산 보호라는 개념이 발달했는데, 이 개념은 로크(John Locke, 1632~1704)에 의해 가장 잘 표현되었다. 로크는 자유를 자신에게 허용된 법의 한도 안에서 자기 자신, 행위, 소유물, 그리고 모든 재산을 처분하고 관리할 자유로 정의했다. 인간이 정치 공동체를 형성하고 스스로를 정부 아래 두는 가장 중요하고 주된 목적은 '사유 재산의 보호'다.[8] 반면 다른 나라의 왕들은 무제한의 절대적인 권력을 가지고 신민들의 소유를 자기 마음대로 통제할 수 있었다.

잉글랜드를 자유의 땅으로 만든 데 기여한 요인들 가운데 마지막으로 고려할 것은 개신교 신앙이다. 1517년, 독일에서 마르틴 루터가 가톨릭교회의 비리를 지적하는 95개 조항을 발표하면서 개신교 운동이 시작되었을 때 잉글랜드 왕은 헨리 8세였다. 헨리 8세는 루터를 반박하면서 가톨릭교회야말로 진정한 교회라는 내용의 책자를 써서 교황으로부터 '신앙의 수호자'라는 칭송을 들었다. 그랬던 헨리가 왕비와의 이혼이라는 개인적인 이유로 교회를 로마로부터 분리하여 잉글랜드 국교회 Church of England를 세우게 된다. 튜더 왕조의 안정을 위해 아들을 간절히 원한 헨리 8세는 아이를 가질 수 없는 왕비와 이혼하려 했지만 교황의 허락을 얻을 수 없었다. 왕비가 바로 당시 최대 강대국이며 충실한 가톨릭 국가인 스페인제국 출신이었기 때문이다. 게다가 왕은 왕비의 시녀였던 앤 불린이라는 젊고 매력적인 여성에 빠져 있었다. 로마를 설득하려는 모든 노력이 수포로 돌아가자 헨리는 결국 잉글랜드 교회를 로마로부터 독립시켜 자신이 수장인 국교회를 만들어 로마의 허락 없이 이혼하는 길을 택했다. 대륙의 여러 곳에서 벌어진 전쟁에 연루되어 있던 왕에게 교회와 수도원 소유의 막대한 재산도 매력적이었다. 그런 연유로 잉글랜드는 1534년에 개신교 국가로 탈바꿈하게 되는데 그것이 잉글랜드를 자유의 땅으로 만드는 데 중요한 역할을 하게 된다.

종교개혁은 전반적으로 자유로운 생각, 자유로운 탐구 정신 등의 조건을 만들어줌으로써 자유를 증진하는 데 기여했다고 평가된다. 프랑스의 정치가이며 역사가인 기조(François Guizot, 1787~1874)는 종교개혁을 자유로운 인간 정신이 이뤄낸 '위대한 도약'이며 인간의 사유를 해방시킨 '쾌거'로 정의했다.[9] 가톨릭교회라는 영적인 독점 권력을 무너뜨리고 인간 정신을 해방시킨 종교개혁은 자기 자신을 위해, 그리고 오직 스스로의 힘으로 자유롭게 사고하고 판단하려는 개인의 새로운 욕구의 표현이었다는 것이다. 당연히 종교개혁이 불러온 자유로운 정신은 정치에서도 자유를 위한 투쟁을 자극했다. 인간의 정신을 지배하던 가톨릭교회라는 절대 권력을 타도한 것처럼 개신교 국가 잉글랜드에서 세속 질서를 지배하는 절대 권력을 물리치려는 시도가 나타났는데 그 첫 번째는 영국혁명이었다. 혁명의 결과 국왕 찰스 1세가 처형되면서 잉글랜드 왕정은 일시 중단되었고 왕의 권력은 더욱 축소되었다.

이처럼 왕권이 일찍부터 제한받게 되자 직접적 결과물로 의회가 발달했다. 영국 의회는 '모든 의회의 어머니Mother of all the parliaments'로 불린다. 그 별칭이 말해주듯 의회 제도는 잉글랜드에서 가장 먼저 발달했다. 의회의 전신인 정기 자문 회의는 앵글로색슨 시대의 유물이었고 더 거슬러 올라가면 게르만 부족 시대의 유물이었다. 그 전통이 유럽 대륙에서는 거의 사라져버렸는 데 반해 섬나라인 잉글랜드에는 남아 있었던 것이다. 귀족과 대토지 소유자인 젠트리로 구성된 사회적·정치적 엘리트가 장악한 잉글랜드 의회는, 다른 나라와 달리 왕국 내 유일한 신민들의 대표로 확립되고 권력을 행사하게 된다.

이처럼 왕권을 희생하여 엘리트가 통치 전면에 나타나게 된 배경에는 잉글랜드가 섬나라이기 때문에 대륙의 나라들처럼 항상 전쟁에 시달리지 않았고, 그 결과 봉건제가 상대적으로 일찍 붕괴되었다는 사실이 있었다. 전쟁을 자주 치러야 하는 상황에서는 강력한 군대를 수하에 둔 왕이 강력한 중앙 정부를 갖추고 절대 권력을 휘두르며 귀족의 세력을 약화시키기 쉽다. 유럽 대륙의 절대 왕정은 모두 이런 과정에서 형성되었다. 윌리엄 정복왕은 잉글랜드에 봉건제를 도입했는데 그것은 귀족들이 왕으로부터 봉토를 받는 대신 군사 의무를 제공한다는 상호 계약 관계 위에 정립되었다. 그러나 대륙에서 벌어지는 전쟁에 잉글랜드 사람들을 동원하는 것은 비경제적이었다. 게다가 잉글랜드는 섬나라이기 때문에 상비군을 유지할 필요가 없었다. 이런 이유로 군사 의무는 점차 금전으로 대체되었고, 대륙에서 벌어진 전쟁에서 왕은 현지에서 고용한 용병을 이끌고 참여하는 것이 당연시되었다. 그에 따라 귀족과 기사들의 성격도 변했다. 이들은 전사의 성격을 잃고 지방 유지로 자리잡았으며 장차 의회 발달에 중추 역할을 하게 된 것이다.

잉글랜드 의회는 원래 왕이 소집한 자문 회의로부터 발달했는데, 13세기 말부터 귀족만이 아니라 평민 대표가 참석하는 회의가 소집되었고, 그 후 귀족원(상원)과 평민원(하원)으로 나뉘면서 오늘날과 흡사한 형태로 존재하게 되었다. 의회 발달에서 획기적인 사건은 1264년에 있었다. 그때까지 자문 회의를 주도했던 귀족만이 아니라 주의 기사들을 소집했던 것이다. 다음 해인 1265년에는 각 주로부터 2명의 기사들과 몇몇 자치 도시들로부터 2명의 시민들이 부름에 응했다. 이들 주의 기사들과 자치 도시의 시민 대표들이 하원을 구성하게 되는 것이다. 하원은 점차 독자적인 존재감을 드러냈다. 1341년에 하원은 그들 고유의 회의실을 얻게 되어 명실상부하게 상원과 구분되었고, 1407년에는 군주에게 예산을 승인해주는 데 상원보다 우선권을 획득하게 된다. 1414년에는 하원이 법안을 작성한 후인가를 받기 위해 왕에게 보냈을 때 왕은 그 법안을 수락하거나 거부할 수 있지만 개정할 수 없다는 원칙이 합의되었다.

하원은 튜더 왕조 아래에서 정치 전반에 영향력을 행사하는 세력으로 변모해갔다. 이때에 이르면 왕의 개인 재산은 더욱 줄어들었고 왕은 통치 비용을 감당할 수 없었다. 왕의 주요 수입은 왕령지로부터의 소득과 관세였는데, 통치 비용은 갈수록 증가했지만 소득이 그를 따라가지 못했던 것이다. 헨리 8세는 잉글랜드 국교회를 세운 후 가톨릭교회와 수도원의 재산을 매각하여 막대한 수입을 거두었지만 무분별한 전쟁 때문에 그 수입을 탕진하고도 빚을 져야 했다. 결국 왕이 기댈 곳은 의회였다. 의회는 세금만이 아니라 국가의 통치 전반에 개입하면서 그 역량을 확대했다. 하원의 권력이 크게 강화된 결정적 사건은 1642년에 시작된 영국혁명(혹은 내전)이었다. 세금과 군대 통솔권 문제로 의회와 갈등을 벌이던 찰스 1세가 의회 지도자들 5명을 체포하려 했지만 실패하면서 혁명이 시작되었다. 6년여에 걸친 전쟁 끝에 찰스는 항복했고 1649년 1월에 처형되었다. 그때 왕정과 더불어 상원이 폐지되면서 하원이 전권을 장악했다. 그러나 크롬웰의 독재 정치를 겪으며 공화정에 환멸을 느낀 잉글랜드인들이 다시 왕정을 복구시켰을 때(1660) 상원도 다시 살아났고 예전 권력을 회복했다.

의회가 주권의 진정한 담지자로 등장한 것은 명예혁명을 거치면서였다. 1688년 잉글랜드에는 또다시 혁명이 일어났지만 이번에는 피를 흘리지 않았다는 이유로 명예혁명으로 불린다. 반역죄로 처형당한 찰스 1세의 아들들은 아버지가 처형되자 외가인 프랑스에 머물다 왕정이 복고된 후 잉글랜드로 돌아왔다. 그들의 아버지가 주로 세금 문제로 의회와 다투었다면 이

명예혁명을 통해 잉글랜드의 공동 통치자가 된 메리(왼쪽)와 윌리엄(오른쪽). 두 초상화 모두 화가 카스파르 네체르가 그렸다.

들의 문제는 종교였다. 찰스 2세와 제임스 2세는 각자 비밀리에 그리고 드러내놓고 가톨릭교도였는데, 특히 제임스 2세(재위 1685~1688)는 즉위 후 가톨릭교회를 복원시키려는 정책을 폈다. 그러나 이때쯤 되면 개신교 신앙을 국민 정체성의 중요한 부분으로 인식하게 된 신민들과 충돌할 수밖에 없었다. 제임스가 상비군 병력을 대폭 증강하자 의회 지도자들은 왕이 대륙식의 절대 왕정을 추구하고 있다고 의심하게 되었다. 결국 정파에 상관없이 거의 모든 의회 지도자는 왕을 몰아내고 개신교도인 그의 딸 메리와 메리의 남편인 네덜란드의 오렌지 공 빌렘을 왕으로 옹립하는 데 합의했다. 윌리엄(빌렘의 잉글랜드식 이름)은 의회의 요청대로 1만 5,000명의 병력을 이끌고 잉글랜드를 침공했는데 공황 상태에 빠진 제임스 2세가 프랑스로 도주하자 무혈 혁명이 되었다. 이것이 명예혁명이라는 사건이었다.

윌리엄은 의회가 제시한 여러 조건을 수락하고서야 왕으로 즉위할 수 있었고 의회는 그 조건들을 다음 해에 권리장전 (1689)으로 공포했다. 권리장전은 정기적인 의회 소집과 국가 재정을 통제할 의회의 권리를 명시했는데, 그중 가장 중요한 것은 의회의 동의 없이 세금을 거두거나 상비군을 둘 수 없다는 원칙이었다. 이제 국정 전반에서 '의회가 왕에 앞선다'는 원칙이 확립되었으며 입헌 군주제라는 정치 제도가 오늘날 보는 대로의 모습을 갖추게 되었다. 동시에 종교적 관용이 선포되었다. 가톨릭교도들은 대륙의 절대 왕정들과 결탁하여 국가 안위에 위협이 될 수 있다는 이유로 배제되었지만, 개신교의 모든 종파는 관용의 대상이었다. 이처럼 명예혁명이 남긴 유산은 '의회 주권과 관용'이었고, 이 전통은 그 후 영국 역사에서 한 번도 포기되지 않았다.

시민 사회가
힘을 얻다

명예혁명 후 "예술을 찾으러 이탈리아에 가듯 이상적 정부를 보려면 잉글랜드에 가야 한다"는 말이 있을 정도로 잉글랜드 정치 제도는 이상적이고 안정적으로 운영되었고, 잉글랜드는 '약한 국가'와 '강한 시민 사회'라는 특징을 가진 나라로 발전했다. 명예혁명 후 잉글랜드는 다른 나라들과 확실하게 다른 길을 걸었다. 유럽 대륙의 국가에는 절대 왕정이 확립되었지만 잉글랜드에는 의회의 우위가 확립되었고 정치적 안정 위에 경제적 번영을 구가하며 시민 사회가 발달했다. 정부 정책을 주도하게 된 의회 구성원들은 대체로 지주들이었지만 무역과 상업에도 투자하고 있었기 때문에 상공업을 장려하고 확고한 사유 재산권의 집행을 추진했다. 의회가 직접 재정 지출을 통제하게 되자 그들은 기꺼이 세금을 올리고, 필요하다고 판단되는 분야에는 투자를 아끼지 않았다. 가장 많은 투자가 단행된 분야가 해군력이었는데, 그에 힘입어 18세기에 영국은 해상을 장악하고 해외 무역을 확장하여 세계를 제패하게 된다.

'국가 영역의 바깥'을 지칭하는 시민 사회는 개인들의 합이며 개인의 사적 욕구가 교환되고 충돌하는 장을 의미하는데, 방점은 '개인'에 있다. 시민 사회는 명예혁명 후 뚜렷한 존재감을 드러냈다. 유럽 대륙의 국가들이 신민들에게 국가에 대한 종속을 요구한 데 반해 잉글랜드의 정치 철학은 시민 사회를 인간 삶에서 최상급의 영역으로 높이 평가했다. 시민 사회에서 인간은 절대적 권리를 향유할 수 있으며 반대로 국가는 개인의 권리를 보호하고 그 편의에 따라야만 하는 부수적 제도일 뿐이라는 원칙이 확립되었다.

개인과 시민 사회를 정치적 간섭에서 해방시키려는 이념은 자유주의인데 17세기 말에 로크로부터 그 토대가 마련되었다.[10] 로크의 정치 철학은 정부의 목표는 개인의 재산을 보호하는 것이며 국가보다 사회가 우선이라는 원칙에 서 있다. 즉 국가와 시민 사회는 서로 대등한 입장에 서 있는 것이 아니라 국가가 시민 사회에 종속되어야 한다는 것이다. 로크의 이 철학이 그때부터 20세기 초까지 영국 역사가 실제로 나아간 방향을 제시해주었다. 영국에서 사회와 국가는 공존했지만 둘 가운데 사회가 훨씬 더 큰 생명력과 추진력을 보였다. 모든 분야에서 시민들의 자유로운 결사체와 여론이 선구적 역할을 행했으며, 기업 활동 및 각종 사회 활동, 교육, 심지어 제국 건설에서도 정부가 아니라 개인들의 활동이 눈에 띄었다. 다른 나라에서는 정부에 기댈 모든 것이 영국에서는 정부로부터 독립적으로 진행되었다. 영국인들은 정부가 하는 일에 의심의 눈초리를 보내면서 시민 사회가 하는 모든 것은 긍정적으로 인정해주었다.

시민 사회의 주인공은 보통 부르주아지라고 말하지만 흥미롭게도 영국의 경우 초기 시민 사회 발달의 주역은 지주층이었다. 위에서 살펴보았듯 영국에서 왕권의 약화와 의회 제도의 발달은 지주층의 주도하에 이뤄졌다. 영국 지주층은 흔히 생각되듯 구태의연하고 배타적이지 않았다. 그들은 생존을 위해 열심히 일했고 일찍부터 상업과 금융에 투자하는 등 시대에 뒤떨어진 채 전통에만 집착하지도 않았다. 일부는 14세기부터 상업에 관심을 기울였다. 중세 말부터 토지를 곡물 생산에서 양모 생산으로 전환하여 이익을 챙긴 것도 그들이었다. 잉글랜드 상업은 처음부터 해외 무역과 밀접하게 연결되었는데 자연스레 지주들도 무역과 투자에 적극적이었다. 엘리트가 상업 활동에 참여했다는 것은 그들의 유연성과 응집력을 보여주는 것이다. 이를 일부 연구자들은 '토지와 화폐의 결합'이라고 부르기도 한다. 토지와 상업·금융 간에 맺어진 동맹의 매개는 주식회사였다. 토지를 소유한 엘리트는 자신의 돈을 직접 운용할 필요 없이 주식에 투자하고 이윤을 배당받았다.

이처럼 영국은 지주의 이해관계와 부르주아지의 이해관계가 날카롭게 대립하지 않는 사회 구조를 만들어냈고, 이들이 강력한 시민 사회의 근저에 자리 잡고 강력한 헤게모니를 행사했다. 영국의 특성은 대륙에서와 같은 부르주아지의 토지 귀족화가 아니라 반대로 '지주층의 부르주아화'였던 것이다.[11] 정리하자면, 잉글랜드의 지주들은 일찍이 상업과 무역을 받아들여 자본주의적 생산 양식과 삶의 방식을 수용했으며, 이와 더불어 상업과 무역업으로 부를 축적한 사람들을 포용하여 함께 엘리트를 구성했다. 잉글랜드 엘리트는 이처럼 토지와 상공업 사이에 개방적으로 구성되었고 17세기 후반에 이르면 이들 '토지에 근거를 둔 자본가들'이 의회에 진출하여 목소리를 냈다. 그리고 의회는 명예혁명에 이르면 주권은 왕이 아니라 의회에 있다고 확실히 천명할 수 있게 되었다.

초기 시민 사회는 지주층의 도움으로 성장하기 시작했지만 18세기에 이르면 중간계급이 주역을 맡게 된다. 명예혁명 후 안정되고 예측 가능한 통치하에서 엘리트만이 아니라 중간계급이 부를 쌓으면서 시민 사회는 빠르게 발전했다. 시민 사회가 존재하고 발달할 수밖에 없는 이유는 개인들이 본성상 사회적이고 협동적인 삶을 원하기 때문이다. 개인들이 그것을 원하는 이유는 그들의 자연적 욕구가 자신의 능력을 넘어서는 것이므로 다른 사람의 노동과 도움 없이는 다양한 욕구를 충족시킬 수 없기 때문이다. 그들은 결과적으로 서로의 이해관계와 노동 분업에 기초하여 자연스럽게 교환의 형태를 만들어낸다. 이러한 시민 사회의 속성을 누구보다 잘 이해하고 이론화한 인물이 바로 애덤 스미스(Adam Smith, 1723~1790)다. 근대 경제학을 창시한 스미스는 아직 그런 용어로 불리지는 않았지만 오늘날 통용되는 국민 총생산, 일인당 국민 소득 등의 개념을 처음 생각해냈다.

스미스는 그 유명한 저서 『국부론The Wealth of Nations』(1776)에서 정치에서 벗어나 자율적으로 움직이는 경제의 원리를 보여주었다. 즉 노동의 분업을 통해 효율성을 증대시키고, 증대된 효율성으로 산출한 더 많은 재화를 서로 교환함으로써 사람들은 각자 더 많은 부를 향유할 수 있게 된다는 것이다. 거기서 국가가 할 일은 거의 없다. 스미스의 출발점은 전통적으로 생각되어온 것과 전혀 다른 인간 행동의 모델이었다. 즉 인

시민 사회의 속성을 누구보다 잘 이해하고 이론화한 애덤 스미스. 스코틀랜드 에든버러 시내에 서 있는 동상 뒤로 성 메리 성당이 보인다.

간은 예측 불가능하고 변덕스러우며 무책임하다는 전통적 개념에 맞서, 스미스는 "모든 사람은 한결같이 자신의 처지를 개선하기 위해서 지속적으로 노력하며 개인의 부는 물론 나라의 부도 본래 이런 원리에서 기인한다"고 주장했다.[12] 스미스는 인간이 이기적 존재임을 받아들인 후, 그토록 강한 본능인 이기심을 어떻게 사회 전체를 위해 활용할 것인가를 고민했다. 그 결과, 이기적 본능이 친절, 박애심, 희생정신보다 더 강하고 지속적으로 인간에게 동기 부여를 할 수 있으며 그것이 사회 전체를 위해서도 이롭게 작용한다고 결론지었다. 우리가 매일 식사를 마련할 수 있는 것은 푸줏간과 양조장, 빵집 주인의 '자비심' 때문이 아니라 '자신의 이익'을 위한 그들의 고려 때문이라는 것이다. 우리는 그들의 자비심이 아니라 그들의 '자기애self-love'에 호소하며, 우리 자신의 필요를 말하지 않고 그것이 그들 자신에게 유리함을 말함으로써 우리의 욕구를 충족시킬 수 있다는 것이다.[13] 다시 말해 남한테 이타적인 호소를 할 게 아니고 그의 이기심을 충족하도록 만들어주면 그의 이기심도 충족되고 나에게도 이롭게 된다는 것, 그것이 윈윈의 경제 성장의 길이다. 그러한 작동을 가능하게 하는 것이 바로 '보이지 않는 손'이고 이 모든 것이 가장 합리적이고 이상적으로 이뤄지는 터가 바로 시장이라는 것이다.

이러한 '의도치 않은 결과'의 법칙이야말로 스미스 이론의 핵심이며 그것을 작동하게 만드는 것은 경쟁을 통해 개인의 이윤 동기를 공공선의 원동력으로 만드는 시장이다. 시장은 보이지 않는 손에 의해 움직이는 자기 규제적 메커니즘이다. 스미스는 각 개인이 자신의 이익을 최대한 추구하도록 방임할 때 그 결과는 불안정과 파멸이 아니라 조화와 경제 성장의 극대화라는 것을 논리적으로 설명해주었다. 이런 시장 기능에 대한 스미스의 통찰력이 현대 경제학의 출발점이 되었다. 개인의 자기 이익 추구가 사회 전체의 발전으로 이어진다고 한다면 국가의 간섭과 규제는 불필요해진다. 스미스는 자유로운 개인들의 경제 활동을 간섭하지 말 것을 주장했다. "한 국가가 가장 낮은 단계의 야만 상태에서 벗어나 가장 높은 단계의 풍요를 달성하려면 낮은 세금, 너그러운 법 실행 외에 필요한 것은 없다"

는 확신이었다.[14]

스미스의 자유방임 경제는 시민 사회의 즉각적인 호응을 불러일으켰다. 이제 시민 사회는 더 많은 자유, 정치와 경제의 엄격한 분리, 국가 기능의 축소를 요구하고 국가 정책이 자신들의 필요에 상응하도록 유도했다. 여전히 의회는 소수 엘리트가 장악하고 있었지만 점차 권력이 폭넓은 사회 계층에 분산되면서 정부의 운영 방식에 영향을 주는 사람들의 수가 늘었다. 이제 국가 정책은 소수의 특권을 비호하는 게 아니라 더 많은 사람의 이익을 도모하는 방향으로 나아갔다. 독점의 철폐가 그 과정을 잘 보여준다.

잉글랜드 전통 사회에서 가장 힘이 강했던 부문은 모직물 산업이었다. 모직물 산업 종사자들은 의회에 로비를 하여 모직이 아닌 다른 직물로 수의를 만들어 시신을 매장하는 것을 불법화시켜버렸다(1666, 1678). 당연히 면직물 산업과의 싸움이 이어졌고 이해관계가 다른 이 집단들은 투표와 청원을 통해 의회의 정책에 관여했는데 그 결과, 이 황당한 독점은 1736년에 폐지되었다.[15] 이처럼 스미스가 자유방임 경제를 주장하기도 전에 이미 영국 사회 전반에 퍼져 있던 불합리하고 독점적인 관행들이 폐지되고 있었다. 그것은 권력을 독점하고 있던 국가가 시민들의 삶에서 물러나는 과정을 보여준다.

국가 권력을 억제해야 한다는 생각은 18세기를 통해 꾸준히 제기되었는데 토머스 페인(Thomas Paine, 1737~1809)의 『인

공론장 역할을 한 커피하우스.

간의 권리*Rights of Men*(1791~1792)에 이르면 국가 권력은 시민 사
회를 위해 '반드시' 제한되어야 한다는 강력한 주장으로 나아갔
다. 페인은 국가를 필요악으로, 시민 사회는 절대 선으로 간주
했다. 정부는 개인들의 계약의 산물이고 어떠한 권리도 갖지 않
으며 단지 시민에게 의무만 질뿐이라는 것이다.[16] 이 주장은 로
크 같은 초기 사회 계약론자보다 훨씬 더 과격한 주장이었다.

시민 사회는 여론이라는 옷을 입고 정부에 압력을 가했다.
여기서 언론과 당시 중간계급의 공론장 역할을 하던 커피하우
스가 결정적 역할을 했다. 커피하우스는 특정 분야에 종사하
는 상인들이 모여 사업을 논의하는 곳이었다. 예를 들어 보험
업에 종사하는 사람들은 로이즈 커피하우스에 모여 토론도 하
고 사업도 추진했다. 그때 이미 주식 거래소가 있었지만 모든

목적에 부응하기에는 매우 불편했고 오히려 특정 업종의 고객이 필요로 하는 것들을 갖춘 곳은 커피하우스였다. 1700년대에 이미 런던에만 3,000여 개의 커피하우스가 있었다.[17] 처음에 커피하우스는 사업과 문화적 논의를 위한 토론장이었지만 정치가 재빨리 끼어들었다. 이제 커피하우스는 사업과 문화를 뛰어넘어 국정을 토론하는 곳으로 발달했다. 정치는 점차 개방되고 점점 더 시민 사회와 그 중심 세력인 중간계급이 원하는 대로 형성되었다.

한편 적어도 일주일에 한 번 이상 발행되는 정기 신문이 잉글랜드에서 언제 시작되었는지는 확실하지 않다. 초기 신문들은 대체로 일주일에 사흘 발행되는 형태였으며, 일간지는 1702년에 출현했다. 런던 밖에서 간행된 지방 신문은 1701년에 노리치에서 처음 나타난 것으로 보인다. 1746년이 되면 런던에는 일간지 6개와 주간지 6개, 일주일에 3번 발간하는 신문 6개를 합해 총 18종의 신문이 있었다. 점차 전국적 신문들이 등장했는데 특히 우편 제도가 발달하면서 가능해졌다. 1712년에 발행 부수가 가장 많은 신문인 《포스트맨*Post-Man*》은 평균 3,812부를 판매했고, 1720년대의 가장 인기 있던 주간지 《런던 저널*London Journal*》의 판매 부수는 1만 부였다. 각종 신문의 총 판매 부수는 1801년에 1,600만 부였는데 30년 후인 1831년에는 2배로 늘어 3,000만 부에 이르렀다. 1870년이 되면 런던만이 아니라 그 밖의 43곳에서 일간지가 발간되고 있었다.[18]

이처럼 급속한 언론의 성장은 그동안 진행된 점진적인 사회적·경제적 변화 덕분이었다. 우선 런던 주민들의 대단히 높은 문자 해독력은 다른 지역에서 볼 수 없는 개방적이고 세련된 정치 문화를 낳는 데 기여했다. 18세기 중엽에 런던 남성들의 약 80퍼센트가 문자 해독력을 갖추었는데 이것은 나라 전체의 30퍼센트와 비교해볼 때 놀랄 만큼 높은 수준이었다. 신문의 주요 소비자는 개인과 더불어 커피하우스였다. 커피하우스에서는 특히 여러 명이 돌려가며 신문을 읽었기 때문에 신문의 영향력은 발행 부수가 말해주는 것보다 더 강력했다. 신문이 의회 토론을 게재하면서 자연스럽게 의회가 공론장에서 검토 대상이 되었다. 언론은 이처럼 공통의 정치적 언어를 창조해내고, 정치에서 공통의 국가적 토론이라는 의식에 기여했을 뿐 아니라 국민 통합에도 기여했다.[19]

시민 사회의 발달은 궁극적으로 정치 제도를 바꾸어놓았다. 영국이 정치적으로 엘리트의 독점 상태에 있었음은 1830년경 전체 인구의 2퍼센트 미만만이 참정권을 가지고 있었다는 사실에서 잘 드러난다. 신분을 막론하고 모든 여성은 정치에서 배제되었다. 물론 영국에는 참정권의 제한에도 불구하고 대중이 정부의 정책 결정에 영향을 끼칠 수 있는 다양한 경로가 마련되어 있었다. 그럼에도 19세기 초까지 영국의 정치권력은 엘리트에 의해 독점된 것이 사실이었다. 그러나 19세기 이래 정치적 결정에 참여할 수 있는 사람들의 수가 크게 확대되었

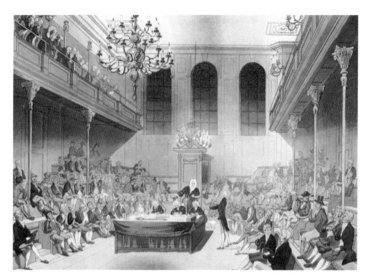
19세기 영국 하원의 모습.

다. 1832년에 1차 선거법 개정을 시작으로 3차 개정이 이뤄진 1884년에 이르면 거의 모든 독립된 성인 남자가 참정권을 행사할 수 있었다. 이 과정에서 시민 사회가 개혁을 주도하고 힘을 실어주었다. 그러나 영국의 엘리트 역시 다른 나라 엘리트들과 달리 열린 마음과 태도로 대응했다는 사실이 중요하다. 물론 밑으로부터의 압력이 있었지만, 엘리트층이 개혁을 허락한 것은 비록 다소 약화된 형태라 할지라도 자신들의 통치가 계속되려면 그것이 유일한 방법이라고 판단했기 때문이다.

1832년 선거법 개혁 당시 휘그 내각을 이끌던 그레이 경은 의회에서 다음과 같이 연설했다. "내 개혁의 원칙은 혁명의 필요성을 미리 차단하는 것이며 체제 전복이 아닌 체제 유지를 위한 개혁을 하자는 것입니다."[20] 영국의 정치적 개혁을 이끈 것은 이처럼 유연하고 영리한 엘리트와 더불어 그들을 압박하는 데 성공한 시민 사회였다.

영국인들은 세금, 전쟁, 국가 재정 등의 현안에 대해 토론하고, 국가를 견제하려는 네트워크를 형성하여 정부에 자신들의 의견을 전달하고 압력을 가할 수 있었고 실제로 그렇게 했다. 그것은 영국 시민 사회가 이미 축적된 부를 기반으로 무시할 수 없는 세력으로 성장했기 때문에 가능했다. 결과적으로 국가와 시민 사회는 타협과 합의에 도달했는데, 그것은 국가는 해군력을 키워 대외적으로 국가의 안위와 무역을 지키지만 국내적으로는 경제와 시민 사회에 간섭하지 않는다는 원칙이었다. 그 원칙 위에서 영국은 경제적으로 발전하여 경쟁국들을 물리치고 선두에 우뚝 서게 되었으며 인류 역사상 최초로 산업혁명을 수행했던 것이다. 18세기에 이르면 영국인들은 세상의 꼭대기에 있다고 믿었다. 그들은 "우리는 전에는 여럿 가운데 1등이었지만 이제는 우리밖에 없다"고 자부했다. 1777년에 어떤 영국인의 표현이 그 자부심과 자부심의 내용을 잘 표현해준다.

영국 헌정은 자유의 원칙 위에 서 있고, 영국의 상업은 전 지구에 퍼져 있고, 토지와 이자 소득에 근거를 둔 국내의 부는 그 어디에서도 볼 수 없을 정도로 대단하다. 자유와 법의 존중, 부유하면서 강력한 국가, 위대한 해군, 공격적인 제국적 대외 정책, 호황을 누리는 해외 무역, 국민 다수가 누리는 전례 없는 풍요로움….[21]

물론 그는 이 모든 것에 덧붙여 점점 눈에 띄는 부패와 끈질기게 남아 있는 가난을 지적했다.

시민 사회는 빅토리아 시대(1837~1901)에 절정에 이르렀다. 시민 사회의 덕목은 무엇보다 개인의 자조自助, 자립, 공정한 경쟁이었다. 자조의 가치는 빅토리아 시대를 산 모든 사람에게 최우선의 덕목이었다. 그 풍조는 당대 베스트셀러였던 스마일스(Samuel Smiles, 1812~1904)의 『자조론*Self-Help*』(1859)이 잘 보여준다. 에딘버러대학에서 의학을 공부한 스마일스는 글을 읽을 줄 아는 젊은 노동자들을 겨냥하여 자수성가한 많은 사람의 예를 들어 삶의 교훈을 주려는 목적으로 이 책을 저술했는데, 철강왕 카네기를 포함한 수많은 기업가가 이 책을 읽고 영감을 얻었다.

스마일스는 처음에는 사람들의 삶을 개선하려면 정치 개혁이 필요하다고 믿어 인민 헌장 운동 등에 적극 참여했다. 그러나 정치 개혁만으로는 부족하고 제도가 개인의 삶을 바꾸지 않으며 개인 스스로의 향상이 절대적으로 필요하다는 사실을 깨달았다. 스마일스가 책에서 강조하는 개념은 자조, 근면, 몰입, 정직, 자긍심, 과감성과 끈기, 불굴의 의지 등이며, 책의 메

럭비스쿨 교장으로 공립학교 교육을 쇄신한 교육자 토머스 아널드(Thomas Arnold, 1795~1842, 왼쪽)와 1872년에 펼쳐진 잉글랜드와 스코틀랜드의 첫 국제 축구 경기를 그린 그림(오른쪽).

시지는 '노력이 천부적 재능보다 더 많은 걸 성취한다'였다.[22] 동시에 스마일스는 모범이 되는 삶에 이타적 요소를 첨가했다. 즉 인간은 사적 존재를 넘어 공적 임무를 다해야 하며 성실하고 자기 삶에 책임지면서도 이타적인 삶을 살아야 한다는 것이다. 공민의 의무는 개인의 행복을 넘어 조국과 국가 제도에 대한 최우선의 충성을 다하는 것이다. 『자조론』은 출판 첫해에 2만 부가 팔렸고 그 후에도 계속 인기를 끌어 1900년까지 총 25만 부가 판매될 정도로 지속적인 영향력을 발휘했다.

시민 사회의 덕목은 스포츠 정신에서도 구현되었다. 19세기 영국에는 스포츠 붐이 일었고 축구, 테니스 등 오늘날에도 사랑받는 각종 구기 종목이 본격 등장했다. 스포츠는 '정정당당한 경쟁fair play'이라는 개념을 전파했는데, 그것은 승리가 아니라 참여가 중요하며 최선을 다해 싸우고 최선을 다했다면 패배는 부끄러운 것이 아님을 의미했다. 스포츠는 또한 전체를 위해 희생할 수 있는 용기, 인내, 자기 극복, 공정함, 다른 사람의 성공을 유감없이 기꺼워할 수 있는 아량 등을 배울 수 있는 좋은 기회를 제공해주었다. 스포츠를 통해 영국인들은 '정정당당하게 싸우고 승리할 때는 아량을, 패배할 때는 기꺼이 승복하는 미덕'을 체현하도록 유도되었다.

국가와 시민 사회의 관계가
새롭게 구축되다

19세기 말까지 영국 사회는 개인의 자유, 강하지만 최소한의 중앙 정부, 자유로운 시장을 기반으로 하는 자유주의를 원칙으로 받아들였다. 양당 체제를 이루고 있던 보수당과 자유당은 모두 이 원칙을 받아들이고 믿었다. 고전적 자유주의를 완성시켰다고 일컬어지는 존 스튜어트 밀(John Stuart Mill, 1806~1873)을 위시한 자유주의자들은 프랑스혁명 이후 새로운 형태의 국가 권력에 의해 시민 사회가 점차 질식당하는 것을 두려워했고, 국가에 대해 독립적이고 다원적이며 스스로 조직화하는 시민 사회를 보호하고 부활시키는 것이 중요하다고 강조했다. 19세기 영국은 정부 간섭이 배제된 자유방임 국가였다. 최소한의 국가는 지방 정부와 더불어 도덕, 자선, 교육 및 복지 활동을 책임지는 거대한 자발적 조직의 망이 있어야 가능하다. 19세기 영국에는 다른 어느 나라에서도 볼 수 없을 정도로 다양한 사회 운동이 성행했다. 가장 활발한 것은 자선 활동이었는데, 질병, 노령, 도덕적 타락 등 생각할 수 있는 거의 모든 종류의 사회적 재난에 대해 자선의 치유책이 마련되어 있었다.

물론 국가가 아무 일도 하지 않은 것은 아니고 국가의 개입을 유도하는 정치 철학도 존재했다. 특히 공리주의 내지 벤담주의로 알려진 일련의 사상들은 자유방임과는 명백히 다른 종류에 속했다. 그럼에도 불구하고 19세기 말까지 영국 사회에서 집산주의는 한계를 안고 있었다. 1860년대의 영국보다 국가가 더 작은 역할을 한 산업 사회는 역사상 존재할 수 없었다. 국가 기능이 얼마나 제한적이었는지는 지방에 거주한 영국인이 정기적으로 접할 수 있는 단 하나의 중앙 정부의 대행인은 우체국 직원이었다는 사실에서 적나라하게 드러난다.[23] 그러나 국가와 사회의 완전한 분리라는 자유주의 국가론은 현실적으로는 불가능했다. 실상 최소한의 국가라는 개념을 주장한 자유주의자들조차 어느 정도의 간섭이 필요함을 인정할 수밖에 없었다. 그러나 '어느 정도'가 옳은지에 대한 의견 일치는 사실상 존재하지 않았고 그에 대한 논의가 지속되었다.

그러나 아무런 이의 없이 받아들였던 국가와 시민 사회의 분리는 19세기 말에 수정되어야 했다. 1870년대부터 경제 불황, 후발 산업국들의 도전, 영국 산업의 수출 의존성, 기업의 소규모가 야기하는 한계 등에 기인한 경제 위기가 닥쳐왔고, 경제 침체는 이윤율 저하와 높은 실업률을 야기했다. 자유방임 국가가 기반하고 있던 명제, 즉 자유 경제가 자본과 노동을 최상의 상태로 운영할 수 있다는 주장은 실업과 저임금으로 인해 부정될 수밖에 없었다. 개인의 나태 때문이 아닌 경기 변동에 의한 어쩔 수 없는 실업이 존재한다는 사실을 인정할 수밖에 없었고, 개인의 자조라는 것이 사회 정책으로서 얼마나 타당하지 못한지도 인식되었다. 국가의 개입이 요구되는 범위가 점차 늘었는데 특히 교육이 그러했다. 1880년부터 의무 교육이 강요되었고, 학교 급식 보조(1906), 학생 의료 검진(1907), 학생들의 강제적 건강 보험(1911) 등을 통해 국가는 교육에 적극적으로 개입했다.

이러한 상황에서 자유주의가 상정하던 개인과 사회의 관계도 근본적으로 변화할 수밖에 없었다. 특히 19세기 말은 독일과 미국 등이 산업화하면서 경제적·군사적·제국주의적 경쟁이 치열해진 시기였다. 그런 상황에서 국제적인 경쟁에 대처하기 위해 국민적 효율성을 높이는 게 무엇보다 시급한 국가 과제이며, 그를 위해서는 국가가 나서서 빈곤 등의 사회 문제를 해결해야 한다는 시각이 대두했다. 그런 각성에서 보수당은 역동적 제국주의를 제시했다. 즉 영제국의 보다 치밀한 통합을 통해 위기를 극복하자는 대안이었다.

한편 자유당 내에도 국가 개입을 요구하는 새로운 사회적 자유주의New Liberalism가 대두했다. 이제 자유방임 국가가 아니라 강력하고 능률적인 국가 개념이 옹호되었다. 그러나 사회적 자유주의도 자유주의의 테두리를 벗어나지 않았다. 그것은 여전히 열심히 일하고 책임감 있는 삶을 사는 개인에 대한 보상을 전제로 했으며, 경제 정책도 여전히 자유주의 경제의 기조를 유지했다. 1930년대 초까지 자유무역은 포기되지 않았던 것이다.

국가 기능에 대한 인식을 확실히 바꾼 사건은 1차 세계대전이었다. 총체전으로 치러진 전쟁에서 국가는 모든 면에서 주도권을 행사했고, 일부 기간산업이 국가 통제를 받았으며, 식량 배급제가 도입되었다. 가장 뚜렷한 변화는 징병제가 1917년에 도입된 것이다. 독일과 프랑스 등 다른 유럽 국가들은 19세기 후반기에 이미 국민 모병제를 실시한 데 반해 영국은 1차 세계대전이 시작되었을 때조차 지원병 제도를 유지하다가 전쟁 중에야 징병제를 도입했다. 1차 세계대전이 끝난 후 영국에는 혼란이 야기되었다. 그 혼란은 이미 막강해진 국가의 세력을 19세기 식의 자유방임적 국가 체제로 다시 돌리려는 시도에서 빚어진 마찰과 갈팡질팡한 정책에서 유래했다. 당시 어느 정파도 국가와 사회에 대한 새로운 비전을 제시하지 못했다. 1920년대에 잠시 집권했던 노동당 정부조차 경제 영역에서 최소한의 국가 기능만을 주장했고 사회주의 정당으로서의 면모

영국의 전쟁 영웅인 키치너가 등장하는 모병 포스터(왼쪽, 1914)와 영국을 의인화한 캐릭터인 존 불이 등장하는 모병 포스터(오른쪽, 1915).

는 전혀 찾아볼 수 없었다.

그러나 2차 세계대전 종결 후에는 그런 혼란이 전혀 없었다. 1945년 이후 국가 기능이 급격히 확장했는데 그에 대한 반대는 거의 없었다. 이제 복지 국가야말로 인류 역사상 보편적인 형태이고 자유방임의 자본주의가 오히려 궤도 이탈이었다는 주장이 자연스럽게 받아들여졌다.[24] 노동당 정부가 기간산업을 국유화함에 따라 국가에 고용된 사람들의 수가 크게 증가했고 관료제의 크기도 역사상 유례없이 커졌다. 1853년에 4만 명이던 공무원 수는 1901년에는 11만 6,400명, 1914년에는 28만 2,420명, 1975년에는 공사로 독립해 나간 우체국을 제외하고도 75만 명에 이르렀다.[25] 그러나 1979년에 정권을 잡은 마거릿 대처(Margaret Thatcher) 정부 아래에서 국가는 다시 위축되어갔다. 대처는 강하지만 작은 정부를 지향했고, 경제 영역에서 비대해진 국가를 축소시켜 권력을 시장에 돌려주었으며, 자조와 같은 시민 사회의 덕목을 다시 강조했다.[26]

영국은 19세기를 통해 전 세계에 영향력을 떨친 최강대국이었다. 그런데 적어도 20세기 초까지 영국 국가는 시민 사회보다 하위에 머물며 소극적인 역할을 자임했다. 세계를 주름잡던 나라에서 정부가 최소한의 기능만 수행하려 애썼다는 사실을 기억할 때 영국이 이룬 업적은 대부분 민간으로부터 나온 역동적 힘에 의한 것이었음을 알 수 있다. 물론 18세기까지는 국가의 지원 덕분에 계속된 전쟁에서 승리를 거두고 제국을 확장하고 국제적으로 세력을 확대했지만, 19세기에 영국이 이룬 위업의 공은 국가보다는 개인과 시민 사회에 돌려야 할 것이다. 20세기 들어 영국 국가는 일시적으로 팽창했지만 국가의 팽창에도 불구하고 시민 사회는 여전히 강력한 존재로 남아 있었다. 집단이 아니라 개인이 중요하며, 개인의 역량을 해방시켜 잠재력을 최대한 발휘하도록 만들어주는 사회가 가장 좋은 사회라는 사실을 영국 역사는 분명하게 보여준다.

3장
자유무역을 선도한
세계의 공장

19세기에 영국은 인류 역사상 최초로 산업혁명을 수행하여 인류를 근대적 경제 성장의 길로 이끌었다. 영국은 '세계의 공장'이었으며 전 세계 공업 생산의 반 이상을 차지하고 있었다. 최초의 산업혁명을 가능하게 해준 영국의 제도적 강점은 이미 잘 알려져 있지만 최근에 특히 주목받는 것은 과학적·지적 풍토다. 즉 자발적인 지적 탐구와 과학적인 검증 방식의 발전 등에서 영국은 주도적 역할을 했다는 것인데, 이런 전통은 개신교 신앙과 경험주의 철학에 기반을 두고 있었다. 특히 베이컨(Francis Bacon, 1561~1626)은 일찍이 17세기에 과학이 추상적이 아니라 실용적이어야 하고 인간의 삶에 직접적으로 보탬이 되어야 한다고 설파했고, 영국인들은 베이컨의 생각을 좇아 과학과 기술의 융합에 힘을 쏟았고 그 결과 산업혁명을 수행해낼 수 있었다.

19세기 후반기가 되면 영국은 제품 생산자보다는 투자자, 은행가, 보험업자, 해운업자로서 더욱 당당하게 선두 자리를 차지했다. 런던은 국제 금융의 중심지이자 보험과 해운 등 서비스 산업의 중심지였다. 이처럼 막강한 영국의 경제력을 유지해 준 힘은 해군력이었고 영국 해군력은 19세기 말까지는 아무런 도전을 받지 않았다. 게다가 영제국은 다른 어떤 제국보다도 더 광대한 식민지를 소유하고 있었다.

산업혁명을 통해 영국은 다른 나라들과는 '차원이 다른' 강대국이 되었고 세계 경제를 자신의 뜻대로 운영할 수 있게 되었다. 영국인들이 원한 세상은 모든 물자가 자유롭게 이동하는 자유무역의 세계였다. 그들은 자유무역이 영국만이 아니라 인류 모두에게 혜택을 가져다준다고 믿었고 그 원칙을 전 세계에 퍼뜨리려 했다. 세계는 영국이 주도하는 경제력과 영국이 지향하는 자유무역주의에 의해 재편되고 있었다. 그러나 19세기 말이 되면 영국의 경제적 힘도, 자유무역에 대한 믿음도 도전받게 되었다.

산업혁명으로
세계를 주도하다

산업혁명은 경제사적으로 인류가 지구에 출현한 후 발생한 몇 차례 결정적 사건 가운데 하나다. 결정적인 첫 사건은 지금으로부터 1만 2,000년 전에 인류가 수렵과 채집 생활을 버리고 농경 생활을 시작한 것이다. 수렵과 채집 시기에 인류는 유목생활을 했기에 문명을 이룰 수 없었다. 그러나 농경 사회로 바뀌면서 인류는 공동체를 구성하고 지식을 축적하고 각종 제도를 만들어내면서 문명 생활을 했다.

인류의 경제사적 삶에서 두 번째로 중요한 사건이 바로 산업혁명이다. 1770년경에 영국에서 시작된 산업혁명은 근대적 경제 성장을 가져다주면서 인간의 삶을 근본적으로 바꾸어놓았다. 서기 1500년에 인류가 생산한 재화와 용역의 총 가치는 오늘날의 가치로 약 2,500억 달러였지만 현재 인류의 연간 총생산량은 60조 달러에 가깝다. 인구는 14배로 늘었는데 생산은 240배로 뛰어오른 것이다. 한 전문가의 계산에 따르면, 20세기에만 전 세계 생산이 40배 증가했다.[1]

산업혁명 전에 인류는 '맬서스적 악순환'을 겪을 수밖에 없는 운명이었다. 영국 국교회 목사인 맬서스(Thomas Malthus, 1766~1834)는 1798년에 출간된 『인구론An Essay on the principle of population』에서 인구는 기하급수적으로 증가하는 데 반해 식량은 산술급수적으로 증가한다는 유명한 원칙을 발표했다. 달리 표현하면 인구와 경제는 동시에 성장할 수 없다는 것이다. 경제가 좋아지면 인구가 늘고 그리되면 각 개인에게 돌아가는 몫은 다시 줄어들고 그리되면 경제 성장이 다시 억제되는 악순환이 계속된다는 것이다. 그런데 산업혁명이 그 악순환을 깨뜨려버렸다. 다시 말해 인구와 경제가 동시에 성장할 뿐 아니라 경제가 훨씬 더 빠르게 성장하여 사람들의 생활 수준이 훨씬 나아지게 되었다. 산업혁명으로 인해 지속 가능한 근대적 경제 성장이 가능해졌던 것이다.

산업혁명의 본질은 인간의 기술과 노동력을 대체한, 빠르고 규칙적이며 정확하고 지칠 줄 모르는 기계에 무생물 동력을 붙여줌으로써 생산성의 무한정한 향상이 가능해진 것이다.[2] 산업혁명은 면공업, 그중에서도 방적 부문에서 시작되었다. 18세기 후반까지 영국의 전통 산업은 모직물 공업이었고 영국은 세계적인 모직물 수출국이었다. 그러다가 서인도 제도의 노예들에게 입히려고 수입한 가볍고 부드러운 인도산 면직물이 대중적 인기를 끌자 그것을 국내에서 생산하게 되었던 것이다. 영국 면직물이 인도산과 경쟁하려면 좀 더 질기고 가느다란 실을 더 많이 생산해야 했다.

케이(John Kay, 1704~1764)가 직조 기계의 씨실을 자동으로 넣는 장치인 플라잉 셔틀flying shuttle을 발명한(1733) 후 1760년대에는 하그리브스(James Hargreaves, 1720~1778)가 여

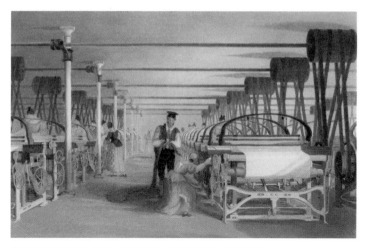

랭커셔 면직물 공장. 직물 산업은 영국 경제의 견인차 역할을 했다.

러 개의 추를 연결해 여러 줄의 실을 동시에 뽑을 수 있는 제니 방적기를 만들었다. 그 후 아크라이트(Richard Arkwright, 1732~1792)가 수력 방적기를 만든 후 크럼프턴이 그 두 장점만을 취해 물레보다 200배나 더 생산성이 높은 뮬 방적기를 만들어냈다(1779). 방적이 기계화되자 방직 부문에 병목 현상이 생겨 이번에는 직포 부문의 기계화가 시급해졌다. 1787년에 카트라이트(Edmund Cartwright, 1743~1823)가 최초로 역직기를 만들어내 문제를 해결했는데, 역직기는 1820 ~1830년대에 대량으로 공장에 도입되었다. 이처럼 한 공정에서의 발명이 다른 공정의 발명을 자극하는 연쇄적 발명이 일어났고, 직물 산업은 영국 경제 전체의 견인차 역할을 하여 1780~1800년의 20년 사이에 영국의 수출은 2배로 껑충 뛰었다.

증기기관의 획기적 혁신을 가져온 제임스 와트(왼쪽)와 그의 동업자 매슈 볼턴(오른쪽).

한편 동력에서는 증기기관의 개발이 핵심이었다. 산업혁명의 꽃은 사실 증기기관이라 할 수 있다. 1705년에 뉴커먼(Thomas Newcomen, 1663~1729)에 의해 피스톤을 갖춘 증기기관이 최초로 만들어졌지만 이때의 실린더는 매번 냉각되었다가 다시 가열되어야 했기에 에너지 소비가 컸다. 따라서 이 기계는 연료를 쉽게 구할 수 있는 탄광에서 물을 뽑아내는 데 주로 사용되었다. 그러나 뉴커먼의 증기기관은 수익성이 없던 수많은 탄광을 소생시키는 역할을 했다. 획기적 혁신을 가져온 계기가 된 것은 스코틀랜드 출신 기계 제작자인 와트(James Watt, 1736~1819)에게 뉴커먼 증기기관을 수리해달라는 의뢰가 들어왔을 때였다. 와트는 이 기관이 가열, 냉각, 재가열되는 동안 엄청난 양의 증기를 낭비한다는 사실을 깨닫고 개선책을 찾는

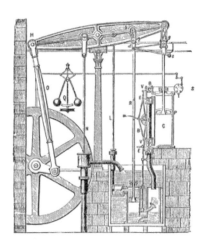

1774년에 볼턴앤와트에서 제작한 증기기관.

데 고심한 결과, 배출된 증기를 별도로 연결된 공기실로 보내는 콘덴서를 고안했다. 즉 와트의 혁신은 피스톤을 가진 실린더가 냉각 없이 지속적으로 뜨거운 상태를 유지할 수 있게 한 것이 었고, 그는 1769년에 자신의 발명품에 대한 특허를 출원했다.

1782년에 와트가 좌우로 움직이는 것이 아니라 회전하는 증기기관을 개발함으로써 산업혁명은 한층 더 진전했다. 이 증기기관이 당시 발명되고 있던 기계들에게 동력을 제공해준 중요한 혁신이었다. 이런 방식의 증기기관이 작동한 것은 1784년 이었는데 불과 5년 후에 500대 이상의 증기기관이 사용되었으며 와트가 사망한 19세기 초반에는 그 수가 1,000대를 넘어 섰다. 와트와 동업자인 볼턴(Matthew Boulton, 1728~1809)은 제조업의 모든 분야에서 증기력을 이용할 수 있도록 수백 가지 증기기관을 고안해냈다. 수력 방적기를 만든 아크라이트는 1785년 혹은 1788년에 처음 증기기관을 이용하여 방적기를 돌린 것으로 추정된다. 이제 면직물 공업은 한 단계 더 높은 차원으로 발전했고 영국 직물업은 가격과 품질 면에서 일취월장했다. 영국의 면직물 수출업자들은 곧 세계 시장을 완전 장악했는데 1801년경, 면직물 생산량 중 5분의 3을 초과하는 비중이 해외로 판매되었고, 면직물 제품은 영국의 모든 수출 상품 가운데 5분의 2를 차지했다.[3]

19세기 초가 되면 영국의 산업력은 감히 어느 나라도 넘볼 수 없을 정도가 되었다. 산업화 덕분에 영국은 어느 누구도 경쟁할 수 없을 정도로 다양하고 값싸고 품질 좋은 상품을 생산하여 매우 저렴하게 세상에 공급할 수 있었다. 나폴레옹전쟁 당시 나폴레옹이 영국을 패배시키려는 마지막 수단으로 대륙 봉쇄령을 내렸지만 그가 어떤 법을 제정하든 유럽인들은 영국 제조업자가 없으면 살 수 없다는 사실을 알게 되었다. 그들은 대륙 봉쇄령을 피하기 위해 수입품의 원산지를 위조했고, 밀수도 만연했다. 나폴레옹 군대가 입은 군복조차 영국산 직물로 만든 것이었다.

영국 경제는 19세기 후반에 세계 경제가 성장함에 따라 더욱 팽창했다. 영국이 가장 번성했던 시기인 1860~1870년대에 영국은 전 세계 공업 생산의 60퍼센트를 담당했다. 산업화를 측정하는 척도인 철강 생산과 근대적 에너지 즉 석탄, 석유, 천

연가스, 수력 발전 소비량에 관한 지표에서도 영국은 압도적이었다. 뿐만 아니라 영국은 금융도 지배했는데 전 세계 무역의 90퍼센트가 영국 통화인 파운드 스털링으로 결제되었다.

영국 상업은 일찍부터 해외 무역과 밀접하게 연결되어 있었다. 17세기 후반에 네덜란드 상인들을 제치고 선두를 차지한 영국 상인들은 놀라운 속도로 새로운 사업을 찾아내고 상업의 망을 만들어내고 그것을 장악하여 우위를 점했다. 커피, 설탕 같은 당대 최대 수익 사업은 몇 개 영국 회사가 주도권을 장악하고 있었다. 산업혁명과 더불어 영국 무역은 어지러울 정도로 급격한 성장 시대를 맞이했다. 영국 항구를 출항하는 선박 톤수는 1774년에 86만 4,000톤이었는데 1785년에는 105만 5,000톤이었고, 1800년에는 192만 4,000톤으로 급증했다.[4] 그러나 영국 상품이 훌륭하고 저렴하지 않았더라면 큰 수요를 창출하지 못했을 것이다. 1840년대가 되면 영국 상인들과 그들이 만든 상관들이 전 세계에 진을 치고 있었다. 물론 산업혁명이 그들의 활동을 크게 확장시켜주었지만, 그들 역시 기회를 잘 포착함으로써 더욱 활발한 활동을 펼쳤다. 역동적인 영국 경제의 확장에 힘입어 1850~1913년 동안 세계 무역은 10배로 증가했는데 그중 가장 큰 몫은 영국 차지였다.

산업혁명은 섬유 산업에서 시작되었지만 영국의 다른 산업들도 다른 어떤 나라와 비교가 되지 않을 정도로 경쟁력이 있었다. 그 결과 세계 경제는 영국을 중심으로 대대적으로 재편되었다. 영국산 직물이 침범해오기 전에 전 세계 직조공들은 지역에서 소비되는 의류 제품을 자기들 취향대로 생산했다. 그러나 그런 상황은 19세기에 영국 제품이 들어오면서 급격하게 변해버렸다. 예를 들어 1820년대부터 영국산 면직물이 이란 시장에 선보였는데 그 후 수십 년 동안 영국산 직물은 더욱 저렴해지고 품질도 좋아지고 이란인들의 취향도 잘 반영한 덕분에 자국 생산품보다 더 인기가 높았다. 1890년대에 결국 이란은 견직물과 면직물 수출을 중단하고 원면과 생사 수출을 했다.[5] 이처럼 영국의 효율적인 섬유 공장들 때문에 실을 자아서 가계 수지를 맞추던 세계 각지의 농촌이 심각한 위기에 처하게 되었다.

면직물과 증기기관으로 상징되는 1차 산업혁명은 영국을 차원이 다른 강대국으로 만들어주었으며 모든 후발 산업국은 영국 베끼기에 나섰다. 그들은 영국의 청사진을 빌리거나 훔쳤으며 영국의 기술을 따라 했다. 산업화 초기에 영국 정부는 기술 유출을 방지하려고 노력했다. 즉 기계 수출을 불법화하고 기술자들의 이민을 금했는데, 19세기 초에 해외 이주를 희망하는 사람은 "모직, 철, 강철, 황동 등 금속 분야의 생산자 혹은 기술공이 아니고 과거에 그런 일을 했던 적도 없다"는 것을 확인해주는 소속 교구의 증명서가 있어야 항구에서 배를 탈 수 있었다.[6] 그러나 영국 사회는 비밀을 지키기에는 너무 개방된 사회였다. 산업 스파이들이 몰려들었다. 그러나 영국의 성공이 단순히 기계만이 아니라는 사실이 드러났다. 그것은 문화의 문제였고, 문화를 모방하는 것은 기계를 모방하는 것보다 훨씬 더 어려웠다.

왜 산업혁명이 영국에서 가장 먼저 시작되었는가에 대해서는 그동안 많은 연구가 축적되어왔다.[7] 학자들은 대체로 다음 같은 주장에 동의한다. 이미 산업혁명 전부터 영국 경제는 선도적이었다. 상공업이 일찍부터 발달했고 상인 및 숙련 노동자들의 존재가 뚜렷했다. 한편 영국 농업도 유럽의 다른 지역보다 앞서 발달했으며 농촌 사회가 빨리 해체됨으로써 사회 전체가 봉건제의 구속에서 빠르게 해방되었다. 그 과정에서 개인주의가 등장하고 사람들의 사회적 유동성이 높아졌다.

특이하게도 영국에는 다른 나라에서 볼 수 없는 장자 상속제가 확립되어 있었는데 이것이 장기적으로 산업혁명에 기여했다. 엘리트층에서도 차남 이하의 자식들은 호구지책을 마련해야 했기 때문에 교육받고 재능 있는 사람들이 상업이나 수공업으로 진출했던 것이다. 예를 들어 1570~1646년 사이, 런던의 15개 상인 기업에서 일하고 있는 8,000명의 도제들 가운데 12.6퍼센트가 엘리트인 지주 가문 출신이었는데, 이것은 다른 유럽 국가에서는 있을 수 없는 현상이었다. 영국 사회의 열린 문화와 관행은 실력주의 사회로 귀결되었다. 영국은 태생에 상관없이 재능과 업적으로 사회적 존경과 명성을 얻을 수 있는 사회로 정착했던 것이다.

영국은 인적 자원에서 월등했을 뿐 아니라 재산권의 확립을 포함하여 상업 및 산업 경제에 적합한 제도를 갖추고 있었고 기술 개발에서도 가장 선구적이었다. 5장에서 설명되듯 영국은 최첨단 철도와 통신망을 발명, 개발하고 그것들로 무장했다. 영국이 교통과 도로, 운하를 통해 이뤄낸 통일된 시장과 소비 사회도 산업혁명을 가져오는 데 불가결한 조건이었다. 18세기 후반, 여전히 지역 단위의 시장이 지배적이던 다른 나라들과 달리 영국에서는 사람과 상품이 하나의 통합된 시장 내에서 자유롭게 이동할 수 있었다. 자유로운 교류는 발전의 촉매 역할을 하기 마련이다. 소위 '소비자 혁명'이라 불릴 만한 현상이 나타났는데, 외국인 방문객들은 런던의 옥스퍼드 가에 즐비한 호화로운 상점들에 감탄을 금치 못했다.[8]

이 모든 것이 산업혁명에 기여한 요인들이지만 가장 중요한 요인은 영국이 다른 나라들과 달리 일찍이 17세기 말에 명예혁명을 거치면서 정치적 혼란 상황에서 벗어나 안정된 사회를 이루었다는 사실일 것이다. 2장에서 살펴보았듯 명예혁명은 국왕제임스 2세의 자의적이고 전제적인 통치에 반대하여 일어난 사건이었다. 중요한 것은 한 세력이 다른 세력을 전복시킨 것이 아니라 사회 거의 모든 분야가 합세하여 일으킨 혁명이었다는 사실이다. 명예혁명 후 영국에는 왕과 귀족, 평민들 사이에 권력을 배분한 균형 잡힌 헌정 질서가 확립되었고 국민들은 자의적 정치를 우려하지 않은 채 생업에 전념할 수 있게 되었다.

산업혁명이 시작되었을 즈음에 애덤 스미스는 정치와 경제의 분리를 주장하고 자유주의 경제를 주문했다. 실제로 19세기에 이르면 영국 국가는 자유주의적 국가 체제로 운영되었다. 국가는 해외 무역에서 정부 독점권을 없애고 기업 경영에서는 자유와 안전을 보장해주었을 뿐 아니라 사유 재산권과 계약권을 수호해줌으로써 국민들이 자유롭게 자신의 창의성과 노력에 경주할 수 있는 환경을 만들어주었다. 그러면서 경제에 대한 직접적 간섭은 억제했다. 국가는 또한 개인 소유권자들 사이에 일어나는 분쟁을 평화롭게 해결하는 수단으로 법치를 강화했다. 법치주의는 사회 구성원 모두가 일종의 규칙인 법을 지켜야 모든 사람에게 이익이 돌아간다는 원칙이다. 법치주의는 지배자에게도 한계와 제약이 따른다는 점을 명확히 함으로써 절대주의를 억제했을 뿐 아니라 시장 기능에도 선한 영향력을 행사하여 산업혁명과 경제 발전에 기여했다.

특히 중요한 것은 재산권 보장이다. 경제 성장의 결정적 요인은 개인에게 노력의 대가를 확실하게 보장해주는 법 제도인데, 재산권이 영국만큼 인정받고 확보된 곳은 세상 어디에도 없었다. 예를 들어 특허 제도를 보자. 특허 제도는 애초에 국왕의 자의적인 특허증 남발을 막기 위해 의회 법으로 제정(1623)되었는데, 발명가들에게 동기를 부여하여 산업혁명을 촉발하는 데 크게 기여했다. 와트가 1769년에 증기기관 특허권을 출원했을 당시 일 년에 36건이던 특허 출원은 점차 늘어나 1840년이 되면 440건에 이르렀다. 와트와 파트너 볼턴, 수력 방적기를 만든 아크라이트 등은 철저하게 특허권을 보호함으로써 큰 부자가 되었다. 물론 그렇지 못한 사람들도 많이 있었지만 산업혁명기에 상당수 기술자들은 자신의 재능과 노력으로 재산과 명성을 누릴 수 있었다.

왜 산업혁명이 영국에서 시작되었을까?
- 남다른 문화와 지적 풍토

왜 영국에서 산업혁명이 가장 먼저 시작되었는지의 문제는 제도적 측면에서만 고려해서는 안 된다. 위에서 언급된 여러 제도적 요인과 더불어 영국을 다른 나라들로부터 구분해주는 가장 중요한 특징은 문화적·정신적·지적 풍토였다. 여기서 영국의 개신교 신앙과 과학적이고 경험주의적인 전통이 중요하다.

우선 영국의 산업혁명과 경제 발전에서 중요한 요인으로 지적되는 개신교 윤리부터 살펴보자. 개신교와 경제 발전의 밀접한 관계를 이론적으로 정립한 사람은 독일 사회과학자이며 역사가인 베버(Max Weber, 1864~1920)다. 베버는 왜 자본주의가 북유럽의 개신교 국가들에서 가장 발달했는지를 설명하면서 칼뱅이 주장한 예정설에 주목했다. 베버에 의하면, 예정설을 신봉한 부르주아 기업인들은 자신이 구원받았다는 증거를 세속적 성공에서 찾고자 했다. 그들은 금욕과 부단한 노동에 의해 재산을 형성했지만 세속적 쾌락에 전혀 무관심했고 단지 신의 영광을 위해 부를 축적했다. 따라서 부가 계속 축적되는 상황이 전개되었다. 이들에게 재산은 수단이 아니라 그 자체가 하나의 목표였다. 즉 부의 축적이 수단이 아니라 목적이 된 것이 바로 근대 자본주의 정신의 요체라는 것이다. 개신교도에게 이상적 삶이란 자신의 물질적 자원을 극대화해 개인의 이익을 증진시키면서 동시에 공익을 증진시키고 그 영광을 신에게 바치는 삶이었다. 이 두 목적은 특히 17세기 말 잉글랜드에서 완전히 서로를 보완하는 관계로 발전했다.[9]

　개신교와 가톨릭 신앙은 몇 가지 점에서 큰 차이를 보였다. 첫째는 부에 대한 태도다. 개신교 신앙은 금전적 이득을 취하는 행위를 전통적인 윤리적 장애에서 해방시키고 상업과 제조업에 위엄과 정당성을 부여했다. '부자가 천국에 들어가는 것은 낙타가 바늘구멍에 들어가는 것과 같다'는 식으로 폄훼되던 이익 추구 행동이 합법화되고 나아가 신의 뜻으로 간주된 것이다. 두 번째로 현세적 일에 대한 태도의 차이다. 개신교의 출현은 예전 가톨릭 사회에서 보지 못했던 새로운 세계관과 새로운 인간형을 탄생시켰다. 가톨릭교회에서는 세속과 인연을 끊고 은둔하는 것을 최고 경지로 간주했는데, 개신교에서는 현세적 일에서 자신의 의무를 다하는 것을 도덕적 의무의 최고 형태로 보았다. 그 결과 합리적 자본주의 기업과 기업인, 직업의식이 투철한 훈련된 노동자, 자본의 규칙적 투자가 나타났다.[10]

베버의 명제는 세부 사항에서 비판을 받아왔지만 전체 틀로서는 역사적 사실과 부합한다고 할 수 있다. 베버 이래로 자본주의 정신, 부르주아지의 부상, 과학혁명, 기술의 발달, 정치적 민주주의 등 지난 200~300년 동안 인류 사회를 변화시킨 거의 모든 요인을 개신교 신앙에서 찾아내려는 시도가 있어왔다. 실제로 1940년경에 실시된 조사에 의하면, 개신교 국가들이 가톨릭 국가들보다 40퍼센트 더 부유했다.[11]

베버가 강조한 개신교 윤리는 특히 청교도들Puritans 사이에서 발견된다. 청교도는 당시 잉글랜드 국교회를 따르지 않는 개신교도들을 칭했다. 1534년에 헨리 8세는 개인적 이유로 로마로부터 떨어져 나와 잉글랜드 국교회를 수립했다. 그러나 잉글랜드 국교회는 기존 가톨릭교회에 유사한 의식과 체제를 갖추고 있었는데 이런 국교회의 타협적 성격에 반대하고 교회를 더욱 정화purify해야 한다고 믿은 개신교도들이 널리 존재했다. 그들이 청교도였다. 청교도들은 주로 제조업자, 상인, 전문 직업인들, 장인들 가운데서 많이 발견되는데, 16세기 이후 영국이 다른 나라들과 다른 길을 가는 데 중요한 기여를 했다. 우선 베버가 지적한 바와 같이 영국의 경제적 발전은 그들에게 힘입은 바가 컸다. 청교도 문화는 시간에 중요성을 부여함으로써 '시간은 금'이라는 근대적 자본주의 원칙을 심어주었다. 청교도에게 시간 낭비는 가장 심각한 죄였고 여가는 게으름을 의미했다. 청교도에게 인생은 각자의 소명을 확인하기에 너무

청교도들은 영국의 근대 경제 체제로의 변화에 크게 기여했다. 조지 헨리 버튼, 〈교회에 가는 청교도들〉, 1867년 작.

짧고 소중했다. 그들은 주일을 엄격히 지키고 축제일의 수를 줄임으로써 전통 사회에서 생산을 억제하는 습관을 극복하고 근대 경제의 생산 체제로 변화하는 데 도움을 주었다.

시간관념은 개신교 국가인 영국과 네덜란드에서 다른 나라에서보다 훨씬 중요했는데, 재미있는 것은 가톨릭교도가 인구의 다수를 차지하던 프랑스나 독일의 바이에른 지방에서도 시계 제조공은 대체로 신교도들이었다는 사실이다. 개신교 문화는 또한 교육을 강조했다. 그것은 교회 조직을 통해서가 아니라 성경을 통해 직접 신과 소통하는 것을 중시한 개신교의 특성 때문이다. 심지어 여자아이들도 교육을 받았는데, 이러한 전통 속에서 산업혁명기에 활약한 기술자들이 나타나게 되었던 것이다. 18세기에 퀘이커교도나 감리교도 같은 비국교도들이 운영한 학교는 산업혁명을 이끈 많은 인재를 양성해냈다. 종교적 관용 덕분에 영국의 비국교도들은 제약 없이 활동하고 성공할 수 있었다. 그들은 총 인구에서 차지하는 비율은 소소했지만 제조업의 혁신을 이룬 사람들 가운데 거의 반을 차지했다.[12] 이처럼 근대 초에 영국과 저지대 국가들에 부를 쌓거나 물질적 재화를 축적하는 것을 죄악시하는 생각을 거부하는 '부르주아 가치'가 생겨났고 이것이 궁극적으로 산업혁명과 근대적 경제 성장의 시작으로 이어졌다.

개신교 신앙보다 더욱 영국적 특성을 보인 현상은 지적 탐구와 과학적 검증 방식을 장려한 문화와 지적 풍토다. 영국은 기초 과학 수준에서는 일류가 아니었지만 숙련도가 높고 실용적인 기계를 만들고 개량하고자 하는 의욕이 충만한 인력을 어느 나라보다 풍부하게 보유하고 있었다. 산업혁명기의 발명가들은 소수 과학자들을 제외하고는 대부분 기술자들이었다. 그것은 영국만의 독특한 풍토에서 기인했다. 면직물 공업이든 증기기관이든 초기 기술은 고도의 전문적인 첨단 과학적 지식을 요하는 것이 아니라 작업 현장에서 조금 더 개선해보려는 의지를 가진 기술자들이 간단한 아이디어를 적용해 얻어낼 수 있는 것이었다. 놀랍게도 영국의 많은 발명가가 독학으로 지식을 습득했다. 1700~1850년 동안의 과학기술자 498명에 관한 연구는 그들 가운데 329명이 독학으로 지적 세계를 개척해갔음을 밝혀준다. 그들은 역학에 관한 과학 문헌들을 스스로 공부할 정도로 지적 수준이 높았다. 예를 들어 와트는 수학에 능통했고 체계적으로 실험을 했으며 증기기관의 열효율을 계산해내고 에든버러와 글래스고의 대학교수들, 저명한 과학자들과 친분을 쌓았다. 이들 엘리트 출신이 아닌 기술자들이 지엽적으로 작은 규모로 이룬 미시적 발명들이 쌓여 산업화로 연결되었던 것이다.[13]

이런 영국의 문화적·지적 토대는 베이컨으로 거슬러 올라간다. 17세기에는 전 유럽을 통해 과학적 호기심이 강하게 발흥했는데 특히 잉글랜드에서 그러했다. 잉글랜드가 개신교 국가였다는 사실이 이에 기여했다고 할 수 있다. 갈릴레오는 종교의 권위에 굴복했지만 잉글랜드 사회는 종교적 관용, 출판과 논쟁을 통한 자유로운 사상의 교류 덕분에 낡은 지식을 전복시키는 새로운 이론들이 폭넓게 수용될 수 있었다. 베이컨은 아리스토텔레스 이후 서양 정신계를 지배하던 연역적 방법론을 거부하고 귀납적 방법론을 창시했는데 갈릴레오에게서 영향을 받았다고 전해진다. 특히 갈릴레오의 관찰과 귀납적 추론에 크게 매료된 베이컨은 이론이 아니라 실험이 새로운 과학의 핵심이라고 주장하면서 경험주의의 기초를 마련했다.

베이컨 이후 영국에는 뉴턴(Isaac Newton, 1642~1727)과 하비(William Harvey, 1578~1657) 등의 걸출한 과학자들이 나타나 과학혁명을 주도했다. 과학혁명의 핵심은 3가지 현상 즉 과학적 방법, 과학적 정신 상태, 과학적 문화로 구성되었다. 과학적 방법은 측정과 실험, 재현 가능성에 대한 집착을 포함했는데, 과학 연구에서 실험의 중요성을 인정한 것은 베이컨의 영향이 컸다. 이제 '정확성'이 무엇보다 중시되었다.

과학혁명에도 영국의 청교도주의가 영향을 끼쳤다. 청교도들은 현실적인 지식보다 형이상학적 지식에 더 많은 관심을 보였지만 과학이 신의 영광을 증명하고 인간의 이익을 증대할 수 있다고 믿었기 때문에 과학에 관심을 가졌다. 보일(Robert Boyle, 1627~1691)은 "실험 철학은 우리를 기독교에서 멀어지게 하는 게 아니라 좋은 기독교도가 되도록 도와준다"고 주장했다. 볼테르를 위시한 계몽주의 사상가들은 이런 영국의 지적 문화를 이해하고 있었고 베이컨과 뉴턴을 가장 영향력 있는 사상가로 우러러보았다. 볼테르는 뉴턴의 이론을 '인류의 승리'라고 단언했고, 콩도르세는 베이컨 과학과 뉴턴의 유산의 결과로 자연 과학의 발전이 이뤄졌다고 주장했다. 제퍼슨(Thomas Jefferson, 1743~1826)은 베이컨, 로크, 뉴턴을 물리 과학과 도덕 철학을 통해 사회의 근본 구조를 마련한, "이제까지 살았던 가장 위대한 3명의 인물"로 칭송했다.[14]

살펴본 바와 같이 영국은 과학혁명의 선두에 있었고 그 시작은 베이컨의 경험주의 철학으로 거슬러 올라간다. 그러나 베이컨의 진정한 업적은 경험주의를 개발하고 확산한 것보다 다른 데서 찾아야 한다. 즉 지식은 생산 활동에 '유용'하게 쓰여야 하고, 과학은 산업 현장에 '적용'되어야 하며, 사람들은 자신의 '물질적 조건을 개선'할 신성한 의무가 있다는 사상을 전파한 것이었다. 베이컨은 지식 확산의 첫째 목표는 '실용적'이어야 한다고 믿었다. 그는 "과학의 진정하고 정당한 목적은 새로운 발견과 발명을 통해 인간의 삶에 힘을 주는 것"이라고 단언했다.[15] 베이컨의 생각은 사물을 이해하는 사람들과 사물을 만드는 사람들 사이의 협력과 지식의 공유가 중요하다는 깨우침이었고, 이 주장이 후대 영국인들에게 깊은 영향을 끼치게 된다. 실제로 교육받은 엘리트와 일반인들이 격의 없이 교류하는 관행은 영국에서만 찾아볼 수 있었다. 과학과 대중의 만남은 영국 사회에 널리 퍼져 있었다. 심지어 어린이용으로 쓰인 대중적인 뉴턴 입문서가 있을 정도였다. 인쇄술을 배우기 위해 런던에 온 10대의 프랭클린(Benjamin Franklin, 1706~1790)도 그런 식으로 뉴턴 물리학에 접할 수 있었다. 이처럼 영국에서는 특이하게도 과학적 발견과 발전이 자유롭게 대중과 공유되었다.

과학혁명이 산업혁명으로 연결되는 과정에서 과학과 대중의 만남은 결정적이었다. 경제사학자 모키르(Joel Mokyr)는 과학혁명과 산업혁명 사이에 '산업 계몽주의Industrial Enlightenment'를 설정한다.[16] 산업 계몽주의는 지식을 집대성한 학자들과 기술을 생산에 직접 응용하는 현장 기술자들 사이의 상호 작용을 강화시켜 과학혁명이 현실 경제에 응용되어 실제 산출물을 창조해내는 사회적 과정을 가능하게 했다는 것이다. 영국의 과학자들은 유용한 지식을 독점하지 않고 기술자들과 공유했다.

19세기 초 버밍엄의 기술자, 학자들의 모임 '루나 소사이어티Lunar Society'의 멤버인 볼튼과 와트, 머독(William Murdoch, 1754~1839)을 형상화한 동상.

전자는 주는 데 열심이었고 후자는 받는 데 열심이었는데 그것이 실질적으로 산업혁명에서 과학과 기술의 결합으로 나타났다. 대륙에서 과학은 주로 신분이 높은 사람들이, 기술은 신분이 낮은 사람들이 각각 분리하여 담당하면서 소통이 없었지만 개방 사회인 영국에서는 과학자와 기술자들이 한자리에 모여 토론하고 서로 배우는 장이 마련되어 있었다.

　　18세기 후반기에 사업가, 과학자, 철학자를 한곳에 모아 과학과 기술을 결합하는 데 목적을 둔 공식, 비공식 학회와 아카데미가 꽃을 피웠다. 과학협회와 동아리, 학계, 심지어 커피하우스에서 행해진 강의들이 지식을 사회에 확산시켰다. 토목공학협회Society of Civil Engineers는 1771년에 창립되었는데 19세기 중엽이 되면 영국에는 1,020개의 과학기술협회가 존재하고 회원 수는 20만 명에 이르렀으며, 왕립지리학회 등 지식을 전파하는 동아리나 협회에 기부금들이 몰리고 있었다.[17] 전반적으로 기술자들은 각종 협회 활동을 통해 소통했다. 아주 중요한 기술을 발명하거나 개발한 슈퍼스타급 기술자들은 특히 출판과 과학기술 관련 협회에서 활발히 활동했는데 전체의 52퍼센트에 이르는 기술자들이 그러했다.[18]

유용한 지식에 대한 접근은 영국인들의 문자 해독율이 상승하고 책을 포함한 각종 읽을거리가 증가함에 따라 더욱 확산되었다. 인쇄술에서 일어난 기술적 발전도 이에 기여했는데, 19세기 초에 연속 종이 생산 기술과 실린더식 인쇄 기술이 도입되어 책의 출판이 더욱 용이해졌고 책값이 떨어졌으며 읽을거리가 더욱 풍성해졌다. 1840~1870년 사이에 책의 발간은 400퍼센트 증가했을 뿐 아니라 책을 빌려주는 도서관들이 많아지면서 그 효과가 한층 더 커졌다.

자유무역,
경제 성장의 디딤돌이 되다

'경제는 밤에 정부가 잠자는 동안 자란다'는 우스갯소리가 있다. 19세기 영국 경제의 성장은 이 우스갯소리를 입증해준다. 산업혁명의 특징은 정부 개입 없이 거의 모든 발명과 발전이 개인과 민간 차원에서 이뤄졌다는 사실이다.

영국 국가는 산업 자금을 지원하는 데 전혀 개입하지 않았다. 운하와 철도의 건설도 모두 민간 차원에서 이뤄졌다. 그 것은 영국이 다른 어느 나라보다 자유로운 개인들로 구성된 사회였기 때문에 가능했다. 물론 국가가 아무런 역할을 하지 않은 것은 아니었다. 애덤 스미스가 주창한 자유주의 경제가 힘을 얻기 전에는 정부 간섭이 당연시되었고, 18세기까지 영국 국가는 제국 내 독점 무역을 뒷받침해주고 영국 상업과 산업에 큰 도움을 주었다. 저명한 경제사학자인 오브라이언(Patrick O'Brien)은 영국 정부가 18세기까지는 팽창주의적 정책을 추진했는 데 반해 19세기 정부는 구두쇠 작전을 폄으로써 궁극적으로 영국 경제의 쇠퇴를 야기했다고 지적한다.[19]

영국의 해외 무역과 해운업이 발달한 배경에도 항해법 같은 중상주의적 조치가 크게 기여했다. 항해법의 지원 아래 영국 해운업은 크게 성장했는데, 영제국 전체의 선박량은 1792년에 154만 톤에서 1816년에는 278만 4,000톤으로 2배 가까이 늘었다.[20] 그러나 영국 해운업의 성장을 오로지 항해법 덕분으로 해석하는 것은 옳지 않다. 해운업의 성장은 영국이 계속 증가하는 수출 상품을 보유하고 있었기 때문이다. 18세기 중반 이후가 되면 영국 해외 무역은 강건하고 활발해져서 인위적인 지원이 필요 없게 되었다. 아직 프랑스 등 다른 나라들이 왕의 칙령이나 보조금, 특혜 따위의 방법으로 산업 활동을 통제할 때 영국 경제는 이미 자유로운 행보를 누리고 있었다.

자유무역의 학문적 기초는 애덤 스미스와 데이비드 리카도(David Ricardo, 1772~1823)에 근거를 두고 있다. 2장에서 살펴보았듯, 스미스는 경제 활동이 제로섬 게임이 아니라 서로 윈윈 하는 게임이라는 사실을 밝혀줌으로써, 그리고 리카도는 비교 우위론을 적용하여 자유무역을 주창했다. 리카도의 비교 우위론을 이해하기 위해 영국과 포르투갈을 예로 들어보자. 영국은 포르투갈보다 모직물과 포도주, 두 물품 모두에서 우위를 누리고 있지만 포도주보다는 모직물을 더 효율적으로 생산할 수 있다고 가정해보자. 한편 포르투갈은 두 제품 모두에서 영국보다 뒤떨어지지만 모직물보다 포도주를 조금 더 효율적으로 만들 수 있다. 그런 경우에 영국은 비교 우위를 가진 모직물에 집중하고 포르투갈은 포도주에 집중하여 두 나라가 서로 교역을 하면 모두에게 이롭다는 것이다. 즉 각자가 자신이 가장 잘할 수 있는 일에 집중하면서 교역을 하면 모두에게 이로운 결과를 낳게 된다는 것이다. 리카도의 적극적이고 공세적인 설득과, 실제로 자유무역이 영국 경제에 가져다주는 이익에 의거하여 영국 사회에는 자유무역에 대한 신념이 확산되었다.

1820년대에 자유무역은 힘겹게 날개를 폈고 1840년대가 되면 힘차게 날아올랐다. 자유주의 경제 정책은 특히 1820년대 로버트 필이 이끈 토리 정부에서 명백히 시도되었다. 필 정부는 무역에 대한 제한을 없애고 보호 관세의 범위를 줄였다. 이때쯤 되면 영국에는 자유무역이 영국만이 아니고 전 인류에 이로운 것이라고 믿는 사람들의 존재가 확실해졌다. 자유무역은 제조업의 이해관계를 대변하는 급진적인 사람들 사이에서 일종의 슬로건이 되었다. 그들은 자유무역이 무역 당사자들 모두에게 이롭다고 주장하면서 그 근거로, 영국은 산업 제품을 다른 나라들에 더 많이 판매해 수익을 얻고 다른 나라들은 원자재와 식량을 영국에 더 많이 수출하여 스털링화를 벌어들이게 되면 영국 제조업 제품을 사기 위해 그 돈을 쓸 것이어서 영국 제조업에 대한 해외 수요도 증대할 것이라고 주장했다.

영국의 상인과 제조업자, 무역업자들이 자유무역주의를 받아들이고 일부 정치인들이 동조하는 가운데 자유무역을 결정적 정책으로 만든 것은 1840년대 중반부터 시작된 아일랜드 대기근이었다. 이때 영국 정부는 지주층의 이익을 보장하기 위해 제정된 보호무역의 성격을 띤 곡물법을 폐지하고(1846) 자유무역으로 전향하게 된다. 아일랜드에 대기근이 닥치자 굶주리는 수백만 명을 구제하려면 값싼 곡물을 수입해 오는 것이 긴급해졌다. 당시 집권하던 보수당 정부는 자신들의 지지 세력인 지주층의 이익을 배반하고 곡물법을 폐지했다. 뒤이어 1849년에 영국 정부는 200년 가까이 유지되어오던 보호무역의 상징인 항해법을 폐지함으로써 완전히 자유무역 체제로 전환

1차 아편전쟁을 표현한 그림.

했다. 영국이 자국의 이익을 스스로 포기하는 데 놀란 마르크 스(Karl Marx, 1818~1883)는 이것이 어떤 거대한 음모임이 분명 하다고 생각할 정도였다.[21]

그 후 거의 모든 관세가 폐지되고 거의 모든 물품이 영국 국경을 자유롭게 드나들 수 있는 자유주의 경제가 자리를 잡았 다. 관세는 설탕이나 담배 등 극소수 품목에 여전히 부과되었지 만 주로 정부 예산 확보 차원에서이지 보호무역을 위한 정책은 아니었다. 국가는 일체의 경제 활동을 개인에게 맡기고 개인이 할 수 없는 영역, 즉 치안과 국방 등의 영역에만 역할을 국한시 켰는데 이를 자유방임 국가, 혹은 야경 국가라고 부른다.

국내에서 자유주의 경제를 확립한 영국은 그것에 멈추지 않고 전 세계에 자유무역을 심으려고 시도했다. 영국인들은 가

아편전쟁 당시 영국군의 진격로.

능하면 설득으로, 그러나 필요하면 포함의 힘을 빌려 자유무
역을 관철시켰다. 아편전쟁(1839~1842, 1856~1860)은 힘에 의
해 자유무역을 부과하려 한 대표적 예인데, 그 결과 중국은 난
징조약(1842)과 톈진조약(1858)을 맺고 문호를 개방했다. 그러
나 영국과 중국이 맺은 통상 조약은 영국에게만 독점적 특권
을 부여한 것은 아니었다. 그것은 전 세계로 향한 개방 경제
체제의 일환이었다. 물론 제조업과 금융의 세계적인 주도권을

토대로 영국이 그 지역의 무역을 장악한 것은 당연했다. 영국과 중국과의 무역은 1830년에 400만 파운드였지만 1860년에는 1,500만 파운드로 증가했다.

중요한 점은 영국이 만들어낸 이 체제가 폐쇄적이 아니었다는 사실이다. 영국이 유지한 세계 경제는 개방 경제였다. 항해법 폐지와 더불어 영국은 모든 국가에 영제국과의 교역을 개방했다. 자유무역은 제국이 중상주의적인 착취를 하지 않는다는 것을 의미했다. 영국은 식민지에서도 자유무역을 실천하고 식민지로부터 수입한 원료와 식량에 경쟁 가격을 지불했다. 자유무역에 대한 신념은 식민지 통치 방식에도 영향을 주었다. 과거에는 식민지에 대한 상업적 규제 조치를 시행하기 위해 정치적 통제가 필요했으나, 자유무역이 철칙이 되자 통제가 필요하지 않게 되었던 것이다. 원칙상 식민지들은 통합된 세계 경제의 일부이고 영국에게 특별한 이득을 가져다주지 않게 된 것이다.

자유무역을 옹호하는 이론적인 주장들에 실제적 힘을 실어준 것은 저렴한 식량 가격이었는데, 그것은 지주와 자영농들을 제외한 영국 내 모든 사람에게 혜택을 제공했으며 의도하지 않은 다른 경제 효과도 낳았다. 즉 농산물 가격을 하락시키고, 그를 통해 지주와 자영농으로부터 다른 사람들에게 소득을 이전함으로써 영국 내 소득 분배에 영향을 끼쳤던 것이다.[22] 자유무역은 영국 국민 거의 모두에게 이로운 정책으로 인식되었기 때문에 20세기에 들어서도 한동안 선거에서 표를 끌어모으는 중요한 슬로건이었다.

자유무역을 지원해준 기술적·제도적 발전도 기억해야 한다. 영국인들은 철도와 우편, 전보, 해저 전신 등의 복잡한 교통 통신망, 승객 운송선 같은 기술적 발전을 전 세계에 구축했을 뿐 아니라 은행, 보험 회사, 해운 회사, 전보 회사 등의 제도를 운영했다. 이런 기반 시설과 제도들이 자유무역으로 연결된 세계 무역과 세계 체제를 지켜주었다. 그러나 자유무역은 물질적 이익보다 훨씬 더 중요한 무언가를 위한 것이었다. 1830~1840년대에 가장 선두에서 자유무역주의를 주창한 코브든 (Richard Cobden, 1804~1865)은 자유무역을 단순히 무역을 위한 전쟁이 아닌 훨씬 더 위대한 무언가로 확신했다. 자유무역을 주장한 사람들은 정부의 결정 과정에서 영국의 상업이 항상 가장 중요한 고려 대상이 되어야 한다고 강요하지 않았다. 코브든의 말을 들어보자.

나는 자유무역의 원칙이 사람들을 하나로 협력하도록 만들 것이라고 생각합니다. 그것은 인종, 신념, 언어 사이의 반목을 물리치고 우리를 영원한 평화의 유대 속에 결속시킬 것이라고 확신합니다.[23]

자유무역주의는 곧 전 세계로 퍼져 나갔는데, 19세기에 자유무역이 빠르게 확산된 데는 놀라운 점이 있다. 분명 세계 경제를 이끄는 영국에게는 이롭지만 후발국들에게는 불리한 제도로 인식될 수 있음에도 불구하고 자유무역주의가 그처럼 순탄하게 세상으로 퍼져 나갈 수 있었던 이유는 무엇일까?

오브라이언에 의하면, 그것은 영국이 모든 면에서 너무나 잘하고 있기에 영국이 하는 모든 것은 성공적이라고 간주되었기 때문이다. 이 세상의 모든 자유주의자에게 무역·자유·정치적 발전은 서로 밀접하게 관련되어 있는 것으로 보였다는 것이다. 자유무역은 낙후된 나라의 경제적 부흥을 장려할 것이고, 노동 윤리를 발전시킬 것이고, 그들 나라의 전제정을 전복시키고 영국 같은 정치적 자유를 가져다줄 것으로 생각되었다. 특히 1832년에 영국이 선거 제도를 개혁해 특권층의 정치적 독점을 무너뜨리자 다른 지역의 자유주의자들은 영국을 따르려고 기를 썼다.[24] 게다가 자유무역 원칙이 옳다는 것을 확인해주듯, 세계 무역도 호황을 이루었다. 1850년대에만 세계 무역은 80퍼센트 성장을 보였으며 많은 개인과 회사와 국가들이 이로부터 이익을 얻었다. 그러나 다른 나라들이 자유무역을 채택한 속도는 느리고 한계가 있었으며 영국이 희망한 완전한 자유무역의 단계는 결코 성사되지 않았다.

위에서 살펴보았듯 영국이 식민지를 포함한 모든 지역을 자유무역 체제로 끌어들인 가운데 식민지가 영국에게 특별한 이익을 가져다주지 않았다면, 그리고 영국 무역의 상당 부분이 식민지와의 교역이 아니었다면, 과연 식민지들을 보유하고 제국을 운영하는 일이 필요했을까? 왜 '공식적인 통제'를 획득하기 위해 전쟁의 비용을 감당해야 했는가라는 질문이 제기될수 있다. 그 답은 영국이 확립한 세계 체제의 구성에서 일어난변화였다. 19세기 말까지 영국은 '가능하면 비공식적 방법으로, 필요하면 공식적 병합으로' 장악력을 유지하겠다는 정책을추구했는데, 여기서 '자유무역 제국주의'라는 개념이 발달했다. 영국의 영향력은 식민지들을 넘어 행사되었다. 영국은 상업적 침투, 투자와 군사력을 통해 중국, 남아메리카, 오토만제국과 열대 아프리카 일부 지역을 마치 자국 식민지인 양 통제할 수 있었다. 영국은 공식 제국 없이 세계 경제를 장악하고자했고 만일 그것이 가능했다면 그리했을 것이었다. 그러나 19세기 말 20세기 초에 여러 강대국이 각축전을 벌이던 세상에서는 그것이 불가능했고 영국은 공식적 제국의 확장으로 나아갈수밖에 없었다.

한편 원리상으로 자유주의 경제 체제는 참여하는 모든 나라의 윈윈을 약속했지만 온전히 실현되지 않았다. 산업화는 여러모로 식민지들을 더욱 의존적으로 만들었다. 산업화는 유럽의 경제력과 군사력을 더욱 막강하게 만들었고 전보, 증기선, 철도의 발달도 주변부의 의존을 심화시켰다. 그러나 영국의 세계 체제로 인해 중심부와 주변부가 더욱 통합된 지구적 경제구조가 형성된 것은 사실이며 원하든 원하지 않든 그것이 주변부 사회의 근대화를 촉진한 효과는 분명하다.

자유무역에 대한
도전에 직면하다

19세기 말이 되면 자유무역에 대한 회의가 영국 사회 일각에서 나타났다. 짧은 동안 영국의 주도로 확산되던 자유무역은 경쟁국들에 의해 폐기되고 있었고, 해외 무역에 의존하는 영국 경제는 경쟁국들의 관세 도입으로 많은 타격을 입고 있었다. 그사이 영국 산업의 쇠퇴도 진행되고 있었다.[25] 최초의 산업 국가로서 영국이 누렸던 우월한 경제력은 경쟁국들이 빠른 속도로 산업화를 추진함에 따라 상대적인 쇠락을 경험하게 되었다. 미국은 1886년에, 독일은 1893년에 영국의 철 생산량을 넘어섰는데 철강 생산은 산업화의 척도일 뿐 아니라 잠재적 군사력의 척도라는 점에서 이와 같은 상황은 영국의 경제력 및 군사력의 쇠퇴를 의미했다. 1890년대가 되면 영국이 산업 경쟁력에서 뒤지고 있다는 자각이 고개를 들었다. 보수당의 유력한 정치인인 체임벌린(Joseph Chamberlain, 1836~1914)이 제기한 관세 개혁은 그러한 각성에서 비롯했다.

자수성가한 기업가인 체임벌린은 버밍엄 시장(1873~1876)을 성공적으로 역임한 후 자유당 소속으로 하원에 진출해 급부상했다. 글래드스턴의 2차 내각에서 상무장관(1880~1885)직을 수행하면서 그는 영국 경제가 직면한 과잉 생산, 가격 하락, 이윤율 감소 문제들을 절감하게 되었고 자유무역에 대해 회의했다. 체임벌린은 경쟁국들이 관세를 도입하고 있는 상황에서 영국만 자유무역을 고수하는 것은 이치에 맞지 않는다고 판단했다. 이런 자각은 체임벌린에게만 국한된 것이 아니었다. 일단의 정치인들 역시 자유주의가 영국의 심각한 경제적·군사적 위기 상황을 초래한 주된 원인이라고 비판하고 나섰다.

체임벌린이 제시한 대안은 관세 개혁을 통해 제국 내 무역을 장려하여 영국 산업의 경쟁력을 회복시키는 동시에 영제국을 통합하고 팽창시킨다는 방법이었다. 산업 빈민가였던 버밍엄을 모범 도시로 변모시켰듯 이제 나라 전체를 변모시키려는 작업을 개시했던 것이다. 체임벌린이 주장한 관세 개혁은 보호무역주의의 재건을 의미했다. 그러나 그 운동은 국민의 호응을 얻지 못했는데 무엇보다 식량 대부분을 수입해야 했던 영국인들에게 관세는 곧 '비싼 빵'을 의미했기 때문이다. 영국은 1929년 뉴욕 증권가에서 시작된 세계적 경제 위기인 대공황을 겪으면서야 비로소 자유무역을 포기하게 된다.

1930년대는 전 세계가 보호무역주의에 빠져든 시기였다. 모든 나라가 높은 관세 장벽을 설치하고 그 안에 도사리면서 세계 경제는 더욱 위축되었다. 1945년 이후 미국 주도 아래 자유무역 시대가 다시 도래했다. 2차 세계대전이 끝나기도 전인 1944년에 미국 뉴햄프셔의 브레턴우즈에 모인 각국 대표들은 1930년대에 대공황으로부터의 탈출을 막고 세계경제를 마비시켰던 국수주의적 관행들을 되풀이하지 않겠다는 합의에 도달

1932년 런던, 대공황으로 실업자가 된 사람들이 기아 행진을 벌였다.

했다. 19세기에 영국이 그랬던 것처럼, 2차 세계대전 후 미국은 자유무역이 강자에게만 유리한 정책이 아니라 일종의 미덕이라고 주장하며 이를 추진해 나갔다. 유럽 국가들은 관세 및 무역에 관한 일반협정GATT에 기꺼이 참여했고 GATT는 1994년에 세계무역기구WTO로 대체될 때까지 제 기능을 다 했다. 오늘날 세계 경제는 19세기에 영국이 주도했던 자유무역 체제와 비슷한 체제로 움직이고 있다. 단지 미국이 영국을 대체하고, 뉴욕이 런던을 대체했을 뿐이다.

오늘날 시행되고 있는 자본주의는 영국이 19세기에 발전시키고 전 세계에 퍼뜨린 자본주의와는 확실히 다르다. 그것은 자본주의가 200년 동안의 역사를 거치면서 자연스레 적응한 결과다. 자본주의의 최대 약점 가운데 하나가 호경기와 불경기를 오가는 다스리기 힘든 경기 순환이라는 사실은 이미 1840년대부터 확실했지만 1920~1930년대 대공황을 거치면서 그 파괴적 힘이 노출되었다. 그 약점을 보완하기 위해 20세기 들어 국가 개입이 요구되었다. 그러나 어느 정도의 국가 개입이 효율적이고 바람직한가는 여전히 문제로 남아 있다. 자본주의의 또 다른 약점인 불평등한 부의 분배 역시 20세기 들어 그 심각함이 적나라하게 드러났다. 궁극적으로 2차 세계대전 후 설립된 복지 국가가 부의 불평등을 조금 완화시키는 역할을 했지만 이 문제도 아직 해결되지 않았고 어쩌면 영원히 해결되지 못할지도 모른다. 그러나 다른 한편, 자본주의의 강점도 여전히 명백하다. 즉 자본주의는 끊임없는 혁신을 부추기고 새로운 부를 창출하는 능력을 가지고 있다는 것이다.

250년 전 작은 섬나라 영국에서 시작된 근대적 경제 성장은 오늘날에도 많은 사람의 삶을 바꾸어놓고 있다. 지구 곳곳에서 부의 혜택을 누리는 사람의 수가 늘어나고 점점 더 많은 사람의 삶의 수준이 높아지고 있다.[26] 그리고 이 모든 것은 영국인들이 인류 최초로 시작한 산업혁명에서 시작되었다. 영국은 근대적 경제 성장의 물꼬를 텄고 그것을 전 세계에 확산시킨 중요한 역할을 수행했다.

4장
'팍스 브리타니카'를 지키는 세계 경찰

엘리자베스 1세의 총애를 받았던 월터 롤리는 일찍이 "누구든 바다를 다스리는 자가 무역을 지배하고, 누구든 세계 무역을 지배하는 자가 이 세상의 부를 지배하며 결국 세상 자체를 지배한다"고 갈파했다.[1] 영국의 역사는 롤리의 예언을 입증해준다. 영국은 해양력과 무역에 바탕을 두고 국력을 키워 인류 역사상 최대의 제국을 건설했다. 트라팔가르 해전에서의 넬슨의 승리는 영국이 전 세계 바다를 장악했음을 알렸다. 해양력은 해군력만이 아니라 해운을 포함하여 바다를 매개로 하는 모든 군사적·경제적 힘을 의미한다.

19세기 영국은 세계 최대의 해군과 세계 최대의 상선을 보유하고 세계 최대의 무역국으로 활동한 나라였다. 전 세계 바

엘리자베스 시대의 대표적인 바다 사나이 중 한 명인 월터 롤리.

다를 장악하고 통제하려면 무엇보다 경제적 힘이 필요하다. 따라서 우세한 해양력은 우세한 경제력이 뒷받침해주는 국가에게 가능한데 영국은 그 전형적인 예다. 1900년까지 영국은 나머지 세계를 모두 합친 것보다 더 많은 선박 톤수를 보유하고 있었고 다른 모든 나라를 합친 것보다 더 많은 수의 상선을 보유하고 있었다. 이미 18세기에 영국 해군력은 경쟁자가 없을 정도로 크게 성장했는데 산업혁명은 영국 해군의 비교 우위를 한층 더 확고하게 만들어주었다. 해군의 보호를 받은 영국의 상업과 무역은 더욱 발전하고, 번영하는 영국 경제는 이번에는 해군의 성장을 지원해주는 선순환의 구조가 정착했다.

1815년부터 1914년까지의 시기를 흔히 '팍스 브리타니카'라고 부른다. 이 용어 자체는 1890년대에 당시 식민성 장관이던 체임벌린이 퍼뜨린 유행어인데, 원래 인도에서 영국의 통치가 가져온 평화의 효과를 의미했다. 그러나 그 뜻이 확산되어 나폴레옹전쟁 후 해군의 보호를 받은 영국의 상업, 산업, 금융, 제국의 강력한 존재가 다른 나라들에게 영국의 의지를 따르도록 강요함으로써 전쟁을 억제하고 평화를 유지하는 효과를 가졌다는 것으로 정의되었다.[2]

실제로 이 시기에 일어난 전쟁들은 짧거나 대수롭지 않은 것들로, 크림전쟁(1853~1856)을 제외하고 유럽 강대국들이 두 나라 이상 참전한 대규모 전쟁은 없었다. 영국은 한편으로 무역과 해군력, 다른 한편으로 유럽 대륙의 균형을 유지하면서 오랫동안 세계적인 강대국으로 남는 비결을 찾았다. 팍스 브리타니카는 역사상 어떤 시기에도 볼 수 없었던 물자와 사상의 자유로운 소통이 가능한 평화로운 세상이었다. 그러나 1차 세계대전으로 그 평화는 깨지게 된다.

경제력과 해군력으로
번영의 기초를 닦다

영국인들은 흔히 영제국을 로마제국에 비유하기를 좋아했지만 자신들의 해상력은 유독 아테네에 비유했다. 아테네의 강력한 해상력 덕분에 그리스 도시 국가들이 안정과 번영을 누렸듯, 영국 해상력 덕분에 세상이 평화를 누리고 있다는 뜻이었다. 그것이 바로 팍스 브리타니카를 의미했다. 실제로 유럽은 나폴레옹전쟁이 끝난 후 1914년에 1차 세계대전이 발발할 때까지 100년 동안 커다란 전쟁을 겪지 않고 평화를 유지했는데, 그것을 가능하게 한 주역은 영국이었다. 팍스 브리타니카라고 해서 소규모 전쟁조차 없었던 것은 아니다. 빅토리아 여왕 통치기 (1837~1901)에 영국 육군이 소규모 충돌에 연루되지 않은 해는 단 2년밖에 되지 않았으며 해군도 고만고만한 소규모 식민지 전투에서 포격을 받으면서 전투 경험을 쌓았다.[3]

1장에서 살펴보았듯 해군은 1650년대에 정식으로 국가의 군으로 인정받았는데 명예혁명 후 확실하게 영국 경제와 해외 팽창을 지원하는 제도로 확립되었다. 명예혁명 후 의회의 동의 없는 과세는 불법이 되었고 의회의 동의 없이는 상비군을 둘 수 없었다. 이제 독자적으로 정부 정책을 주도해간 의회는 영국의 상업과 무역에 대한 과감한 투자를 아끼지 않았고 특히 해군력을 증강하는 데 가장 큰 관심을 기울였다. 그런 투자 덕분에 18세기 영국은 경제적으로 다른 나라들을 압도하는 성장을 보여 산업혁명을 최초로 시작했을 뿐 아니라 궁극적으로 나폴레옹을 굴복시킬 수 있었다.

산업화가 진척되고 영국 제품의 수출이 증대하면서, 그리고 특히 영제국이 점차 확대되면서 해군의 역할도 그만큼 중요해졌고 강한 해군이 필요했다. 19세기에 영국 해군은 전 세계적으로 분포되어 있는 제국의 영토를 방어하는 역할을 담당하고 영국 상선의 안전한 항해를 보장함으로써 영국의 경제적 번영을 이끌어낸 주역의 역할을 해냈다. 그리고 해외 무역과 투자로부터 확보한 수입은 해군을 증강하는 데 사용되었다. 강력한 해군력이 경제에도 직접적 관련을 갖는다는 진리를 갈파한 정치인은 누구보다도 나폴레옹전쟁기의 수상이던 소(아들) 피트(William Pitt, 1759~1806)였다. 피트는 재정 안정과 예산 삭감을 최우선으로 간주했지만, 다른 나라가 전쟁을 일으키지 못할 만큼 충분히 강력한 해군을 유지하는 것은 낭비가 아니라 오히려 경제적이고 신중한 조치임을 항상 주장했다. 피트 수상은 전시만이 아니라 평시에도 해군을 증강하여 1만 5,000명이던 해군 인력이 1784년에는 1만 8,000명으로, 1789년에는 2만 명으로 늘었다.

18세기 말에도 유럽 밖에서는 여전히 해적들이 활발하게 활동하고 있었는데 영국 해군의 임무는 우선 대양을 안전한 곳으로 만들기 위해 남아 있는 해적들을 진압하는 일이었다. 특히 프랑스혁명 전쟁과 나폴레옹전쟁 동안 해군이 영국의 무역을 보호해야 한다는 목소리가 커졌다. 당시 기록에 의하면, 1793~1815년 동안 1만 1,000척의 영국 상선이 적에게 나포되었는데 이것은 사실 전체 선박 수와 톤수의 2.5퍼센트에 지나

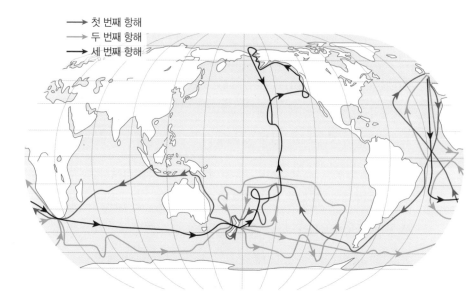

첫 번째 항해
두 번째 항해
세 번째 항해

미지의 탐험가이자 개척가, 쿡 선장의 항해 경로.

지 않았다. 그럼에도 절대적 양에서 그런 규모의 손실은 전례가 없었다. 해상 보험료가 급격히 상승했고, 해운 회사와 무역회사들이 해군성에 불평을 퍼부었으며, 언론도 해군의 대응 조치가 느리다고 비난했다. 가장 효과적 방법은 거대한 호송 선단 시스템을 작동하는 것이었다. 일반적으로 200척, 때로는 500척의 상선들이 포츠머스 같은 남부 항구에 모여서 출항하여 위험 해역에서 해군의 전열함과 프리깃함의 호위를 받았다.

영국 해군의 두 번째 임무는 미지의 바다를 탐험하고 항로를 개척하는 것이었다. 이 해양 탐사는 물론 영국의 이익을 위한 것이었지만 동시에 일종의 문명화 사명이기도 했다. 영국이

장교들에게 지도 만드는 법을 배우고 독학으로 천문학 지식을 습득한 제임스 쿡.

낳은 가장 저명한 인물 가운데 한 명인 쿡(James Cook, 1728~ 1779) 선장의 활동이 그것을 잘 보여준다. 스코틀랜드 농장 노동자의 아들로 태어나 어린 나이에 배를 타게 된 쿡은 장교들에게 지도 만드는 법을 배우고 독학으로 천문학 지식을 습득했다. 그는 왕립학회를 대표해서 타히티에서 천문학 관측을 하고, 태평양을 탐사해서 뉴질랜드, 오스트레일리아 동부 해안, 하와이를 처음 해도에 기록하는 데 성공했다. 쿡은 두 번째 태평양 항해에서는 '남부 대륙'이라는 지리적 개념의 오류를 성공적으로 증명해내고 남극의 일부분을 해도에 기록했다. 즉 남극은 대륙이 아니라는 사실을 밝혔던 것이다. 그는 항상 가장

런던 사우스켄싱턴에 위치한 왕립지리학회 건물과 역사적 상징성을 표현한 로고.

최신의 항해 기술을 습득했으며, 알려지지 않은 해안으로 접근
하는 것을 결코 망설이지 않았다.[4] 쿡이 1760~1780년대에 수
행한 태평양 탐사에는 다수의 과학자가 동행했는데 해군이 탐
사하는 데 과학자들이 동행하는 것은 관행이었다.

1795년에는 해군 내에 수로국이 신설되어 해군이 주도하
는 탐험에서 핵심 역할을 했다. 이 시기 대부분의 탐험가는 육
해군 장교거나 장교 출신이었고 일부는 전문 과학자들이었는
데, 그 가운데 많은 이가 식민지 정부의 관료를 거치기도 했다.
과학에 관심 있는 해군 장교들은 영국 지리학 단체에서 존재
감을 드러냈다. 1830년에 왕립지리학회Royal Geographical Society가
런던에서 창립되었을 때 주도한 사람은 흥미롭게도 해군성 차

관인 배로(John Barrow, 1764~1848)였다. 당시 지도가 지적인 무기가 될 수 있음을 깨달은 영국인들은 지도 만들기에 열성이었다. 제국의 지도를 만드는 일은 주로 군인들이 도맡았는데 때로는 도로 건설업자와 철도 부설업자들도 가세했다. 1820~1850년대에 해군 장교들은 북극 탐험에서 주도 역할을 하고, 북서 항로를 개척하거나 아프리카를 탐험하는 일에 깊숙이 관여했다. 저명한 식물학자인 뱅크스(Joseph Banks, 1743~1820)를 비롯해 찰스 다윈(Charles Darwin, 1809~1882)과 토머스 헉슬리 (Thomas Huxley, 1825~1895)도 수로 개척 과정에서 탐험 팀으로 활약했다.[5] 1864년에 자유당 정부의 글래드스턴 수상은 지리학회에 대하여 "여러분은 마치 알렉산더 대왕 같습니다. 더 정복할 세상이 없으니까요"라고 칭송했다.[6]

이런 영국 해군의 노력 덕분에 대양 여행이 안전해졌다. 물론 그것은 상업적·전략적으로 중요한 지역에 대한 영국의 통제를 강화하기 위한 목적이었지만 영국 해군의 활약으로 항해 지도가 만들어지고 전 세계 항로가 마련되는 등 지식의 축적에도 큰 진전이 있었다. 그러나 대양 탐사에 이어 내륙 탐험이 중요해지면서 해군은 압도적 영향력을 상실하게 된다.

영국 해군을 둘러싼 신화 가운데 하나는, 해군 덕분에 영제국이 팽창할 수 있었다는 것이다. 즉 영국은 식민지에서 획득한 부를 최대한 확보하기 위해 해군을 결성하고 전쟁을 감행했다는 주장이다. 그러나 이런 주장의 오류를 보여주는 가장 명백한 증거는 인도에서의 제국적 팽창이다. 인도에서 영제국의 팽창은 해군에 의존한 것이 거의 없기 때문이다.[7] 물론 영국 해군은 18~19세기에 영제국의 필요와 요구를 충족시키기 위해 국경을 넘어 세계 각지의 시장에 접근하고, 무역의 자유를 확립하고, 때로는 그 지역에 상업과 무역에 적합한 평화 상태를 유지하기 위해 정치적 개입을 하는 등의 일도 했다. 따라서 해군 없이 영제국은 존재할 수 없었다. 그러나 제국과 해군은 어느 한쪽이 다른 한쪽을 도왔다기보다 상호 필수적이고 상호 보완적인 존재였다. 제국이 해군을 필요로 했다면 해군은 제국을 필요로 했다. 영국의 경제력과 해군은 상호 보완적 역할을 하며 영국의 국력을 끌어올렸다.

영국 해군이 행한 막강한 역할을 생각할 때 실제로 그들이 적들을 경악하게 할 만큼 강력했는지를 두고 논란이 제기된 적이 있었다. 영국 해군의 강력한 이미지는 이미지일 뿐 현실은 매우 다른 모습이었다는 주장이 제기되었던 것이다. 영국 해군은 포함 외교를 지원해줄 정도의 세력은 실제로 가지고 있었지만 대규모 육군이 함께하지 못했기 때문에 한계가 있었으며, 넬슨의 활약이라는 기억에 의존해서 실제 힘보다 더 많은 영향력을 행사할 수 있었다는 것이다.

그러나 이 주장은 잘못되었다는 것이 요즘 학자들의 판단이다. 영국 해군은 이미지만이 아니라 실질적 힘도 갖추고 있었다. 영국은 다른 어느 나라보다 더 많은 함정을 건조할 수 있었고, 훈련이 잘된 병사들의 경험과 지휘관들의 전문 지식으로 무장하고 있었다. 게다가 증기선이 개발되면서 연료인 석탄이 중요했는데, 영국은 엄청난 석탄을 공급해주는 항구들의 광범위한 네트워크를 갖고 있었기에 다른 나라들과는 경쟁이 되지 않았다. 그 모든 것에 더하여 영국은 어마어마한 식민 제국을 소유함으로써 전 세계에서 가장 중요한 해군 기지를 확보하고 있다는 전략적 이점을 누리고 있었다. 19세기 말에 피셔 제독(John Fisher, 1841~1920)은 "5개의 전략적 열쇠가 지구에 자물쇠를 잠근다"고 지적했는데 그 5개, 즉 도버, 지브롤터, 희망봉, 알렉산드리아, 싱가포르는 모두 영국 수중에 있었다.[8]

1815년 이후 영국이 만들어낸 세계 체제는 특히 해군이 행하는 국제 경찰의 역할에 점점 더 의존하게 되었다. 3장에서 살펴보았듯, 19세기 중반부터 영국은 자유무역을 전 세계에 확산시키려는 의지를 표명했다. 영국이 추구한 전 세계 개방 경제 체제는 해상의 자유를 필수 조건으로 했고 영국 해군은 그 보호자 역할을 했다. 임무를 잘 수행하기 위해 영국 해군은 전 세계에 수많은 조선소와 해군 기지를 보유한 막강한 함대를 갖추었다. 팍스 브리타니카를 지키기 위해 무엇보다 영국에게는 유럽 대륙의 세력 균형이 영국에게 손해되는 방향으로 바뀌지 않도록 하는 빈틈없는 전략이 대단히 중요했다. 나폴레옹전쟁이 끝난 후 영국은 막강한 산업력과 경제력으로 세상을 장악했지만 그것이 자동적으로 다른 나라들을 상대하는 외교 현장에서 직접적인 영향력을 끼치지는 않았다. 이때 결정적 역할을 한 것이 해군이었다. 영국 정부는 중요한 이해관계가 위험에 처했을 때 강력한 외교적 입장을 취하며 영국의 세력을 과시하는 상징으로 해군을 사용했다.

이처럼 팍스 브리타니카의 핵심은 힘을 통한 억제였고, 영국 해군의 주 역할은 억지력이었으며 해군은 그 역할을 아주 기술적으로 잘 해냈다. 해군을 통한 억제는 비용과 수고가 가장 적게 드는 방법이었다. 영국 정부는 해군력을 이용하여 프랑스, 러시아, 오토만제국 같은 현상 교란자들을 제어함으로써 유럽의 균형을 유지한다는 목표를 이룰 수 있었다. 예를 들어 팍스 브리타니카의 시대를 통틀어 가장 큰 규모의 전쟁이었던 크림전쟁에서 해군이 한 역할을 보자. 해군은 동맹국 군대를 나르고 공급선을 제공해주고 봉쇄 작전을 통해 러시아 경제를 파탄에 이르게 만들어 러시아의 야망을 억제하는 데 성공했다.

영국의 이해관계가 위험해지면 영국 정치인들은 곧바로 힘을 사용할 준비가 되어 있었다. 그러나 실제로 힘을 사용할 필요는 거의 없었다. 다른 강대국들이 경쟁조차 하지 않으려 했기 때문이다. 억제란 '군사력을 솜씨 좋게 사용하지 않는 것'이라는 정의가 있다. 영국 해군의 억제적 효과는 영국 정부가 사실상 '얼마나 해군력을 사용하지 않아도 되었는가'에서 가장 잘 드러난다. 유럽의 경쟁국들이나 미국은 영국의 힘을 알고 있었고 영국이 신호를 보내면 알아서 꼬리를 내렸다.[9] 문제는 중국이었다. 중국은 영국의 힘을 잘 알지 못했고 결국 두 나라는 아편전쟁에서 군사적 충돌을 할 수밖에 없었다. 영국 해군은 작은 규모로도 위협이 될 수 있었고, 원한다면 군사력을 사용할 수 있다는 상징이었다. 이처럼 영국 해군은 이미지만이 아니라 실제로도 유럽의 현상 유지와 평화를 지킬 수 있는 능력을 갖추고 있었다. 실로 영국 해군은 모든 면에서 우월한 존재로 영국 산업과 금융계, 정치권 그리고 전 국민의 지지를 받는데 손색이 없었으며 외국에게는 외경심의 대상이었다.

노예무역 폐지에 해군을 동원하다

영국 해군의 임무는 1차적으로 영국 상선을 보호하는 것이지만 2차적으로는 바다를 안전하게 만들어 자유무역 원칙에 따라 이 세상 모든 나라의 상선이 자유롭게 교역할 수 있도록 만드는 일이었다. 이미 16세기에 잉글랜드 해군은 신교와 정치적 자유를 신장하기 위해 봉사하며 그를 통해 상업적 번영을 가져온다는 신화가 만들어졌다. 1장에서 살펴보았듯 스페인 무적함대를 격파한 이래 해군은 '개신교와 자유'라는 영국적 가치와 긴밀하게 연결되었는데, 18세기에 그 신화가 강화되었다. 자유무역과 세계 평화의 수호는 영국 해군에 부과된 일종의 문명화 사업이었다. 영국적 가치인 자유를 수호하고 문명화 사업을 수행하기 위해 영국 해군이 19세기에 가장 심혈을 기울인 사업은 노예무역 중단이었다. 영국인들은 해군을 동원하여 그들 역사에서 가장 비극적인 오점이라 할 수 있는 노예제와 노예무역을 폐지했다. 그것은 해적들의 활약으로부터 시작된 영국 해군의 도덕적 승리였다.

영국은 엘리자베스 여왕 치세였던 1562년에 호킨스가 지휘한 선박이 시에라리온에 기착했을 때부터 아프리카 노예무역에 관여했다. 영국인들은 빠른 속도로 노예무역업자가 되었고, 그 후 250년 동안 300만 명 이상의 아프리카인들이 영국 배에 실려 팔려갔다. 영국은 가장 많은 노예를 팔아치운 나라였다. 스페인 왕위계승전쟁이 끝나고 맺은 위트레흐트조약(1713)에 의해 영국은 노예무역에서 독보적 위치를 확보하고 서반구 전체에서 노예를 공급하는 1인자로서 엄청난 수익을 거둘 수 있었다. 18세기 중반에 리버풀, 브리스틀, 런던을 출발한 영국 선박들은 아프리카인들을 북아메리카, 중앙아메리카, 남아메리카 대륙의 노예 시장으로 운반했는데 그 숫자는 18세기에 거래된 전체 노예의 40퍼센트에 이르렀다.[10] 그러던 나라가 1807년에 노예무역을 금지시키고, 1833년에는 노예 제도 자체를 폐지했을 뿐 아니라 나아가 다른 나라들도 그렇게 하도록 압력을 가하게 되는데, 해군이 그 일에 사용되었다.

노예무역의 1차 원인은 삶이 점차 나아지던 유럽의 대중

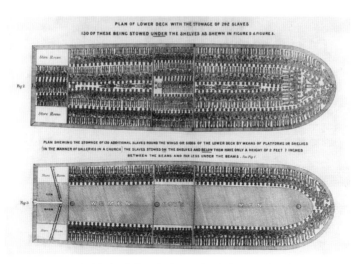

노예선 브룩스 호 하갑판의 모습을 그린 인쇄물. 하갑판에 노예들이 적재되어 있는 모습을 볼 수 있다.

이 설탕과 담배 같은 기호품을 많이 찾게 되었기 때문이다. 설탕은 처음에는 귀족들의 고급 사치품이었지만 서민과 노동자들의 값싼 열량 공급원 역할을 하면서 점차 일상 소비재가 되었다. 설탕은 거의 전적으로 서인도 제도에서 노예 노동으로 생산되고 있었으며 사탕수수 플랜테이션은 서인도 제도의 영국 식민지와 스페인 식민지에 고루 분포되어 있었다. 브라질은 또 다른 중요한 기호 식품인 커피의 가장 거대한 생산지였다. 사탕수수 플랜테이션에서는 기술 발전에 따른 생산성 증가가 거의 없었으므로 설탕 수요 확대에 대처하기 위해 생산 규모를 확대할 수밖에 없었다. 그러나 노예 인구는 재생산이 충분히 이뤄지지 않았기 때문에 아프리카 노예들을 새로 공급받아야 했고 그것이 노예무역의 확대로 귀결되었다. 노예들은 아프리카 내에서 부족 간 전쟁을 통해 유럽 상인들에게 공급되었는데, 궁극적으로 17~19세기를 통해 1,000만 명에 달하는 아프리카 노예들이 신대륙으로 끌려갔다.[11]

한때 노예무역과 산업혁명을 직접적으로 연결시키려는 시도가 있었다. 좌파 학자인 에릭 윌리엄스(Eric Williams)는 서인도 제도에서의 반인륜적 노예무역 없이는 유럽의 원초적 자본축적이 불가능했고, 그 자본이 없었다면 영국의 산업혁명도 없었을 것이며 자본주의도 발달하지 못했을 것이고, 따라서 서양이 득세하여 비서양 세계를 착취하는 일도 불가능했을 것이라고 주장했다. 그러나 후대 학자들은 서인도 제도의 무역 흑자가 영국 제조업으로 직접 흘러 들어갔다는 증거가 없으며, 모든 대서양 횡단 무역이 직접적으로 노예제와 관련을 맺은 것도 아니었다고 지적한다. 노예무역의 이윤 수준은 10퍼센트에 약간 못 미쳤던 것으로 추산되며, 1770년에 영국의 총 고정 자본형성 중 5분의 1을 약간 초과하는 비중이 서인도 제도 및 아프리카와의 노예 관련 무역으로부터 조달되었을 것으로 보인다.[12]

3장에서 살펴보았듯 산업혁명에 기여한 요인으로 영국의 정치적 안정, 개방적 사회, 사유 재산권을 보호하고 성공적인 모험가들에게 높은 보상을 보장했던 제도 등이 있는데 그것들에 비해 노예제와 그와 관련된 무역은 그다지 중요한 것이 아니었다. 시간이 흐르면서 북아메리카 13개 식민지에서 급증하는 백인 인구의 시장은 오히려 서인도 제도의 플랜테이션들보다 훨씬 더 큰 이익을 가져다주었다.

중요한 점은 상당한 경제적 이익을 가져다주는 노예무역을, 더군다나 가장 큰 수익을 얻고 있던 영국이 앞장서서 자발적으로 폐지했다는 사실이다. 결론적으로 노예무역의 폐지는 경제적인 차원에서 결정된 것이 아니며 자본주의의 발전이 야기한 결과도 아니었다. 일부 좌파 학자들은 1780년경이 되면 설탕과 커피에 대한 수요가 줄어들고 경제적 가치가 떨어졌기 때문에 영국인들이 노예무역을 포기했다고 주장했다. 그러나 그들의 주장과 달리, 1780년대에 영국에서 반노예무역 운동이 들불처럼 피어났을 때 설탕에 대한 수요는 줄지 않았으며, 노예제 플랜테이션 지역의 경제적 가치도 감소하지 않았다. 1761~1801년 동안 설탕은 투자된 자본에 대해 평균 10퍼센트 가까운 높은 이윤을 냈으며, 서인도 제도는 영국의 총 무역에서 12퍼센트가 넘는 비중을 차지하고 있었다. 노예무역에 대한 권위 있는 학자인 웨이츠(Bernard Waites)는 특히 18세기에 여러 차례 전개되었던 프랑스와의 대결에서 영국이 승리함으로써 노예무역의 절반 이상이 영국 손에 들어온 시점에서 노예무역을 억압한 것은 스스로에게 가한 "경제적 학살econocide"이었다고 표현한다.[13]

그렇다면 그 원인은 무엇이었나? 장기적으로 볼 때, 노예무역 폐지의 원인은 지적이고 이데올로기적인 것이었다. 그것은 일종의 집단적 심성의 변화였다. 18세기 중엽부터 영국을 휩쓴 복음주의evangelism에서 영향을 받은 인간의 권리와 자유에 대한 새로운 이데올로기가 여론을 자극했던 것이다. 복음주의는 신앙을 통한 거듭남, 성경 말씀을 삶에서 구현하려는 경건함, 인류 전체를 형제로 보는 박애주의가 결합된 사조로, 영국 국교회는 물론이고 감리교 등의 비국교도들에게도 심원한 영향력을 끼치고 있었다. 노예무역 폐지 운동은 도덕적 신념으로 무장한 복음주의자 계몽 엘리트가 대중과 만나서 만들어낸 도덕적 십자가 운동이었고 무시할 수 없는 정치적 압력 요인이 되었다.

반노예제 운동에 직접적으로 불길을 지핀 사건은 1781년 노예무역선 종Zong 호 사건이었다. 종 호는 과도하게 많은 노예를 싣고 리버풀을 떠나 자메이카로 향하다가 보급 부족과 위생 문제 등 여러 문제점에 봉착했다. 그러자 선장은 133명의 노예들을 바다에 던져 익사시킨다는 사악한 해결책을 찾아냈다. 게다가 선주는 이 사건으로 입은 손해를 보험 회사가 보전해주어야 한다며 소송을 제기했는데, 법원은 무자비하게도 선장이 배를 구하기 위해 '화물'을 바다에 버린 경우에 해당한다고 판정했다. 이것이 반노예무역 운동을 자극한 계기가 되었다.[14]

1787년 5월에 퀘이커들을 중심으로 결성된 노예무역폐지협회가 첫 회합을 가졌고, 운동의 지도자 가운데 한 사람인 윌버포스(William Wilberforce, 1759~1833)는 1789년부터 의회에

노예무역선 종 호 사건을 그린 그림. 노예를 화물로 취급한 법원의 판정은 반노예무역 운동을 자극했다.

서 노예무역의 도덕적 부당성을 역설했다. 그리고 20년 후인 1807년에 영제국 내 노예무역 금지법이 발효되었다. 맨체스터 에서만 그 지역 남성 인구의 3분의 2가 노예무역 종결을 요구 하는 청원서에 서명했다. 그러나 노예무역 금지법이 의회를 통 과하는 데 20년이 걸렸다는 사실은 그만큼 반대 세력이 강했 다는 사실을 보여준다. 노예 상인들을 위시하여 노예무역과 연 관된 막강한 기득권 세력이 강력하게 반대했던 것이다.

　노예무역 금지법의 통과는 반노예제 운동의 끝이 아니라 후반부가 시작되는 전환점이었고, 반노예제 운동은 그때부터 새로운 국면에 접어들었다. 이제 운동은 노예무역이 아니라 노예 제도 자체의 폐지를 목표로 전개되었고, 1814년에는 노예 제도 폐지를 요구하는 청원서에 영국인 75만 명이 서명했다.[15] 이때도 역시 기득권 세력이 심각하게 반대했지만 거대한 대중 호소에 호응한 영국 의회는 드디어 1833년에 노예 제도 자체를 불법으로 선언했다.

그러나 미국 남부, 서인도 제도, 브라질 등에 여전히 노예 노동력에 대한 거대한 수요가 존재하고 있는 상황에서 영국 혼자 노예무역을 포기하는 것은 큰 효과가 없었다. 영국이 차지했던 부분을 스페인이나 브라질 등 다른 나라들이 메우는 것은 시간문제였다. 게다가 영국이 포기한 수익을 경쟁국들이 차지할 경우 그것은 영국 경제에 무시할 수 없는 타격을 입힐 것이었고, 이제 노예 노동력 대신 자유노동에 의존해야 하는 서인도 제도 식민지의 경제와 안보에 직결된 문제이기도 했다. 자유노동력에 의한 생산은 노예 노동에 의한 생산보다 비싸질 것이고 영국령 서인도 제도에서 생산되는 설탕은 세계 시장에서 경쟁력을 잃을 게 뻔했다. 결국 영국 정부는 보다 적극적으로 노예무역 억제책을 사용하기로 했다. 즉 한편으로는 노예무역에 가담하고 있는 나라들에 압력을 가하면서 외교적 노력을 기울이지만, 다른 한편으로는 노예무역 단속 함대를 창설하여 노예무역 중심지인 서아프리카 연안에 배치했던 것이다. 함대의 임무는 해적선이나 노예무역에 관련된 것으로 의심되는 모든 선박을 정지시켜 임검한 후, 노예가 발견되면 나포하고, 나포된 노예무역선을 영국령 시에라리온으로 회항시켜 영국과 그 외 나라들이 공동 주관하는 공동 법정에 넘기는 것이었다. 해방된 노예들은 시에라리온에 남거나 서인도 제도에서 계약 노동자로 일하게 했다.

　이처럼 영국은 자국의 노예무역 폐지에서 멈추지 않고 해외 노예무역을 억제하기 위해 외국과 조약을 맺고 함대를 운영하고 국제 법원을 유지하는 등에 막대한 비용을 들었다. 1807~1867년 동안 노예무역 억제에 관련된 지출은 매년 총 국민 소득의 2퍼센트에 육박했으며, 노예무역 억제 활동이 정점에 달했던 1840년대에는 영국 함대의 6분의 1~4분의 1이 감시 활동에 관여하고 있었다.[16] 1830년대 말부터 영국 의회는 노예무역 단속 함대의 효과와 함대 운영 지속 여부를 놓고 논쟁을 벌였는데 그 과정에서 억제 정책의 확실한 효과가 밝혀졌다. 즉 단속 이전인 1776~1800년 사이에 아프리카로부터 송출된 노예 규모가 191만 명이었던 데 비해 1801~1825년에는 164만 명, 1826~1850년에는 162만 명으로 감소했다. 이 근거 위에서 단속 함대의 활동은 계속되었다.

　1850년 이후 노예무역 단속 함대의 활동은 노예의 최대 수입국이던 브라질의 노예무역을 종식시키는 큰 성과를 거둘 수 있었다. 브라질 연안에 영국 해군 함정들이 배치되어 단속을 시작한 1850년의 시점에 연간 2만 3,000명에 달하던 브라질의 노예 수입은 이듬해인 1851년에는 3,200명으로 격감하고

1852년에는 다시 800명으로 줄었다.[17] 그다음 해에 브라질 정부는 노예무역을 완전히 중단했다. 그 결과 대서양 노예무역은 1866년에 이르면 거의 사라지게 되고, 1869년에는 단속 함대가 해산되었다. 검색할 노예선이 없었기 때문이다. 서양 세계에서 노예 제도가 공식적으로 사라진 것은 1888년에 브라질이 노예무역만이 아니라 노예 제도 자체를 폐지했을 때이지만, 1860년대에 이르면 대서양 노예무역은 사실상 종식되었다. 그리고 그것은 거의 전적으로 영국이 노력한 결과였다.

노예무역 폐지 운동을 한 사람들은 위선자가 아니었다. 그들에게는 진정성이 있었고 영국 정치인들도 그들의 진정성을 공유했다. 자주 사용되지는 않지만 때로 도덕성은 외교에서 중요한 자리를 차지하는데, 특히 19세기 영국에서 그러했다. 포함 외교로 유명한 파머스턴(Viscount Palmerston, 1784~1865)조차 생애 말에, 자신의 가장 자랑스러운 업적으로 안전한 국가 방위를 확립한 것에 덧붙여 노예무역을 폐지한 것을 거론했다.[18] 진보적 성향의 역사학자인 포메란츠(Kenneth Pomeranz)도 영국 해군의 노예무역 금지 활동은 오늘날의 어떤 NGO나 UN 활동보다 효과가 있었고 더욱 중요한 일을 해냈다고 평한다.[19] 그리고 노예무역을 공격하여 얻은 영국의 도덕적 위신은 다른 정치적 목적을 정당화하는 수단이 되었다.

팍스 브리타니카를 향한
담대한 도전

1880년경까지 영국 해군의 막강한 세력은 아무런 도전도 받지 않았다. 빅토리아 여왕 즉위 50주년을 기념한 1887년에 영국 해군의 위엄을 보여주는 행사들은 정점을 향해가고 있었다. 그러나 이미 영국 해군의 허약함을 우려하고 폭로하는 과정이 시작되고 있었다. 1884년에 영향력 있는 신문인《펠 맬 가제트 *Pall Mall Gazette*》의 편집장 스테드(William Stead, 1849~1912)는 영국 해군이 취약한 상태이며 거기에 기대고 있는 제국 전체의 안위 역시 위태로운 지경이라고 주장하는 글을 발표하여 여론을 뒤흔들었다. 스스로를 책임감 있는 제국주의자라고 천명한 스테드는 비용에 상관없이 해군력 우위가 우선이라고 주장하면서 중요한 순간에 "넬슨 제독의 후예들이 꽁무니를 빼기보다" 단호한 태도를 가질 필요가 있다고 주문했다.[20]

이때부터 해군력 증강이 정치적 이슈가 되었다. 스테드의 선동 덕분에 글래드스턴이 이끈 자유당 정부는 1884년 한 해에 310만 파운드를 더 지출하여 전함 10척을 새로 건조하고 또 다른 240만 파운드를 군수품과 석탄 보급소에 지출했으며, 해군 방위법National Defence Act을 제정하고 정식으로 '2국 표준주의'를 채택했다(1889). 그것은 영국 해군력이 2위와 3위 국가의 해군력을 더한 것보다 많거나 대등해야 한다는 원칙이었다.

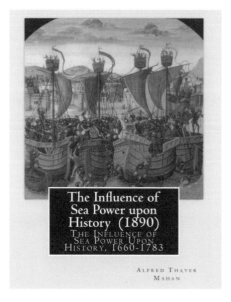

『해상력이 역사에 미친 영향』의
표지(크리에이트스페이스, 2017).

1890년대부터 1차 세계대전이 발발할 때까지 4반세기 동안 국가의 번영은 해상력의 우위로 만들어지고 유지된다는 주장이 세계적으로 확산되었다. 특히 1890년에 발표되어 세상의 이목을 집중시킨 머핸(Alfred Thayer Mahan, 1840~1914)의『해상력이 역사에 미친 영향The Influence of Sea Power upon History』이 그 움직임을 주도했다. 미국 해군 장교인 머핸은 주로 17~18세기의 전쟁들을 살펴보면서 해군력이 육군보다 역사적으로 더 중요했음을 지적하고 국가의 성장과 번영을 해상력과 확실하게 연결시키는 주장을 폈다. 머핸의 책은 각 나라의 정책 결정에 지대한 영향을 끼쳤다. 이제 영국 외 강대국들도 영국이 그동안 세계적으로 누려오던 전략적 영향력을 자신들도 행사하기 위해 근대적 함대를 갖추고 해군력을 키워갔다. 머핸의 책을 읽고 가장 큰 감명을 받은 사람이 바로 독일 황제 빌헬름 2세였으며, 일본도 근대적 함대를 갖추기 시작한 선구적 국가들 가운데 하나였다. 영국의 해군 제일주의자들도 덩달아 '3국 표준주의'를 요구했다. 이런 분위기에서 영국 해군의 예산도 큰 폭으로 늘었다. 영국에서 해군이 차지하는 비중을 생각한다면 건조 비용이 얼마가 들든 영국은 패권을 유지해야만 했다.

해군에 대한 대중적 관심도 급증했다. 팍스 브리타니카를 거치면서 해군은 당연한 존재가 되어 관심 밖으로 물러나 있었는데 이제 해군에 대한 대중의 관심과 언론 보도가 증가하고 독일이 영국을 침공한다는 가상의 이야기를 다룬 문헌들이 번성했다. 이런 분위기에서 해군연맹Navy League이 창립되었다(1895). 보수당 의원이자 《팰 맬 가제트》의 편집인인 커스트(Henry Cust, 1861~1917)를 중심으로 방위 문제에 관심이 큰 사람들이 해군연맹 창설을 주도했는데, 이들은 우월한 해군력이야말로 제국을 지킬 수 있는 유일한 방법임을 확신한 사람들이었다. 해군연맹의 목표는 제국의 해양 장악력을 유지하고 해양의 지배권을 '국가 정책의 1차 목표'로 삼도록 정부에 압력을 가하는 것이었다. 해군연맹은 여론을 교육시키는 일도 자임했다. 즉 머핸의 저서를 대중 수준에 알맞게 짧은 책자로 만들거나 해군에 대한 대중의 자부심을 부추겨 해군력 확대를 촉진하는 운동을 전개했다. 특히 성공적인 행사는 넬슨이 트라팔

연도	금액
1883년	11,000,000
1903년	34,500,000
1910년	40,000,000

(단위: 파운드)

가르 해전에서 승리를 거둔 10월 21일을 기념하는 '트라팔가르 날' 행사였는데, 1905년에는 넬슨 기념비를 보려는 사람들의 대기 행렬이 5킬로미터에 달할 정도였다.[22]

빅토리아 여왕 즉위 60주년인 1897년에 《타임스》지는 여전히 '세계가 보아온 것 중 가장 강력한 해군 부대'의 위용을 찬양하고, 영국 해군이 보유한 함정 수가 다른 강대국들의 함정을 모두 합쳐도 경쟁할 수 없을 정도라고 자랑했다. 그러나 그것은 사실이 아니었다. 1883년에 영국 전함 수는 다른 모든 강대국의 전함 수를 합친 것과 거의 비슷했지만(38척 대 40척), 1897년이 되면 이 안정된 비율은 줄어들었다(62척 대 96척).[23] 위의 표에서 보듯 영국 해군 예산은 1890년대 이후 크게 늘었지만 그것은 해군 제일주의자들이 주장한 3국 표준과는 거리가 먼 예산이었다.

영국 해군의 전성기는 이미 지나가고 있었다. 이제 급격한 기술 발달, 외국의 경쟁, 치솟는 방위비는 새로운 접근을 요구하고 있었다. 산업혁명 후 진행된 증기선, 금속 선체, 거포 등 기술적 진보는 배의 규모와 비용의 엄청난 증대를 초래했다.

해전의 전략과 전술도 변했다. 19세기 말부터 지뢰와 어뢰가 본격적으로 도입되어 해저 공격이 가능해지면서 적함의 파괴 혹은 침몰이 해전의 성공을 결정짓게 되었다. 트라팔가르 해전 이래 해상 통제권을 행사하던 영국의 전략적 우위는 이제 붕괴되었고, 영국이 범선 시대부터 발전시켜온 해상 봉쇄는 유용한 전략이 아니었다. 그러나 영국 해군은 넬슨 이후 모든 것이 넬슨에 고정되어 있었다. 그들은 넬슨 식으로 말하고 넬슨 전략을 따르며 모든 것을 넬슨의 외눈으로 바라보았다. 예를 들어 영국 해군은 증기선의 도래도 반기지 않았는데 노예무역 폐지를 위한 단속 과정에서 어쩔 수 없이 추진했다. 다른 나라 노예선들이 증기선으로 무장함에 따라 영국 해군도 증기선을 도입할 수밖에 없었기 때문이다.[24] 19세기 말이 되면 영국 해군은 위협적 존재가 아니라 단지 '위협적 존재로 인식'된 것이 사실이었다.

해상에 모든 이해관계를 의존하고 있는 영국이 다른 국가들보다 열등한 해군력을 지니는 것이 가능한가? 그것은 사실 영국에게 가장 절실한 문제였다. 해군 제일주의자들은 육군의 필요성에 대항하여 해군력 증강을 강조해야 하는 문제에 직면했다. 그들은 인도와 캐나다를 제외하고 제국의 어떤 부분도 육지 공격에 노출되지 않기 때문에 제국 방어의 핵심은 육군이 아니라 해군이어야 한다고 주장했다.

그러나 영국 본토만이 아니라 제국 전체를 생각할 때는 육

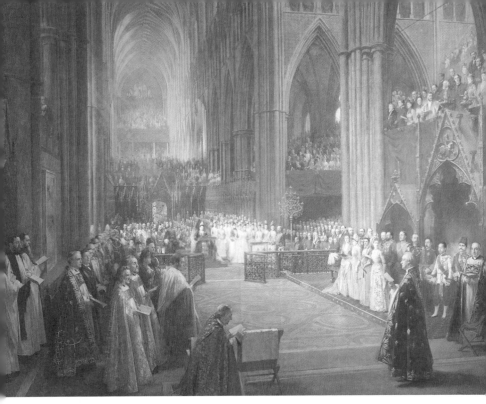

빅토리아 여왕 즉위 50주년 기념식(1887).

군도 사실 해군 못지않게 중요했다. 영제국 전체로 봤을 때 육
상 공격을 받을 수 있는 곳은 너무나 많았고 근본적으로 해양
강국인 영국에게 그 제국의 방위는 절망적이라는 지적도 있었
다. 해군과 육군의 상호 의존성을 잘 인식하고 있던 피셔 제독
도 "트라팔가르 해전은 아우스터리츠 전투를 중단시키지 못했
다"고 갈파했다.[25] 해군 제일주의자들 내부에서도 논란이 격렬
했다. 첫 번째 집단은 영국 해군의 우선적 의무는 전 세계 나
라들을 위해 국제 무역의 자유를 지키고 유럽 국가들의 분쟁
을 해결하는 것이라는 입장을 취했다. 이와 달리 두 번째 집단

은 무역보다 제국의 방위 라인을 지키는 게 더욱 중요하다고 주장했다.

19세기 말 20세기 초에 영국 해군은 점차 제국적 성격을 잃고 있었다. 영국이 나머지 모든 국가를 상대할 해군을 건설할 수 없다는 사실은 분명했다. 앞서 살펴보았듯 영국 해군은 그동안 해상의 평화를 유지하는 세계 경찰의 역할을 해왔으며, 이를 바탕으로 영국은 활발한 무역을 통해 최고 강대국으로 성장할 수 있었다. 영국 해군은 전 세계에 배치되어 있었다. 1848년의 예를 보면 전함 31척은 지중해, 25척은 동인도 제도와 중국, 27척은 아프리카 연안에서 노예 상인들과 대치하고 있었으며 14척은 남아메리카 해안, 112척은 거대한 태평양 해역에서 활동하고 있었다. 대조적으로 본국 주변에 배치되어 있던 함정은 35척뿐이었는데 그중 12척은 아일랜드에 주둔하고 있었다. 1875년에도 해군은 북아메리카와 서인도 제도 기착지에 전함 16척, 남아메리카에 5척, 남아프리카에 9척, 동인도에 11척, 태평양 해역에 10척, 오스트레일리아에 11척, 중국 기착지에 20척을 주둔시켜 언제든지 출동할 수 있는 기동력을 갖추고 있었다.[26]

그러나 머핸의 저서는 해군력의 역할을 이와는 완전히 다른 것으로 규정해버렸다. 머핸은 해군의 역할을 경찰력이 아니라 결정적인 군사력, 즉 적의 함대를 파괴하는 것으로 정의했으며, 그를 위해 전함들의 집중 배치가 필요함을 역설했다. 이것은 전 세계에 분산되어 있던 영국 전대들을 영국과 영국의 가상 주적인 독일이 위치한 북해로 끌어들여야 함을 의미했다. 해군성의 관점에서 볼 때, 앞으로 영국이 누군가와 전쟁을 벌이게 된다면 그 대상은 바로 독일이었다. 1902년부터 독일은 영국의 국방과 외교 정책에서 최우선 순위였다. 물론 프랑스와 러시아 함대들도 계속해서 커지고 있었지만 가장 큰 위협은 역시 독일이었다.

이때 영국 해군의 개혁을 이끈 인물이 피셔다. 피셔는 1904년에 해군 제1경First Sea Lord으로 승진하면서 본격적으로 개혁을 추진했다. 피셔 개혁의 핵심은 첫째, 함대의 전략적 재배치로, 전 세계에 퍼져 있던 함대를 본국 근해로 모아들이는 집중 전략이었다. 이 전략은 앞서 설명했듯 머핸이 추천한 전략이기도 하고 일찍이 넬슨의 전략이기도 했다. 넬슨은 평시에 함대 배치는 "전시를 위한 최고의 전략적 배치"여야 하며, "전투 지역은 훈련 지역"이어야 한다고 주장했다.[27] 피셔는 넬슨의 이 말을 늘 금언으로 인용했는데, 그것은 전함 함대의 중심을 해외로부터 본국 해역으로 바꾸는 것을 의미했다. 그리고 그것은 결과적으로 태평양과 지중해로부터의 철수를 의미했다. 피셔는 먼 해역에 위치한 낡은 함대들을 폐기시키고 드레드노트 전함들을 영국 해역에 집중시키는 해군 재배치 정책을 추진함으로써 해군의 성격을 본국 방위에 한정했다.

최근의 한 연구는 이런 피셔의 전략이 새로운 노선이 아니라 실은 영국 해군이 전통적으로 추구하던 전략일 뿐이라고 주장한다. 역사적으로도 영국 해군의 우선 관심사는 대외 팽창보다 본국 방어에 있었다는 것이다. 1763~1833년 동안 주요 해전들은 주로 유럽에서 발발했으며 영국 해군의 주력도 주로 유럽에 주둔하고 있었다는 것이다. 영국 방위를 위해서는 특히 저지대가 중요했다. 영국의 가장 큰 관심사는 대륙의 침공으로부터 영국을 지켜줄 네덜란드, 벨기에 등 저지대가 강대국의 손에 넘어가지 않도록 하는 것이었다. 엘리자베스 1세 이래 모든 영국 정치가는 그 중요성을 알고 있었고, 영국 정부는 멀리 떨어진 식민지를 포기하더라도 본국 방어에 긴요한 저지대를 통제하는 데 집착했다는 것이다. 물론 인도 아대륙의 식민지는 예외였다. 무역 보호라는 측면에서도 당시 영국은 식민지보다 유럽 국가들과 더 많은 교역을 하고 있었으므로 해군의 관심은 자연스레 유럽 대륙에 집중되었다는 것이다.[28]

피셔가 추진한 집중 전략은 당연히 치열한 논쟁을 불러일으켰다. 피셔의 개혁으로 제국의 방어와 본국 방어가 같은 것이 아니라는 사실이 명백해졌다. 영국 정부는 태평양 함대를 축소하기 위해 그동안 추구해왔던 외교상의 '찬란한 고립' 정책을 버리고 일본과 영일동맹(1902)을 맺었다. 그것은 곧 러시아를 억제하는 역할을 일본에게 떠넘긴 것이었는데, 영일동맹에 의존하여 영국은 더 많은 함대를 극동에서 빼낼 수 있었다. 오스트레일리아와 캐나다 같은 백인 자치령들은 일본의 등장에 깊은 우려를 표현했지만 본국 정부는 들은 체도 하지 않았다. 영국 정부는 이들 자치령들의 불안감을 달래기는커녕 더욱 많은 함대를 동아시아에서 철수하여 본국 해역에 집중시켰다. 게다가 영국인들은 자치령들이 제국 해군을 운영하는 비용을 더 많이 부담해야 한다고 요구했는데, 자치령들은 그 대가로 해군의 운영에 대한 발언권과 통제권을 주장했다. 해군성이 반대하자 자치령들은 독자적인 해군력 건설을 주장하면서 영국 정부에 맞섰다. 1912년에 오스트레일리아 수상은 태평양 제국 함대가 부재하는 상황에서 일본에 대항해 자립적으로 자국을 방위하겠다는 계획을 발표했고 뉴질랜드 역시 독자적인 함대 건설을 계획했다.[29]

피셔 개혁의 두 번째 핵심은 낡고 쓸모없는 군함들을 폐기하고 속도와 화력을 지닌 새로운 종류의 주력함, 즉 거함거포 스타일의 드레드노트를 도입하는 것이었다. 피셔는 그 외 함대의 훈련, 장비, 행정을 근대화하는 작업도 추진했는데 덕분에 해군 유지비는 2년 내에 4,100만 파운드에서 3,700만 파운드로 감소했다. 문제는 드레드노트의 효용성이었다. 사실 피셔는 미래 해전이 당시 지배적이던 거함거포가 아니라 잠수함과 어뢰에 있다고 예측했다. 그가 보기에 거함은 결정적 전쟁 수단이 아니라 독일에 대한 평시 억제책이며 실제 전투는 해상 전함이 아닌 잠수함과 어뢰에 의해 좌우될 것이었다. 그러나 독일이 해군을 증강하면서 야기된 열띤 건함 경쟁으로 영국 여

드레드노트는 거대 함포와 강력한 증기 터빈 엔진을 장착한 최초의 근대 전함이다.

론이 비등하자 여론과 타협할 수밖에 없었고, 타협책으로 드레
드노트로 방향을 전환했던 것이다. 해군 지휘관들 대부분은
피셔와 달리, 그의 선견지명을 공유하지 못했다. 잠수함을 반
대한 윌슨 제독은 잠수함이 한마디로 "은밀하고, 정직하지 못
하며, 너무나 비영국적"이라고 선언했다.[30] 영국 해군은 끝까지
해상에서 신사들의 게임을 유지하려 했던 것이다. '비영국적'인
잠수함은 1차 세계대전에서 영국 함대를 궁지로 몰아넣을 것
이었다.

거포로 완전 무장한 최초의 전함인 드레드노트는 1906년
에 진수되었는데 그 결정은 결국 1차 세계대전에서 독일의 무
제한 잠수함 공격을 받음으로써 합리적이지 못했음이 밝혀졌

다. 반면에 미국은 잠수함에 대항할 수 있는 구축함을 개발했는데, 미국과 일본이 아니었으면 영국은 1차 세계대전 당시 해상에서 참패하고 전쟁에서도 패배했을 것이다. 1차 세계대전은 머핸의 주장과 달리 해상 함대가 강대국으로 남기 위한 충분조건이 아님을 가르쳐주었다. 해군이 현대전의 주력에서 밀려났음이 명백해지자 영국 정치가들은 그럼에도 불구하고 해군이 세계 질서 유지에 여전히 필요하다는 사실을 무시해버렸다.

1920년대에 영국 해군의 재앙 시대가 시작되었다. 전후 경제 침체와 평화를 갈망하는 분위기에서 해군 예산은 더욱 삭감되었다. 1918~1919년 해군 예산은 3억 4,400만 파운드였는데 1920~1921년에는 7,600만 파운드로 급감했다.[31] 정부는 잠수함과 비행기가 대규모 해상 함대를 낡은 것으로 만들어버렸다고 변명했다. 당시 재무장관이던 처칠은 한때 영국 해군을 전 지구적 대양함대로 만들어야 한다고 주장했었지만 그도 입장을 바꾸었다.

한편 1차 세계대전을 통해 위력을 드러낸 공군에게 관심과 예산이 집중되었는데, 공군력에 대한 새로운 신념이 정부로 하여금 또 한 차례 재앙적인 결정을 하게 만들었다. 즉 1921년에 해군 항공대의 지휘권을 공군에게 넘어버린 것이다. 공군 지휘 아래에서 해군 항공대가 성장하지 못한 것은 당연했다. 해군 위상의 약화를 극명하게 보여준 것은, 18세기에 내각제가 시작된 후 한 번도 내각에서 제외된 적이 없던 해군장관이 이때 제외되었다는 사실이었다.

　그러나 이런 정부의 입장과 달리 해군성은 1차 세계대전을 겪으면서 영국 해군의 제국적 성격을 재확인했다. 전쟁 동안 해군은 머핸의 주장과 달리 본국 방위를 위한 결정적인 전투력으로서의 역량을 제대로 발휘하지 못했다. 그런 자각 위에서 해군의 제국적 성격을 재건하려는 계획이 수립되었고, 싱가포르에 새로운 해군 기지를 건설하는 계획이 마련되었다(1921). 그러나 1920년대에 들어선 노동당 정부의 반대와 경제 침체로 인해 싱가포르 기지 건설은 연기되었다. 그러다가 만주사변이 일어나자 미완성인 채 방치해두었던 싱가포르 기지를 다시 구축하기 시작하여 1938년에 완성했다. 그러나 영국 해군의 시대가 끝났다는 사실은 1941년 12월 10일, 싱가포르 근해에서 프린스 오브 웨일스Prince of Wales 호와 리펄스Repulse 호가 일본 어뢰와 포탄에 의해 침몰했을 때 드러났다. 2차 세계대전 중 영국 해군은 모든 종류의 선박 1,525척과 5만 명 이상의 장교와 병사들을 잃었다.[32]

　오늘날 해군력은 과거와 같은 중요성을 갖지 못한다. 팍스 브리타니카는 1914년에 이미 막을 내렸고 1945년 이후 진척된 영제국의 해체로 영국의 세계적 지위는 이제 옛날의 영광일 뿐이다. 그러나 영국이 섬나라라는 사실은 해군이 여전히 영국에게 필요조건임을 말해준다. 항공력과 미사일의 발달 같은 새로운 형태의 전쟁 기술이 발달했지만 바다가 세계 체제의 주축이라는 사실도 여전하다. 오늘날에도 전 세계 무역량의 95퍼센트가 바다를 통해 이뤄진다.[33] 그 때문에라도 전 세계 바다는 자유롭고 안전하게 유지되어야 한다. 그런 자유롭고 안전한 바다를 만드는 데 가장 큰 공헌을 한 주인공은 영국 해군이었음을 역사는 기억하고 있다.

5장
기술로 무장한 제국

19세기 역사에서 가장 눈에 띄는 현상은 유럽의 산업기술 발달과 제국주의라 할 수 있다. 영국이 첫 테이프를 끊은 산업화는 인류의 삶에 대변화를 가져온 역사상 얼마 안 되는 중차대한 사건이다. 한편 제국주의는 짧은 시간에 지구 표면의 형상을 뒤바꾸어놓았다. 19세기 후반기에 본격적으로 팽창한 유럽 제국주의 세력은 1871~1914년 사이에 매년 프랑스만 한 크기의 영토를 새로 늘려가 1914년에 이르면 지표면의 84퍼센트를 장악했다. 특히 영제국이 급속도로 팽창했다. 영제국은 1800~1900년 동안 영토는 7배, 인구는 20배가 늘어 20세기 초가 되면 전 세계 지표면의 4분의 1, 전 세계 인구의 4분의 1을 차지했다.

19세기 후반의 제국주의가 그전 제국주의와 다른 점이 있다면 그것은 이때 유럽인들이 새로운 기술과 발명품을 가지고 바깥 세계로 갔다는 것이다. 증기선은 범선이 할 수 없었던 오지로의 침투를 가능하게 해주었고, 키니네 등 의학의 발달은 서양 제국주의를 보다 적극적인 기획과 실천이 되도록 도와주었다. 철도와 증기선에 의해 운송되는 우편, 육상 전신과 해저 전신으로 연결된 전보라는 새로운 통신 매체는 제국을 더욱 치밀하게 통치하는 데 절대적으로 필요한 기제가 되어주었다. 제국 통치의 관점에서 결정적인 것은 특히 해저 전신이었다. 한편 연속 발사 총 같은 강력한 무기는 과학기술에서 유럽이 점한 압도적 지위를 보여주었다. 이처럼 산업화와 제국주의는 어깨를 나란히 했다. 제국주의적 팽창이 동기였다면 산업화는 그 동기를 실현할 수 있는 수단을 제공해주었다.

18세기 이후 유럽인들이 인류를 분류한 기준의 첫 번째는 과학기술이었다. 1850년에 발표된 한 소설은 빠른 속도로 갠지스강의 물살을 가르는 증기선과 강가에서 열심히 기도하는 인도인 사이의 '믿을 수 없는 괴리감'을 그렸다.[1] 영국인들은 자신들에게 두 개의 사명이 있다고 믿었다. 하나는 '인간이 사용하도록' 자연을 정복하는 산업상의 책무이고, 다른 하나는 그 정복의 과실을 '영구적이고 평화로운 방법으로 공유'하는 방법을 찾아내는 것이었다.[2] 거리는 소멸되었고 세계는 축소되었는데, 그것은 대부분 영국의 기술 덕분이었다. 인도와 멕시코에서 운하와 철도를 건설하고, 캐나다에서 항구를 조성하고, 이집트에서 댐을 건설한 것은 모두 영국인들이었다. 영국인들은 자신들의 땅을 과학기술로 무장한 후 제국을 같은 방식으로 무장해야 한다는 사명감을 느꼈다.

기차와 증기선,
산업혁명의 물꼬를 트다

세상을 놀라게 한 영국인들의 발명품에는 무엇보다 기차와 증기선이 있었다. 18세기 내내 영국에는 도로, 교량, 운하 수가 증가했다. 1770년까지 영국에는 2만 4,000킬로미터의 유료 도로가 건설되어 있었는데 거기서 징수된 통행세는 더 많은 도로를 건설하고 유지하는 데 사용되었다. 그 결과 기차가 발명되기 이전에 영국 전역은 교통 운송망으로 통일되었고 이동 시간이 급격히 빨라졌다. 1760~1790년 동안 역마차로 런던에서 맨체스터까지 가는 데 걸리는 시간은 사흘에서 하루로 단축되었다. 그에 따라 우편 서비스도 개선되어 영국 전역에 매일 우편이 배달되었고, 기업은 납품업자 및 고객과 긴밀한 관계를 유지할 수 있게 되었다. 이 모든 것이 중요한 이유는 정보, 인력, 물자의 신속하고 저렴한 이동이야말로 산업혁명의 원동력이었기 때문이다.

조지 스티븐슨이 아들 로버트와 같이 만든 기관차 '로켓호'.

3장에서 언급되었듯 증기기관이야말로 세계를 변혁시킨 주역이었는데 사람과 물자의 신속하고 저렴한 이동에 마침표를 찍은 것은 증기기관을 부착한 기차였다. 증기기관을 교통에 적용하려는 시도는 궁극적으로 스티븐슨(George Stephenson, 1781~1848)에 의해 실현되었다. 1829년에 스티븐슨이 제작한 로켓호가 성공적으로 시운전을 한 후 다음 해에 맨체스터와 리버풀을 연결하는 철도가 개통되자 본격적으로 철도의 시대가 문을 열었다.

기차야말로 사람들에게 새로운 시대를 살고 있다는 사실을 실감나게 해준 주인공이었다. 기차는 1830~1840년대에 크게 확장되었고 상업적으로도 성공이었다. 기차는 운송에 드는 비용과 시간을 크게 줄이고, 전문적이고 분업화된 대규모의 경제가 발전할 수 있도록 도와주었다. 기차가 제국을 위한 기제라는 사실은 금방 인식되었다. 철도 부설은 영국 내 사업으로 끝나지 않았다. 영국 금융가들과 기술자들은 중국, 미국 같은 먼 곳의 철도도 부설했다. 제국이 확장되었다거나 새로운 땅이 발견되었다는 소식을 들었을 때 그들 머릿속에 맨 먼저 떠오른 생각은 철도 부설을 위한 최적의 지역이 어디인가였다. 아시아에 부설된 총 철도의 반 이상이, 그리고 아프리카 철도의 6분의 5를 영국인들이 건설했다. 그러나 아프리카에서는 부설 도중 사자들이 사람들을 해치고 잡아먹는 바람에 작업이 몇 달이고 중단되기도 했으며 기근, 전염병 또는 주변 부족들의 공격 같은 어려움이 항상 따랐다.[3]

제국의 도구 가운데 사실 가장 중요한 것은 증기선이었다. 육지에서 기차가 한 일을 대양 항해에서는 증기선이 담당했다. 와트가 개발한 증기기관이 산업에서 사용되자 그것을 선박에 부착하려는 시도가 추진되었지만 큰 진전이 없었는데, 1807년에 미국인 풀턴(Robert Fulton, 1765~1815)이 증기기관을 설치한 클레멘트 호를 허드슨강에서 시운전하는 데 성공함으로써 길이 열렸다. 최초의 증기선이 1819년에 대서양을 횡단하는 데 성공했다. 그러나 외륜이 고장나고 연료인 석탄을 너무 소비하는 등 초기 증기선은 문제가 많았다. 예를 들어 1840년에 투입된 최초의 커너드사 여객선인 브리타니아 호는 865톤의 짐을

세계 최초의 증기선 클레멘트 호.

실을 수 있었는데 그중 640톤이 석탄이었다.[4] 이 문제는 증기
선에 부착된 증기기관의 효율을 높임으로써 점차 해소되었다.
외륜 대신 스크루를 단 배가 개발(1839)되고 1860~1870년대
에 이르면 스크루 프로펠러를 단 배가 주축을 이루게 되었다.

　증기선이 개선되는 과정은 목선에서 철선으로 바뀌는 과
정이기도 했다. 철은 목재보다 훨씬 강하고 가벼우므로 더 효
율적이었고 더 안전했으며 내구력도 강했다. 목재로 만든 배
는 2~3년 지나면 썩지만 철로 만든 배는 거의 영구적이었다.
1830~1840년대에 프로펠러를 장착하는 기술이 개발되면서 철
선의 시대가 도래했다. 철선 개발에 기여한 또 다른 요인은 나

폴레옹전쟁 때 너무나 많은 배를 건조하면서 숲이 거의 다 사라져버렸다는 사실이었다. 전함 건조 비용의 60퍼센트가 목재 값일 정도로 나무 부족 상황이 야기되었다.[5] 영국은 이때 산업화 덕분에 선철이 대량 생산되고 값이 떨어짐으로써 심각한 문제에서 벗어날 수 있었다. 1850년경이 되면 철로 만든 증기선은 특별한 게 아니라 표준이 되었다.

1880년대에는 선박 제조에 새로 개발된 강철이 사용되고 트윈 스크루의 채용으로 돛이 완전히 제거되었다. 강철은 1880년대에 상업용 선박에 사용될 수 있을 정도로 값이 떨어졌다. 1885년이 되면 전체 건조 선박의 반 정도가 강철로 건조되었는데 1900년에는 모든 선박이 강철로 건조되었다. 1860년경부터 외륜 증기선이 대양 항해에서 범선을 따돌리지만 가격이 싼 몇몇 항로에서는 범선이 계속 사용되었다. 예를 들어 북아메리카에서 유럽으로 곡물을 운송하는 항로나 오스트레일리아의 쇠고기 운송 등이 그러했다. 그러나 1880년대 이후에는 철선과 증기선이 목선과 범선을 확실하게 대체했다. 영국 해군도 증기선 도입에 소극적이었지만 그들조차 1841년에 노예 수색 함대에 증기선을 도입하기로 했다.

게다가 석탄 연료를 대신할 석유가 등장했다. 이처럼 해운과 해상에서의 발전 속도는 10년을 주기로 가속화했다. 이런 교통과 운송의 발달은 여행 시간을 놀랄 만큼 줄이고 더 많은 선적을 더 멀리 떨어진 시장으로 보낼 수 있게 함으로써 세계

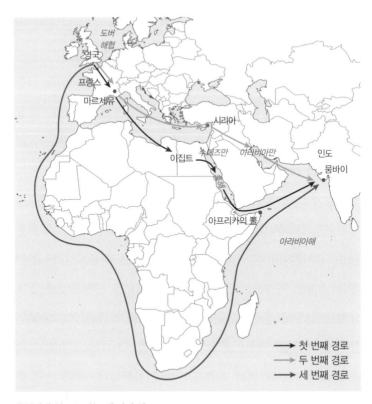

유럽에서 인도로 가는 세 가지 길.

경제가 더욱 팽창하는 데 기여했다. 1830년대에 증기기관을 단
정기 여객선이 성공적으로 투입된 후 사람들의 이주도 더 쉽고
활발하게 이뤄졌다. 8장에서 살펴볼 사람들의 이동은 증기 여
객선이 투입되면서 본격적으로 추진되었다.

　증기선의 발달에 중요한 역할을 한 것은 인도 항로였다.
18세기 말에 이르면 영국과 인도와의 교역이 매우 빠르게 증
가했다. 1790~1817년 사이에 영국에서 아시아로 향한 수출

은 2만 6,400톤에서 10만 9,400톤으로 4배 이상 급증했으며, 특히 인도로의 직물 수출이 중요했다. 따라서 영국은 인도로 가는 길을 개선하고자 많은 노력을 기울였다. 역사적으로 유럽에서 인도로 가는 길에는 세 가지가 있었다. 첫 번째는 이집트를 통과해서 홍해를 거쳐 아라비아해를 건너는 길, 두 번째는 시리아를 거쳐 메소포타미아, 유프라테스강을 따라 항해해서 페르시아만(아라비아만)을 거쳐 아라비아해로 나가는 길, 마지막으로 아프리카 해안을 따라가는 길이 그것이다. 첫 번째와 두 번째 길은 육상 통로인데 문제는 오토만제국과 아랍 부족들의 땅을 통과해야 한다는 것이다. 게다가 홍해는 강풍이 불고 갑자기 폭풍우가 몰아치는 곳으로 악명이 높았다. 영국 동인도회사는 가장 안전한 세 번째 길을 선호했다. 문제는 시간이 매우 오래 걸린다는 점이었다. 계절풍이 불면 어떤 때는 순항을 하지만 돌아오는 길엔 전혀 움직이지 못하는 경우도 있었다.

증기선이 개발되자 인도로 가는 여러 길 가운데 홍해를 거치는 길이 관심을 받았다. 범선으로는 홍해를 건널 수 없었는데 증기선 덕분에 홍해를 통과하는 길이 아프리카 남단 항로보다 효율적임이 밝혀졌고 이 길을 더욱 효과적으로 만들 방법이 필요했다. 1825년에 뭄바이(봄베이) 총독 엘핀스턴은 런던에 있는 동인도회사 본사에게 홍해에 증기선을 투입할 것을 요청했다. 동인도회사는 답을 주지 않았지만 엘핀스턴은 계획을 밀어

붙였는데, 그 결과 비록 비용이 매우 많이 들었지만 뭄바이에서 출발한 증기선에 실린 우편이 홍해를 거쳐 런던에 도착하는 데 59일이라는 기록적인 결과가 나왔다. 증기기관을 이용하는 대양 항해가 기술적으로 가능하다는 사실이 입증되었던 것이다.

19세기 초까지도 영국에서 인도까지의 여행은 넉 달이 걸렸고 한 번 그곳에 가면 5년 동안은 돌아올 생각을 하지 못했다. 그러나 기차와 증기선 덕분에 제국 전체가 갑자기 접근 가능해졌다. 1870년대에 이르면 대서양 횡단에 불과 2주밖에 걸리지 않게 되었다. 당시 사람들은 증기선이 '거리를 말살해버렸다'고 생각했다. 기차와 증기선은 자연적인 장애를 제거해주었다. 궂은 날씨에도 기차는 예정대로 운행했고 역풍이 불어도 증기선이 몇 달씩 지연되는 일은 없었다. 증기선 엔진은 너무 부드러워 움직이는 것 같지도 않았다.

기차와 증기선은 산업혁명의 산물이었지만, 역으로 산업화를 더욱 촉진시켰다. 대량 생산이 경제성을 획득한 것도 교통수단의 발달 덕분이었다. 질 좋고 값싼 물건이 빠른 운송 수단에 의해 세계로 뻗어 나갔고 질 좋고 값싼 물건은 세계 어디서나 잘 팔려 나갔다. 게다가 기차와 기선을 제작하고 철도를 부설하는 것 자체가 엄청난 양의 철, 강철, 석탄의 수요를 창출하고 있었다.

한편 증기선의 새로운 시대가 열리자 그에 따라 영국 제국주의의 모습도 보다 적극적으로 바뀌었다. 홍해를 지나 아라비아해로 나아가는 증기선은 아프리카의 뿔 근처에서 석탄을 다시 공급받아야 했다. 동인도회사는 근처의 소코트라섬을 팔도록 그 지역 통치자에게 요청했지만 거부당하자 그 섬을 아예 점령해버렸다. 곧이어 아덴이 더 나은 항구라는 것이 밝혀지자 마찬가지로 통치자를 위협하여 결국 1839년에 아덴 항을 손에 넣고 말았다. 이런 경우들은 동인도회사가 먼저 점령하고 영국 정부가 추후 승인할 수밖에 없었던 '하부 제국주의'의 전형적인 예였다. 하부 제국주의는 아시아·아프리카 등 주변부에서 활동하던 유럽인들이 자신들의 사업이나 지위가 불안해지면 본국 정부에 공식적인 제국주의적 지배를 요청하거나, 본인들이 직접 군사적 행동을 벌여 제국을 팽창하고 난 후 본국 정부에 추인을 요청하는 것을 의미한다.[6]

수에즈 운하, 유럽과 아시아의 무역로를 장악하다

유럽과 동양의 거리를 확실하게 단축시켜준 경이로운 다음 단계의 기술 발전은 수에즈 운하 건설이었다. 1820년대까지도 영국에 있는 사람이 인도에 있는 누군가에게 편지를 보내면 도착할 때까지 5~8개월이 걸렸으며, 인도양에 부는 계절풍 때문에 답장이 오려면 2년을 기다려야 할 때도 흔했다. 1830년대에 증

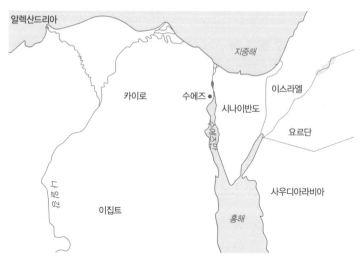

길이 193킬로미터에 달하는 수에즈 운하 지도. 이집트 동북부에 있는, 지중해와 홍해를 연결하는 수평식 운하다.

기선이 투입되면서 사람과 물자의 운송은 범선으로만 항해할 때보다 빨라졌지만 여전히 사람들이 원하는 만큼 빨라진 것은 아니었다. 1850년대에 런던에서 인도로 보낸 편지가 도착할 때까지의 전형적인 통로는 다음과 같았다. 우선 프랑스를 기차로 통과하여 프랑스 남쪽 항구에서 알렉산드리아까지 증기선으로 가서 거기서 카이로로, 그리고 홍해 연안의 수에즈로, 거기서 다시 증기선을 이용하여 뭄바이나 콜카타(캘커타)로 가는 경로였다. 카이로에서 수에즈까지의 약 130킬로미터 구간은 낙타를 사용했다. 이 항로는 다른 면에서는 어렵지 않지만 이집트 통과가 관건이었다. 여행객들은 열흘 정도 사막을 통과해야 했고 사막에서 밤을 보내야 했다. 한편 증기선에 필요한 석

192

탄은 전부 낙타로 옮겨야 했는데 카이로에서 수에즈까지 수백 마리의 낙타가 동원되었다. 우편이 런던 출발 후 이 경로를 통해 인도에 도착하는 데 총 30~45일이 걸렸고 답장을 받기까지는 그 2배인 2~3개월이 걸렸다. 물론 1820년대보다는 대단한 발전이었지만 점점 급박하게 돌아가는 세계정세와 경제를 생각할 때 너무 느린 게 사실이었다.

증기선이 홍해 항로를 운항하게 되자 수에즈 운하의 필요성이 명백해졌다. 실상 운하를 파려는 욕구는 오래전부터 있었다. 나폴레옹도 1797~1798년에 이집트를 침공할 때 운하의 가능성을 타진했지만 그 당시에는 과학적 지식이 부족했다. 1846~1847년에 프랑스 과학자들은 본격적으로 홍해를 탐사해서, 홍해와 지중해가 같은 높이이며 그사이에는 평평한 모래 언덕과 소택지가 있어서 운하를 파는 데 공학적으로 별 문제가 없다는 사실을 밝혀냈다.[7]

이제 정치적 문제만 해결되면 운하 건설은 가능해 보였다. 그러나 이집트 총독 알리는 운하 건설에 미지근한 태도를 보였고 영국 정부도 우호적이지 않았다. 프랑스 정부의 지지 아래 프랑스 사람이 총괄하여 운하를 건설한다는 사실만으로도 반대해야 할 명분은 충분했다. 물론 영국 기업인들은 모두 열렬히 찬성했다. 1859년에 드디어 운하 건설이 시작되었다. 공사가 거의 끝나갈 무렵에는 오토만제국이 반대 입장을 거두고 영국 정부도 태도를 바꿔 운하를 중립화하여 안전하게 만드는 일에 외교적으로 노력하게 되었다.

10년 뒤인 1869년에 드디어 완공된 수에즈 운하는 유럽에서 아시아까지의 거리를 극적으로 경감시켰다. 아이러니는 수에즈 운하가 프랑스의 돈과 이집트의 노동력으로 건설되었지만 주로 영국인들의 이익에 봉사했다는 사실이다. 요금을 내고 운하를 통과한 최초의 선박은 영국 선적이었으며, 운하를 사용한 배들의 4분의 3이 영국 선박이었다.

운하의 효과는 처음에는 그다지 대단치 않은 것처럼 보였다. 그러나 1875년경이 되면 그 중요성은 영국인들에게 뚜렷했다. 처음에는 운하를 사용할 충분한 수의 증기선이 없었지만 1882년에 이르면 수용할 수 있는 양을 다 채우게 되었다. 운하는 영국의 수요를 소화하기에 너무 좁았고 몇 차례에 걸쳐 더 깊어지고 더 넓어졌다. 운하를 통과한 영국 선적은 1870년에는 30만 톤 미만이었지만 1875년에 200만 톤, 1880년에 350만 톤, 1890년에는 530만 톤에 이르렀다. 1890년대에 수에즈 운하를 지나는 선박 매 1,000톤 가운데 700톤이 영국 선박인 데 반해 독일은 95톤, 프랑스는 63톤에 불과했다. 시간이 지남에 따라 영국이 차지한 몫은 축소되었지만 1930년대까지 반 이하로 떨어지지 않았다.

수에즈 운하는 거리와 시간과 비용을 크게 축소시켰을 뿐 아니라 세계 무역에도 기여했다. 덧붙여 운하는 해양 기술과 해운 조직의 발달도 유도했다. 1890~1914년 동안 영국은 전

수에즈 운하로 단축된 시간[8]

노선	희망봉 경유	운하 경유	단축된 시간
런던↔뭄바이	19,775km	11,619km	41%
런던↔콜카타	22,039km	14,970km	32%
런던↔홍콩	24,409km	18,148km	26%
런던↔시드니	23,502km	22,493km	4%

세계 배들의 3분의 2를 건조했는데 수에즈 운하의 개통은 해
운업의 발달을 자극하여 1896~1897년 일 년 동안에 1,000척
의 새로운 배가 진수되었다. 19세기를 통해 매 순간, 대양에서
영국 배는 20만 명의 승객들과 선원들을 나르고 있었고 대양
을 누비는 상선의 반 이상이 영국 국적이었다. 특히 수에즈 운
하의 개통이 이를 도왔다. 1875년에 영국이 수에즈 운하를 이
용만 하는 게 아니라 본격적으로 주식을 확보하여 통제할 수
있는 기회가 왔다. 이집트 총독이 파산하면서 그가 소유한 운
하 주식을 사들일 수 있는 기회가 생긴 것이다. 당시 보수당
정부의 디즈레일리 수상이 재빨리 행동에 나섰다. 주식 매입
에 필요한 자본은 친구인 로스차일드 남작(Lionel Rothschild,
1808~1879)에게서 빌렸다. 디즈레일리의 비서가 인용한 두 사
람의 대화는 다음과 같았다.

로스차일드: 언제까지 필요합니까?

디즈레일리: 내일까지.

로스차일드: 담보가 무언가요?

디즈레일리: 영국 정부요.

로스차일드: 준비하겠습니다.[9]

그렇게 하여 영국 정부는 수에즈 운하 회사 주식의 48퍼센트를 소유하게 되었다. 그러나 프랑스가 더 많은 주도권을 가졌기에 갈등이 상존했다. 영국의 가장 중요한 식민지인 인도의 위상도 운하의 개통과 더불어 변했는데, 실제로 수에즈 운하는 인도의 연장이었다. 이제 운하의 방어가 이집트에 주둔한 영국 수비대의 임무가 되었다. 수에즈 운하를 통해서 군대가 한 달 만에 영국에서 인도로 갈 수 있게 되었고 제국 방어의 전체 틀이 바뀌었다.

전보와 해저 전신,
새로운 네트워크 시대를 열다

19세기에 교통 통신의 연락망이 발전하기 전까지 영국인들이 지배하려던 제국은 사실 사용 가능한 인력에 비해 너무 크고 다양했다. 통신 수단이 발달하지 않은 상태에서 식민지의 효과적인 통치는 불가능한 일이었다. 18세기에 수상 월폴은 동인도회사는 "명령을 보내는 데 일 년이 걸리는 나라를 지배하려고 시도하고 있다"고 평한 바 있다.[10] 그러던 것이 근대적 통신, 특히 전보의 영향으로 식민지 관리들을 통제 아래 두는 것이 가능해졌다. 1837년 전보의 발명을 필두로 하여 1850~1860년 대에 가능해진 해저 전신망, 전화의 발명(1876) 등 일련의 통신 혁명은 영제국의 서로 떨어져 있는 지역들을 연결시켜주었을 뿐 아니라 영국의 상업과 금융력을 더욱 강화시켜주었다.

19세기까지 제국의 우편 제도는 원시적이고 비용이 많이 들었다. 우편물은 여객선에 의해 운송되었는데 급한 정부 공문서는 해군에 의해 전달되기도 했지만 그 속도는 무척 느렸다. 증기선이 개발되면서 정기 운송이 가능해지자 제국의 방방곡곡을 통과하는 우편물 양이 급증했다. 1873년이 되면 남아프리카 케이프타운에서 영국 남단의 사우스햄튼 사이에 30만 종의 우편물이 배편으로 우송되었으며, 1900년대 초에는 그 숫자가 890만 종으로 증가했다. 인도에만 영국보다 많은 2만 4,000개의 우체국이 건설되었다. 그러나 증기선이 우편물 운송을 떠맡고 난 후에도 영국-인도 간의 우편은 오래 걸렸다. 인도에 일단 도착하면 내륙 운송은 이전이나 마찬가지로 느리기 짝이 없었던 것이다. 전보가 발명되었을 때 사람들이 환호성을 지른 것은 당연했다.

전보는 '전기를 인간에게 봉사하게 만든 최초의 발명품'이라는 평을 받는다. 전보는 과학과 기술이 대단히 밀접하게 연결되어 있는 분야였다. 전보 체제는 두 부문으로 구성되었는데 주로 해저 케이블을 통한 대륙 간 연결과 내륙에서의 연결이었다. 육상 전신은 해저 전신이 발명되기 20년 전에 이미 세상에 모습을 드러냈다. 그러나 물속을 통과하는 전신은 아직 기술력이 부족했다. 1860년대까지 대양의 깊이는 알려지지 않았고 수천 킬로미터 거리의 전기 파장 송신에 관한 물리학은 초기 단계에 있었다. 전기 파장 송신에 관한 물리학이 이해되고 나서야 전보는 진정으로 기능할 수 있게 되었다.[11]

19세기에 개발된 모든 경이로운 업적 가운데 해저 전신만큼 이 세계를 명백하게 축소시킨 것은 없었다. 물론 나중에는 무선 전신이라는 또 다른 놀라운 발명품이 도입되었지만 그것이 출현하기 전까지 해저 전신은 경이 그 자체였다. 영국 해협을 건너는 최초의 해저 케이블이 1850년에 놓였고, 아일랜드가 3년 후에 해저 케이블에 의해 연결되었으며, 인도로의 해저 케이블은 1870년에 성공적으로 설치되었다. 최초의 해저 케이블은 절연체로 알려진 구타페르카 나무 수지를 입힌 단선 구리선으로 만들어졌는데 설치 후 곧바로 어부의 닻에 부러지고 말았다. 다음 해에 두 번째로 놓인 해저 케이블은 구타페르카 나무 수지를 입히고 철로 분리를 한 후 아마를 씌워서 마지막으로 역청을 입힌 구리선 4줄로 이뤄졌는데 이것이 그 후 계속 사용되었다. 가장 어려운 문제는 케이블이 빠른 속도로 닳는다는 사실이었다. 1858년에 대서양 관통 케이블에 의해 빅토리아 여왕이 미국의 뷰캐넌 대통령과 메시지를 주고받았는

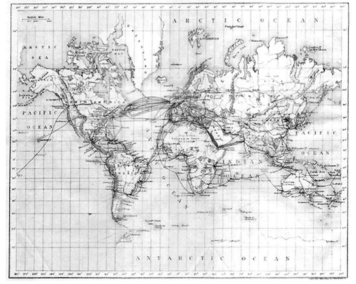

19세기 말 해저 케이블 지도. 붉은 선은 세계로 연결되는 전신 네트워크를 나타낸다.

데 석 달 후에 작동이 중단되었다. 1861년에 이 세상에는 1만 7,700킬로미터의 케이블이 깔려 있었지만 4,800킬로미터만 작동했다. 그만큼 해저 케이블은 숙달하기 어려운 기술이었다.[12]

해저 전신이 개발되면서 전보는 한 단계 격상되었지만 현실적으로 여전히 많은 어려움에 봉착하고 있었다. 긴 거리에 노출되었을 때 일어날 수 있는 사고들이 빈번했다. 예를 들어 구리선이 도난당했을 뿐 아니라 전보가 전달되는 경로에서 몇 차례 송수신을 거칠 때마다 영어가 완벽하지 않은 터키나 페르시아인 직원들 때문에 잘못과 곡해 등이 일어나곤 했다. 결과적으로 영국과 인도 사이의 전보는 보통 일주일이 걸렸고 때로는 한

달 이상 걸리기도 했다. 그러나 전보는 빠르게 개선되었다.

내륙에서의 전신 연결망을 보면, 1854년에 인도의 아그라로부터 1,300킬로미터 떨어진 콜카타가 연결된 것을 시작으로 다음 10년 동안 인도 아대륙의 거의 모든 지역이 연결되었다. 1870년대가 되면 전보가 런던에서 인도에 도착하는 데 5시간밖에 걸리지 않았고 답도 그날로 받아볼 수 있었다. 이제 영국과 인도의 거리는 한줌으로 축소되었고, 중심부는 쉽게 제국을 통제할 수 있게 되었다. 정치적 통제만이 아니라 무역과 금융에서도 점차 중앙으로부터의 통제가 강화되었다.

인도가 이처럼 첨단의 전신망으로 통일된 데는 총독 댈후지(Marquess of Dalhousie, 재임 1848~1856)의 신념이 크게 작용했다. 전보가 제국 확장과 통치의 관건이라고 확신한 댈후지는 1853년부터 전신망 설치 공사를 했다. 콜카타와 뭄바이 사이에 열흘이 걸리던 정부 지침은 이제 전보에 의해 하루 안에 전달되었다. 세포이 반란이 일어나자 실제로 전보의 위력이 증명되었다. 반란군은 수적으로는 충분했고 무장도 잘 갖추었지만 통신망이 엉망이었다. 펀자브의 판무관 존 로렌스는 "전보가 인도를 살렸다"고 부르짖었다고 한다.[13] 세포이 반란 후에 전보망은 계속 확산되었는데, 영국 지배자들의 군사적·정치적 필요에 더하여 인도인들의 개인적이고 기업적인 필요 때문이다.

1870년대까지 전신망은 주로 상업적·개인적 용도로 사용되었지만 1880년 이후 새로운 시대가 도래했다. 해군성, 육군성, 식민성, 외무성이 저마다 전신망을 제국 전체로 확대시킬 것을 원했다. 이제 전신망은 경제적 가치보다 정치적 이유로 설치되었다. 1892년이 되면 식민성은 매년 3,500건의 전보를 수신했고 1900년에는 그 숫자가 1만 건으로 증가했다. 1902년에 영국, 캐나다, 뉴질랜드, 오스트레일리아를 잇는 전신망이 완성되자 영제국은 드디어 전신망에 의해 완전히 통합되었다. 영제국을 관통하는 전신망 위에서 태양은 결코 지지 않았다.

통신 시설은 몇 달 걸리던 정보를 며칠, 몇 시간 내에 교환하게 만들었다. 전보는 평화 시에는 사업을 위해 사용되었고 위기 시에는 외교적 노력을 위해 쓰였다. 통신망 덕분에 영국은 모든 식민지, 해군 기지, 동맹국들, 중립국들과 교신할 수 있게 되었고 그것이 영제국을 더욱 강력하게 만들었다. 전신망은 제국주의적 팽창에 결정적인 요소가 되었을 뿐 아니라 세계 경제의 성장에도 공헌을 했다. 영국이 제국 내 노동 분업을 구상하고 제국과 세계 경제의 중심 역할을 하도록 만들어준 것도 영국의 정보 통신망이었다. 그러나 이처럼 막강하던 영국의 통신망은 2차 세계대전경이 되면 미국에게 추적당하게 된다.

특히 전보는 '빅토리아 시대의 인터넷'을 창조해냈다는 식의 인상을 주고 있다. 그러나 19세기 전보 사용의 비용을 오늘날 인터넷 사용료에 비교할 수는 없다. 해저 통신망을 사용한 전보는 주로 대규모 민간 기업에 의해 개발되고 운영되었기 때문에 사용료가 무척 비쌌다. 예를 들어 영국과 오스트레일리아 사이의 전보망은 한 회사가 1902년까지 독점했는데, 워낙 비싸서 전보 사용은 제한적이었다. 따라서 전보의 발명을 오늘날의 인터넷 발명과 마찬가지로 평가하는 것은 옳지 못하다는 의견이 있다. 1924년에 무선 전신에 의한 전보가 도래하면서 드디어 제국을 망라하는 진정한 언론 체계가 생겼다고 할 수 있다. 이제 오스트리아에서 벌어진 일에 대해 캐나다인들이 코멘트한다든지 하는 일이 가능해졌을 뿐 아니라 빈번해졌고, 대중 매체는 제국적 공동체를 만드는 데 중요한 역할을 했다.[14]

전 세계 철도망은 1860년에 10만 6,217킬로미터에서 1910년에는 74만 8,345킬로미터로 급팽창했고, 전신망은 1872년 1만 2,875킬로미터에서 1922년에 52만 3,037킬로미터로 40배 이상 증가했다.[15] 놀라운 것은 전 세계에 구축된 이 모든 교통 통신망이 전부 영국인들에 의해 부설되었다는 사실이다. 특히 토목 기사들civil engineers의 공헌이 컸다. 전 지구상에서 영국인들은 케이블을 놓거나 유지하느라 바빴다. 영제국 내 모든 곳에서 그 지역 케이블 관리자는 중요한 사회 인사였다. 그러나 케이블 유지가 쉽지는 않았는데 예를 들어 원주민들이 절연체를 훔쳐가는 일도 흔했기 때문이다.

당대인들은 영제국의 특징을 무엇보다 교통 통신망에서 찾았다. 어떤 프랑스인은 로마인들과 마찬가지로 영국인들은 연락망에 엄청난 관심을 기울인다고 관찰했다. 그가 보기에 영국 식민 통치 방법의 '천재성'은 행정만큼이나 '공학기술'에 놓여 있었다.[16] 영국 하원 의원도 다음과 같이 정보 통신망을 예찬했다.

그리스제국, 로마제국, 스페인제국, 나폴레옹제국이 지금 어디 있습니까? 영제국으로 하여금 이들의 운명을 되풀이하지 않게 만드는 것은 무엇인가요? 나는 우리 여왕 폐하의 제국은 우편과 전보망 덕분에 예전 제국들이 결여하고 있던 일관성을 가지게 되었다고 감히 말하겠습니다.[17]

프랑스의 경제학자 슈발리에(Michel Chevalier, 1806~1879)도 영국의 성취를 칭송했다. 청나라보다 비교도 안 될 정도로 작은 크기의 영국이 거대한 청 왕조 전체보다 더 많은 기계와 도로와 운하를 가지고 있으며 더 많은 철을 생산하고 소비한다며, 중국 문명에 비교해 유럽 문명에 대한 자부심을 드러냈던 것이다. 영국의 저명한 해부학자인 녹스(Robert Knox, 1793~1862)는 그보다 더 단순하고 무차별적인 비교를 제시했다. 즉 단 한 명의 영국 공학자가 중국학자들의 지식을 모두 합친 것보다 더 많은 실용적 지식을 가지고 있다고 자랑했던 것이다.[18]

기술로 식민지를

개발하다

유럽인들이 최고의 통치자이며 아시아·아프리카 사회를 변화시킬 개혁가라는 주장을 뒷받침해주는 강력한 증거는 유럽의 과학기술이었다. 정치적·종교적으로 유럽이 위대하며 우월하다는 주장은 얼마든지 반박될 수 있었다. 그러나 유럽인들이 더 훌륭한 기계와 무기를 더 많이 만들 수 있고 그들이 그 어떤 문명보다도 물질세계를 월등하게 잘 이해하고 있다는 데는 의문의 여지가 없었다. 19세기 중반에 이르면 유럽인들은 인간은 자연을 정복할 운명을 타고났으며 기술을 가지고 세상을 재창조해야 한다는 사명감에 불탔다. 특히 당시 최첨단 과학기술을 주도하던 영국인들은 그 사명감을 가장 강하게 느꼈다. 저명한 문필가인 칼라일(Thomas Carlyle, 1795~1881)은 미답의 자원을 발견하고 이용할 필요성을 '도덕적 의무'로 정의했다.

> 유럽의 서쪽 외진 구석은 인구 과밀로 시달리고 있는데 지구의 10분의 9는 아직도 비어 있거나 유목민들이 거주할 뿐이다. 대지는 이렇게 소리친다. "어서 와서 나를 경작하라. 와서 나를 수확하라."[19]

식민성 장관(1895~1903)을 역임한 체임벌린도 "우리는 거대한 토지의 지주들이고, 지주는 자신의 영지를 개발할 의무가 있다"고 천명했다.[20] 영국 식민지들은 영국인들이 도입한 과학기술적 혁신으로 큰 변화를 경험했는데 특히 식민지 가운데 가장 중요했던 인도가 그러했다. 영국 통치하 인도에서는 경작지를 늘리고 고질적인 가뭄을 없애기 위한 관개 시설을 포함하여 대규모 공공사업이 추진되었다. 그것은 영국인들이 인도를 영국화하기로 맘먹은 1820년대부터 본격화되었다.

1820~1830년대에 벵골 총독과 인도 총독을 역임한 벤팅크(William Bentinck, 1774~1839)는 인도 문명과의 싸움을 전개하여 인도의 영국화에 결정적으로 기여했다. 미망인 화형 습관을 금지하는 등 인도의 경제적·사회적 조건을 서구식으로 개선하려 시도한 사람도 벤팅크였다. 사회 개혁과 함께 그가 심혈을 기울인 사업은 사회 기반 시설의 확충이었다. 벤팅크는 창의적인 토목 공사 계획을 세워 대 간선 도로Grand Trunk Road 건설에 착수했는데, 그것은 훗날 후임자인 댈후지 총독 시절에 완성되어 아대륙을 가로질러 콜카타와 델리를 연결했다. 벤팅크의 명령에 따라 그 간선 도로는 모든 지점의 높이가 최고 홍수 수위보다 0.5미터 높게, 그리고 포장된 표면 양쪽에는 처음부터 끝까지 18미터의 간격을 두고 대규모 조림지가 세워지도록 설계되었다. 영국에 돌아온 후에 벤팅크는 하원에서 홍해를 거쳐 인도로 가는 증기선에 의한 교통망을 설립하는 방법을 연구하기 위한 특별위원회를 구성하도록 발의한 후 그 특별위원회 위원장이 되어 증기선 개선에 열성을 기울였다.[21]

그러나 1850년대에 인도 총독을 지낸 댈후지 후작만큼 영국 기술력을 이용하여 인도를 개혁시키려 노력한 사람은 없었다. 1848년에 인도로 부임한 댈후지는 일단의 토목 기사들을 데려왔다. 그전에는 군대가 모든 중노동을 담당했었다. 댈후지가 초기에 한 일들 가운데 하나는 공공 토목 사업 부서를 만든 것이었다. 댈후지는 철도, 전신, 통합적 우편 체계가 인도의 사회 개혁을 이끌고 사회적 변화와 번영을 이끌 핵심 요소라고 공언했다. 그는 철도와 도로와 교량과 운하를 건설하고 우편 제도와 전신 시설을 개설하고 정비했으며, 군대와 경찰을 확충하여 아대륙 전체를 전보다 훨씬 더 긴밀한 통일체로 만들었다.

댈후지가 인도에 머문 6년 동안 200개 이상의 철도 노선을 건설하고 6,437킬로미터에 이르는 전선줄이 설치되었으며, 벤팅크가 시작한 대 간선 도로가 완성되면서 도로 건설에서도 대약진이 나타났다. 그 과정에서 댈후지는 철도 부설 때문에 파괴될 위기에 처했던 타지마할 궁전의 일부를 구해내고 타지마할의 뜰을 관통할 예정이었던 다리 건설을 금지하는 조치를 취하기도 했다. 댈후지가 철도 건설을 지지한 이유는 우선적으로는 전략적 고려였지만 인도 대중에게 돌아가는 공익을 고려한 것이기도 했다. 가장 급한 것은 기근을 예방하는 일이었다. 다음으로 댈후지는 철도가 도달하는 지역들에서 더 수익성 있는 작물을 재배하여 내부적으로 교역하고 해외로 수출함으로써 인도인들의 경제적 조건을 향상시키려는 목표를 가지

영국 기술력을 이용해 인도의 영국화에 결정적으로 기여한 벤팅크(왼쪽)와 댈후지(오른쪽).

고 있었다.

　인도 철도 부설은 1850년에 시작되어 대륙 횡단망이 뭄바이와 델리를 거쳐 콜카타까지 연결되었다. 그것은 대단한 기술적 성공이었다. 인도 철도는 일 년에 20만 명의 남자, 여자, 아이들이 고용되어 부설되었는데 안타깝게도 상당수가 사고나 질병으로 사망했다. 철도망이 깔리자 인도 기업인들이 그 철도를 이용했고 간디도 철도를 애용한 사람들 가운데 한 명이었다. 역설적이게도 댈후지의 정책이 성공했는지 여부를 가늠할 수 있는 가장 두드러진 사건은 그가 떠난 지 수개월 후에 일어난 세포이 반란이었다. 사실상 그가 재촉한 사태라고도 할 수 있는 이 사건은 댈후지의 기술 혁신이 가져온 당혹스러운 변화에 제동을 걸기 위한 토착 엘리트와 힌두교 사제들의 반발이었다는 데 거의 모든 역사가는 의견을 같이했다.

　사람들의 유례없는 이동 외에도 철도는 기근 시 식량 이동을 가능하게 하여 국지적 기근을 감소하게 해주었다. 1877년에 기근이 남인도를 강타했을 때 4개의 철도 노선들이 매일 식량을 남인도로 운반했고 결국 700만 명을 살려냈다. 철도는 이전 교통수단보다 10배나 많은 식량을 운반할 수 있었다. 철도가 군사적으로 대단히 효율적인 도구였음은 명백했다. 콜카타에서 페샤와르로 행군하는 데 6개월을 소요했던 군대는 이제 며칠 안에 이동이 가능해졌다. 1878년 아프간 군사 작전을 다룬 보고서는 2,500마리의 낙타들이 2주간 이동했던 거리를 기차가 하루 16시간의 운행으로 주파할 수 있었음을 지적했다.[22]

　인도만이 아니라 아프리카에서도 인상적인 철도 건설이 추진되었다. 아프리카 철도는 특히 전략적 차원에서 효과를 입증했다. 군대 이동에 철도를 사용한 가장 인상적인 사례는 1880년대에 수단의 마디스트* 정부에 대항하는 영국 원정군을 수송하기 위해 누비아 사막을 가로질러 건설된 약 643킬로미터 길이의 철도일 것이다.

　철도가 끼친 사회적 영향은 대단했다. 철도는 직접적으로

---

* 이슬람 신비주의자인 알 마디의 추종자들을 가리키는 말. 마디스트들은 수단에서 이집트인들을 축출하고 움두르만을 수도로 국가를 이루었다.

새로운 일자리를 제공해주었는데 1920년대쯤 70만 명의 직원을 보유하고 있었다. 뿐만 아니라 철도는 다른 산업의 성장을 자극해서 새로운 고용을 창출했다. 인도에 철도가 없었다면 강철 생산부터 경공업까지 19세기 말에 인도가 보여준 비약적인 산업 발달이 불가능했을 것이다. 산업 발달 덕분에 인도는 1920년대에 이르면 세계에서 주도적인 8대 산업국 가운데 하나가 되었다. 세포이 반란에서 가장 쓰라린 격전지였던 칸푸르는 몇 년 만에 번영하는 산업 도시로 바뀌었다.[23] 기차는 이처럼 물리적으로 국가를 통일시키고 인도 내부 경제를 통합했다. 많은 사람은 그에 덧붙여 기차가 카스트 제도의 붕괴를 가속화시킬 것을 희망했다. 즉 브라만이라 할지라도 기차에서는 낮은 계급의 농부와 노동자와 팔꿈치를 맞대지 않을 수 없을 것이고 따라서 오염된다는 생각을 떨치고 서로 다른 계급 구성원들 사이의 사회적 교류를 촉진할 수 있을 것으로 기대했다.[24]

철도와 더불어 인도에서 진척된 또 하나의 거대한 사업은 관개 시설이었다. 인도에서 영국인들이 건설한 관개 시설은 총 6만 4,374킬로미터에 이르렀고 809만 3,713헥타르를 포괄했는데, 그것은 인류 역사상 최대 규모의 관개 시설이었다. 1830년대 말에 동인도회사가 관개 시설을 계획했을 때 그 동기는 인도주의적 차원에서만이 아니라 세금 감소라는 현실적 문제에 대한 고려이기도 했다. 영국인들은 갠지스강의 많은 부분을 운하로 만들었다. 그 운하는 1890년경에 이르면 하르드와르와

알라하바드 사이에 놓인 644킬로미터에 이르는 광대한 지역에 물을 공급했는데, 그곳은 몬순이 가져오는 홍수 직후를 제외하고는 사막과도 같은 메마른 지방이었다. 1900년대 초가 되면 유사한 수로들이 인도 전역에 생겨났다. 정부는 다양한 유인책을 사용하여 인구 과잉 지역에서 새롭게 관개 시설이 건설된 지역으로 사람들을 이주시켰다. 가장 성공적인 사업은 편자브 지역에서 이뤄졌는데, 그곳에는 44만 5,000헥타르의 땅에 관개 시설이 설치되고 난 다음 8,000명에 불과하던 거주민은 80만 명으로 늘어났다.

1878년에는 정부가 건설한 관개 시설을 통해 425헥타르의 땅에 물이 공급되었고 1900년에는 780만 헥타르, 1919~1920년에는 1,130만 헥타르에 물이 공급되었다. 이 1,130만 헥타르라는 숫자는 인도 전체 경작지의 11퍼센트에 해당했다. 그 외 또 다른 11퍼센트의 경작지는 민간 개발업자에 의해 우물, 물탱크, 운하 등을 통해 물을 사용할 수 있었다. 1942년이 되면 인도 전역에서 관개된 토지는 2,380만 헥타르, 경작되는 곡물은 일 년에 1,600만 파운드에 이르렀으며 운하 비용의 5배의 수익을 내고 있었다.[25]

영국인 관리들은 처음에는 관개 시설에 별로 끌리지 않았다. 일 년 내내 비가 오는 영국에 살던 사람들이라 인도 같은 곳에서 관개 시설이 의미하는 바를 이해하지 못했던 것이다. 그들은 오히려 철도 부설에 집중했다. 그러나 1930년대가 되면 관개 시설에 사용하는 비용이 철도에 들어가는 비용을 따라잡게 되었다. 궁극적으로 독립 후까지를 생각해볼 때 인도 정부에게는 관개 시설이 더 나은 투자였다고 결론내릴 수 있다. 무굴제국 아래에서 전체 경작지에 5퍼센트에 불과하던 관개 시설은 영국 통치 말인 1944년경에 인도 총 토지의 25퍼센트에서 실현되었다.[26]

관개 시설은 비가 연중 적절한 규모로 오는 영국에서는 필요 없었기 때문에 주로 식민지에서 개발되고 적용된 기술이었고, 그 기술은 식민지에서 식민지로 이전되었다. 인도에서 개발된 관개 시설은 영제국의 다른 지역으로 퍼져 나갔다. 이집트에서 영국인들은 기존 관개 시설을 전부 개조하여 이집트 역사상 최초로 영구적인 관개 시설을 만들었다. 물론 영국인들의 동기가 이타적인 것은 아니었다. 영국인들은 랭커셔 면직물 공업을 위해 이집트에서 생산되는 면화를 필요로 했던 것이다. 그러나 영국인들이 추진한 관개 사업은 이집트 농민들을 토착 지배자와 대부업자들로부터 구제해주는 효과를 낳았다.[27]

과학기술은 중심부를 강력하게 만들었지만 동시에 어느 정도는 주변부에도 힘을 실어주었다. 철도와 전보는 제국 지배자들과 병사들의 메시지를 더 빨리 전달함으로써 제국을 밀접하게 연결시켜주었다. 그러나 동시에 제국을 불안하게 만들기도 했다. 과학기술상의 발명품들은 유럽인들의 독점으로 남아 있지 않았다. 서양의 무기가 널리 확산되었고 식민지 민족 운동은 그렇게 획득한 무기를 사용했다. 궁극적으로 서양인들이 가르쳐준 지식, 의술, 증기선들을 식민지 종속민들도 사용하게 되었고, 양측의 기술은 점점 더 비슷해졌으며, 그 차이는 단지 양적인 차이가 되었다.[28]

장기적으로 가장 중요한 결과는 과학기술의 발달이 종속 민들의 전망과 희망을 부추기는 결과를 가져왔다는 것이다. 기차는 인도 사람들에게 그들 나라의 규모를 처음 직접 눈으로 보게 만들어주었다. 인도가 완전히 철도망으로 연결되었을 때 인도를 가로지르는 여행은 일주일 정도 걸렸다. 인도는 거대한 땅이었고 인도인들은 처음으로 자신의 땅을 직접 체험할 수 있었다. 철도는 단순히 기술적인 발명품이 아니었다. 그것은 경제적·정치적·문화적·사회적 측면에서 국민 통합에 크게 기여했을 뿐 아니라 인간이 시공간에 대해 갖는 관계에 대해서도 다시 생각하게 만들었다. 인도 고위 행정관인 W. A. 로저스는 1870년대 말엽에 기차가 인도인들에 끼친 근본적인 영향력에 대하여 다음과 같은 통찰을 남겼다.

철도는 여러 방식으로 자신 안에 갇혀 있던 사람들의 눈을 뜨게 해주었다. 철도는 시간이 돈만큼 값나가는 것임을 가르치고, 그들이 대수롭지 않게 여기고 허송하는 시간을 경제적으로 쓰도록 권유한다. 속도가 곧 시간이며 … 지금까지 그들에게 전부였

던 작은 마을이나 촌락의 좁은 한계를 벗어나 배울 것이 무궁무진함을 보여준다.[29]

영국의 저명한 문필가인 에드윈 아놀드(Edwin Arnold, 1832~1904)는 1860년대 초에 이미 철도가 무슨 일을 할 수 있을지를 예견했다. 즉 철도는 인도의 역대 왕조들이 결코 하지 못했던 일들을 할 수 있을 것이었다. 그것은 천재적인 아크바르 대제의 통치와 세포이 반란에서 악명을 떨친 잔인한 사히브(Nana Sahib, 1824~1859)의 폭력도 하지 못했던 일인데, 바로 인도를 '하나의 민족'으로 만드는 일이다. 그러나 "인도가 하나의 민족이 될 때 영국은 인도를 떠나야 할 것"이라고 아놀드는 단언했다.[30] 영국에게도, 미국에게도 철도는 국민 통합과 경제 성장에 박차를 가한 가장 효과적인 수단이었지만, 식민지에서 그것은 더욱 강렬한 충격으로 다가왔던 것이다.

해저 전신과 전보를 포함한 통신 시설이 발달하기 전에 식민지의 효율적인 통치는 불가능했다. 제국주의에 관한 대부분의 연구들은 일단 유럽인들이 영향력을 퍼뜨릴 것을 원하기만 하면 실제로 그렇게 할 수 있었다고 가정한다. 그러나 실제 상황은 그렇지 않았다. 과학기술의 발달 없이 제국주의의 실천은 제한적일 수밖에 없었는데, 영국의 산업혁명이 제국주의를 실천 가능하게 해주었던 것이다. 철도를 포함한 과학기술은 제국의 중심부를 넘어 주변부에 확산되었고 제국의 신민 모두의 삶을 변화시켰다. 그다음 단계는 종속민들의 깨달음과 각성이었다. '하나의 국민'으로 통합된 식민지인들이 다음 단계에서 무엇을 원할 것인지는 명백했다. 아놀드의 예견은 머지않아 인도에서 실현될 것이었다.

6장
왕관의 보석, 인도

1600년에 엘리자베스 1세가 인도와의 무역 독점을 허락하는 특허장을 동인도회사에 주었을 때 영국과 인도의 공식 관계가 시작되었다. 처음에 영국인들은 인도를 상업적 대상으로만 간주했지만 점차 군사적 중요성을 깨달았다. 인도는 특히 나폴레옹전쟁 후 프랑스의 뒤를 이어 부상하던 러시아에 대응하기 위한 도약판으로 중요성을 인정받게 되었다. 무엇보다 인도는 그 자체가 제국이었고 '왕관의 보석'이었다. 인도가 없는 영제국은 제국이 아니었다. 그만큼 중요한 식민지였지만 영국의 인도 통치는 한계가 있었다.

영국은 처음에는 인도 문화와 관습을 존중하는 정책을 취하다가 19세기 초부터 인도를 영국화하려고 시도했다. 그에 대

1780년에 완공되어 동인도회사의 직원을 위한 숙소로 사용되던, 콜카타에 위치한 라이터스 빌딩.

한 저항으로 1857년에는 인도인 용병들의 반란이 발발했다. 영국화 정책은 포기되었지만 1880년대에는 독립을 향한 인도인들의 정치적 첫걸음이라 할 수 있는 인도 국민회의Indian National Congress가 탄생했다. 국민회의의 요구는 처음에는 완전 독립이 아니라 캐나다나 오스트레일리아처럼 영제국 내에서 자치령의 지위를 누리겠다는 온건한 것이었다. 그러나 영국의 완강한 거부에 직면하자 인도 민족 운동 지도자들의 저항도 점차 강경해졌고, 간디가 1915년에 인도에 돌아오면서 민족 운동은 새로운 국면에 돌입했다.

　　인도 근현대사에서 가장 중요한 인물을 든다면 아마 간디와 네루일 것이다. 간디는 인도 독립운동의 지도자였고 네루는 독립 후 나라의 기초를 닦은 인물이다. 두 사람은 뚜렷한 차이점을 보였다. 간디는 서양 문명을 근본적으로 부정하고 인도 문명을 되찾으려 한 데 반해 네루는 서양 문명의 이기利器를 인정하고 이용하여 인도를 근대화시키고자 했다. 이 두 지도자들은 인도인들이 영국에 대하여 가지고 있던 양가적 태도와 갈등을 잘 보여준다.

인도 땅에
첫발을 내딛다

12세기 말 투르크어를 말하는 무슬림들이 북쪽에서 내려와 아대륙*을 침입한 후 번성하는 델리 주변에 정착했을 때, 그곳에 존재하던 수많은 힌두인의 나라들은 처음 이방인의 점령을 경험했다. 그 후 북쪽으로부터 여러 전사 집단이 침입하던 끝에 1526년에 바부르(Babur, 재위 1526~1530)가 황제를 칭하면서 무굴제국이 확립되었다. 바부르는 부계로는 투르크인 티무르 대제를, 모계로는 칭기즈 칸을 자신의 조상으로 지명했다. 바부

---

* 인도는 보통 아대륙sub-continent으로 불리는데, 특히 인도라는 단일 명칭을 사용하기 어려운 시기를 언급할 때 아대륙이라는 개념이 많이 사용된다.

르 이후의 무굴 황제들은 강력한 통치권을 구사했지만 드넓은 아대륙 전부를 지배할 수는 없었다. 그중 아크바르가 가장 강력했는데 그는 정복을 통해 제국 영역을 아대륙의 4분의 3으로 확장하고 효율적인 관료제를 정립했다. 아크바르의 놀라운 재능 덕분에 힌두인들은 서서히 무굴 통치에 적응해갔다.

한편 잉글랜드에서는 1599년에 일단의 런던 상인들이 동인도로 가는 항해의 자본을 모금하고 엘리자베스 1세에게 독점 특허권을 청했다. 동인도회사는 1600년 말에 특허장을 발부받았지만 막상 인도에서는 무굴 황제의 허가를 받는 데 큰 어려움을 겪었다. 오랜 기다림과 협상, 위협 끝에 드디어 1612년에 회사 건물과 작업장을 포함한 교역소를 수라트에 세울 수 있었다. 1665년, 찰스 2세에게 시집온 포르투갈 공주의 지참금으로 뭄바이가 잉글랜드 손으로 넘어오면서 잉글랜드인들의 활동이 훨씬 편해졌다.

상업을 목적으로 인도에 왔지만 동인도회사는 무굴제국의 쇠퇴로 인한 행정 체계의 붕괴, 무굴 황제에게 복속되지 않았던 인도 토후국들과의 전쟁, 그리고 네덜란드, 프랑스 등 경쟁국들과의 갈등으로 점점 깊숙이 통치의 길로 빠져들게 되었다. 영국이 본격적으로 인도에 제국을 건설하기 시작한 계기는 '18세기의 세계대전'이라 불린 7년전쟁(1756~1763)이었고, 이 전쟁에서 동인도회사 직원인 클라이브(Robert Clive, 1725~1774)가 한 역할 때문이다.

로버트 클라이브는 영국이 인도에 제국을 건설하는 계기를 마련했다.

　가난한 시골 젠트리 집안 출신으로 18세라는 어린 나이에 인도에 도착한 클라이브는 처음 2주간 외로움에 시달려 2번이나 자살 시도를 했던 인물이었다.* 그런 그가 7년전쟁 중 플라시 전투(1757)에서 눈부신 활약으로 인도 내 프랑스 세력을 초토화하여 인도를 명실공히 영국의 식민지로 전환시키고, 자신은 벵골의 실질적 지배자가 되었다. 그러나 동인도회사 직원들의 부패는 갈수록 심해졌고 그런 작태로 인해 인도인들은 물론이고 동인도회사 본사조차 막심한 피해를 입어야 했다. 예를

---

* 클라이브는 영국에 돌아와 작위까지 받았지만 결국 자살로 생을 마감했다.

들어 클라이브는 1760년에 영국으로 돌아올 때 30만 파운드*
가 넘는 재산을 가져왔다. 그것은 동인도회사 직원들에게 사적
거래와 무역을 허용한 당시 제도 덕분이기도 했다. 그런 현상
을 시정하려는 목적으로 영국 정부의 감독제가 1774년부터 시
작되고 뱅골 총독이던 헤이스팅스(Warren Hastings, 1732~1818)
는 부패 혐의로 재판을 받게 되었다. 이것이 인도에서의 영국
정부의 간섭의 시작이었다.

한편 19세기 초까지 동인도회사는 인도의 종교와 관습에
관여하지 않는 정책을 추구했는데 그것은 인도의 고대 문명에
대한 존경심의 표현임과 동시에 귀찮은 일에 엮이지 않으려는
의도이기도 했다. 동인도회사 직원이나 군인들은 초기에는 인
도 풍습을 공부하고 인도어를 익혔으며 현지처를 두는 게 관행
이었다. 예를 들어 스키너 대령은 14명의 부인과 80명의 자녀
를 두었으며, 하이데라바드의 상류층 무슬림 여성과 결혼한 또
다른 영국인은 자식들을 무슬림으로 키우고 영어가 아니라 페
르시아어나 우르두어를 제1언어로 말하도록 허락했다.[1] 그 정
도로 인도 문화를 받아들이는 분위기였다.

그러다가 19세기 초부터 영국 본국에서 정치적·사회적 개
혁이 활발히 진행되면서 그 분위기가 인도 통치에도 반영되어
갔다. 무엇보다 기독교 복음주의와 벤담주의 그리고 유럽 문명

---

* 오늘날의 가치로 2,000억 원이 넘는 금액이다.

서가

서울대 가지 않아도 들을 수 있는 명강의

명강

30

다시 태어난다면, 한국에서 살겠습니까

사회과학 이재열 교수 | 18,000원

**"한강의 기적에서 헬조선까지
잃어버린 사회의 품격을 찾아서"**

한국사회의 어제와 오늘을 살펴
문제점을 진단하고 해결책을 제안한 대중교양서

우리는 왜 타인의 욕망을 욕망하는가

인류학과 이현정 교수 | 17,000원

**"타인 지향적 삶과 이별하는
자기 돌봄의 인류학 수업사"**

한국 사회의 욕망과
개인의 삶의 관계를 분석하다!

내 삶에 예술을 들일 때, 니체

철학과 박찬국 교수 | 16,000원

**"허무의 늪에서 삶의 자극제를
찾는 니체의 철학 수업"**

니체의 예술철학을 흥미롭게, 또 알기 쉽게
풀어내면서 우리의 인생을 바꾸는 삶의
태도에 관한 니체의 가르침을 전달한다.

지금, 서가명강 시리즈로 각

18세기 서티 장면을 그린 그림. 서티는 남편이 죽으면 그 시체와 함께 아내도 산채로 화장하던 인도의 관습으로, 1829년 영국이 금지령을 내렸다.

에 대한 자부심이 유럽 밖 세계에 대한 영국인들의 멸시와 문명화 사명을 깨닫게 했다. 동인도회사의 독점권도 영국에서 확산되고 있던 자유주의 경제 체제의 분위기에서 유지될 수 없었다. 1813년, 영국 정부는 중국차를 제외한 모든 물품에 대한 독점을 해제했으며 영국 국교회를 인도에 수립할 것을 결정했다.

　　이제 본격적으로 인도 관습에 간섭하는 정책이 시작되었다. 영국이 인도의 중요한 종교적 관습에 강경하게 개입한 최초의 사건은 미망인을 남편의 시신과 함께 화형시키는 서티를 금지시킨 것이었다(1829). 서티가 인도인들의 관습이라는 이유로 브라만들이 저항했을 때 인도군 지휘관인 네이피어(Charles Napier, 1782~1853)는 인상적인 말을 남겼다. "나의 국민 역시 관습을 가지고 있소. 즉 남성이 여성을 산채로 불태울 때 우리는 그들을 교수형에 처한다오. 우리 모두가 국민 관습에 따라 행동하도록 합시다."[2] 영국 통치하에서 인도 여성들의 지위가 개선되었다. 영국 선교사들은 여성에게도 교육을 확대했으며 1856년에는 남편을 잃은 힌두 여성들의 재혼이 합법화되었다.

이러한 모든 변화의 결과는 복잡했다. 첫 저항은 영국에 대한 최초의 심각한 항거인 세포이 반란으로 나타났다. 당시 인도군에 복무한 사람들 가운데 80퍼센트가 용병이었는데 그들은 전통적인 전사 카스트에서 모집되었다. 1857년 5월 10일, 델리에서 약 65킬로미터 떨어진 한 요새 마을에서 영국인 장교들과 가족들이 저녁 기도를 위한 채비를 하고 있을 때 원주민 보병대에서 총성이 울렸다. 세포이들은 시야에 들어오는 모든 영국인을 향해 총을 발사하며 공격해왔다. 일 년 이상 인도 내 영국인들을 두려움에 떨게 한 공포가 시작되었던 것이다. 벵골군의 74개 대대 가운데 56개 이상이 참여한 반란은 초여름에는 델리로부터 중부 지방까지 퍼졌다. 영국군은 러크나우와 칸푸르에 포위되었다가 가을에야 풀려났으며 겨울에 벵골의 반란을 진압하고 다시 중부 지방으로 진격하여 1858년 7월 8일에 드디어 반란 사태를 종결지었다.

반란과 진압 과정에서 행해진 양측의 야만적 행위와 잔인

러크나우 공성전을 그린 그림.

함은 놀라울 정도였다. 반란군이 저지른 가장 참혹한 행위는 칸푸르에서 일어났다. 그곳은 갠지스 강가에 위치한 가장 중요한 요새들 중 하나였는데 반란 당시 군인과 가족들을 포함한 1,000명의 영국인들이 그곳에 있었다. 칸푸르를 포위한 반란군은 항복하면 적어도 여자와 아이들의 안전을 보장한다고 약속했지만 그 약속을 지키지 않았다. 즉 여성과 아이들이 피난처로 떠나기 위해 보트를 타러 해변으로 나서자 강둑에 모여 있던 세포이들이 총격을 가했으며, 생존자들이 살기 위해 강에 뛰어드는 순간 말을 타고 돌진해서 칼을 휘둘렀다. 살아남았던 모든 영국인 여성과 아이들도 매우 잔인하게 학살되어 그 시신이 우물에 던져졌다.

그런 잔혹 행위가 이번에는 영국인들을 잔인한 보복으로 몰고 갔다. 특히 백인 여성들의 살해는 영국 남성들의 복수심을 자극했는데 때론 백인 여성들이 성폭행을 당했다는 잘못된 정보로 인해 더욱 비극적 사태가 발생했다. 칸푸르를 다시 장악한 후 영국인들은 처형 직전의 무슬림들에게 돼지고기를 먹이고 힌두교도들에게는 쇠고기를 강제로 먹였다. 그것은 그들이 사후에 결코 구원받지 못하게 만들려는 의도였다. 어느 영국인 중위는 반란군 12명을 죽이고도 더 죽이고 싶은 심정에 불탔다며 "내 심장은 돌덩이가 되고 머리에는 불이 붙은 것 같았다"고 회상했다.[3] 이런 잔혹한 복수 행위 뒤에는 여성에 대한 영국 남성들의 관념과 태도가 있었다. 즉 19세기 영국인들 사이에는 남성이 여성에게 절대로 해서는 안 되는 몇 가지 행동들이 있었는데 반란군들은 영국의 어머니들, 아내들, 딸들이 결코 당해서는 안 되는 수모와 잔혹 행위를 가했다.

반란의 동기는 매우 다양했다. 각기 다른 사람에게 각기 다른 동기가 작용했는데, 가장 중요한 원인들을 찾아보면 몇 가지가 드러난다. 첫째, 위에서 설명되었듯 19세기 초까지는 발견되지 않던 영국 문명, 특히 기독교를 인도에 전파하려는 시도가 인도인들의 의구심을 불러일으켰다. 자신들을 기독교로 개종시키려 한다는 강한 의혹을 가지게 만들었던 것이다. 그들은 영국인들이 전에는 거의 드러내지 않던 노골적인 인종적 우월감을 드러낸다는 것도 예민하게 감지했다. 둘째, 벵골군에 속해 있던 상층 카스트 출신의 세포이들은 하층 카스트 출신들이 자기들을 대체하고 있다는 위험 의식을 느끼고 있었다. 농민들도 토지의 보다 합리적인 운영을 위해 도입된 개혁이 야기한 사회적 혼란에 불만을 품었다. 물론 반란의 직접 원인은 잘 알려진 대로 새로 개발된 라이플총의 카트리지에 소기름이나 돼지기름을 칠하게 된 것이었다.

따라서 이 사건을 인도 민족 운동의 효시로 보는 것은 잘못된 해석이다. 20세기에 몇몇 인도인이 그렇게 믿고자 했지만 세포이 반란은 결코 독립을 위한 국민적 투쟁이 아니었다. 무엇보다 1857년의 반란은 아대륙에서 비교적 좁은 지역에 국한되었다. 토착 지배자들은 거의 반란에 개입하지 않았으며 그들 중 몇몇은 제국 정부에 도움을 주기도 했다. 네팔의 토착 지배자는 영국군을 도우러 병사들을 보내고 러크나우 탈환 때에는 그 자신이 직접 오기도 했다. 러크나우가 포위되었을 때 총독 관저에 피신한 7,000명 가운데 절반 정도는 영국인이 아니라 충성스러운 인도인 병사와 부대 주변의 민간인들이었다.[4]

세포이 반란은 동인도회사의 정보 체제가 완전히 실패했음을 증명했다. 인도에서 영국 통치를 가능하게 한 결정적 요소 가운데 하나는 사실 성공적인 정보 수집이었다. 동인도회사가 인도를 정복하고 지배할 수 있었던 배경에는 그들이 무굴제국 시대부터 존재하던 내부 스파이 조직과 정치적 보고 체계를 이어받아 이용했다는 사실이 있었다. 그러나 세포이 반란과 함께 영국의 스파이 조직과 통제 체제의 많은 부분이 순식간에 무너져버렸고 영국인들은 그것을 밑바닥부터 다시 세워야 했다. 영국인들은 자신들이 수집해온 인도에 대한 지식이 인도인 삶의 외형에 대한 지식에 불과했다는 사실을 깨달았다. 그때까지 영국인들이 무척이나 중요하다고 여겨 수집했던 숫자와 통계는 인도인들의 정서, 정치, 믿음에 대해서는 거의 아무것도 말해주지 않았던 것이다. 영국인들이 느꼈던 공포심의 상당 부분은 그들이 사적으로 잘 알고 지냈을 뿐 아니라 절대적으로 신뢰하던 원주민들이 어느 날 아침에 갑자기 돌변하여 몇 시간 전만 해도 자신들이 부드러운 손길로 어루만지던 아이들의 부모들을 난도질했다는 사실에서 기인했다. 이 배신감과 공포는 그 후 영국과 인도 사이에 영원히 씻을 수 없는 상처를 남겨놓았다.

인도 국민회의, 변혁의 씨앗이 뿌려지다

세포이 반란이 진압된 후 인도는 동인도회사의 손을 떠나 영국 정부의 직접 통치로 넘어갔다(1858). 세포이 반란 같은 심각한 사태는 일어날 것 같지 않은 평온함이 한동안 아대륙을 감쌌지만 얼마 지나지 않아 다시 폭풍우의 씨앗이 뿌려졌다. 인도 국민회의가 탄생한 것이었다. 위에서 지적했듯 세포이 반란 당시 인도인들은 양쪽에서 싸웠고 독립은 이슈가 아니었다.

그러나 1885년 12월 28일에 72명의 대표들이 뭄바이에 모여 인도 국민회의를 창설하면서 독립은 점차 영국과 인도 간 문제의 핵심이 되었다. 국민회의의 설립자는 인도인이 아니라 영국인 흄(Allan Octavian Hume, 1829~1912)이었다. 그는 인도 고위 행정관 출신의 자유주의자였는데, 인도인 판사로 하여금 백인들을 재판할 수 있게 하려는 일버트Ilbert법에 저항하는 백인들의 폭동(1883~1884)에 분노를 느껴서 국민회의를 창설하게 되었다. 국민회의를 설립하고 주도한 인도인들은 사회 개혁가들이거나 생활 방식에서 영국화한 사람들이었다. 보통은 둘 다였다. 일버트법 소동은 그런 친영적 인물들로 하여금 인도인에 대한 영국인들의 멸시를 확실히 깨닫게 하고 반발로 돌아서게 만들었다.

처음 20년 동안 인도 국민회의의 요구는 온건했다. 그것은 영국인들과의 '신중한 대화'의 시작 및 인도인들이 참사회에 더 많이 참여하거나 행정직에 더 많이 임용될 것을 요구하는 수준에 머물렀다. 물론 독립이 그들의 궁극적 목표였지만 그들은 점진주의자들이었고, 독립이라는 목표의 실현은 너무도 먼 것이어서 국민회의는 그 목표를 거의 언급하지 않았다. 그들은 부유하고 교육받은 사람들이었는데 이러한 배경은 약점이기도 하고 강점이기도 했다. 국민회의는 농민층을 대변한다고 주장

THE FIRST INDIAN NATIONAL CONGRESS, 1885.

1885년, 뭄바이에서 첫 인도 국민회의가 열렸다.

했지만, 농민층은 국민회의의 일부가 아니었다. 그럼에도 불구하고 국민회의의 성립 자체는 놀랄 만했다. 영제국 내 어디서도 그런 도전은 없었던 것이다. 게다가 인도에서 그런 움직임이 처음 시작되었다는 것도 일종의 경이였다. 국민회의가 만들어지기 전에 인도 각지의 민족주의자들은 다른 지방 출신들과는 만나지도 않았다. 이제 그들이 한곳에 모였다는 사실 자체가 획기적 발전이었다.

그렇지만 한계 역시 자명했다. 초창기 국민회의 구성원들은 주로 벵골, 첸나이(마드라스), 뭄바이 등 해안 지역의 특권층과 교육받은 전문인들에서 나왔으며, 초기 활동도 일 년에 한 번씩 모인 회의에서 결의문을 통과시키는 데 지나지 않았다. 중심 조직 같은 것은 아예 없었다. 이런 한계에도 불구하고 국민회의는 영국령 인도 전역에 걸쳐 제국 정부에 대처하고, 그들과 협상하고 때로는 협력하기 위한 네트워크를 힘겹게 만들기 시작했다.

국민회의 1세대 지도자들은 인도가 영국의 정치사상을 흡수하고 대의제와 영국식 경제 발전의 방법을 채택함으로써만 국제무대에서 입지를 차지할 수 있다는 믿음을 공유했다. 그들은 인도에서 영국인들이 인도 사회의 악을 말소하는 데 도움을 주었다며 영국의 사명을 인정해주었다. 국민회의 지도자들 자신도 힌두 풍습들을 혐오하고 멀리 했다. 예를 들어 국민회의 초기 지도자 가운데 한 명인 본네르지(W. C. Bonnerjee, 1844~1906)는 1860년대에 영국에 유학하는 동안 세계 모든 나라 가운데 인도를 '가장 혐오스럽게 만든 모든 부도덕한' 관습을 혐오하게 되었고 그 스스로가 '완전히 바뀐' 사람이 되었다고 고백했다. 즉 겉모습도, 옷도, 언어도, 습관도, 사고방식도 바뀐 사람이 되었다는 것이었다.[5] 이들의 우선적인 관심은 인도의 정치적 변화가 아니라 서티, 영아 살해, 조혼 등 사회적·문화적 관습의 개혁이었다.

이처럼 온건하던 국민회의 지도자들을 영국에 대한 강경한 저항으로 돌아서게 만든 원인은 무엇일까? 우선 19세기 중엽부터 서양식으로 교육받은 인도인들이 배출되었지만 그들의 진로가 극히 제한적이었다는 사실이다. 특히 관료층으로의 진출이 그러했는데, 모든 교육받은 인도인의 꿈이었던 인도 고위 행정직은 1864년에야 인도인에게 열렸으며 1886년까지도 고위 행정 관료 가운데 인도인은 12명에 불과했다.* 인도인들의 분노를 자극한 보다 직접적인 요인은 앞서 언급된 일버트법이었다. 그럼에도 초기 국민회의는 매우 온건한 성격을 유지했다.

그러던 인도 민족 운동을 급격하게 전환시킨 사건은 벵골을 두 지역으로 분리시킨다는 제국 정부의 결정이었다(1905). 제국 정부의 결정은 벵골 지방이 통치하기에 너무 거대해졌다는 단순 논리에 의거했지만 인도인들은 그것에서 '분리해서 지배한다'는 정치적 함의를 찾아냈다. 벵골인들의 맹렬한 반대에도 불구하고 제국 정부의 결정이 실행되자 다음 해인 1906년에 국민회의 의장인 나오로지(Dadabhai Naorowji, 1825~1917)가 자치self-government를 국민회의의 목표로 선언했다. 나오로지는 영국에서 하원 의원을 역임(1892~1895)하기도 한 지영파이며 친영파 인사였다.** 그런 배경의 나오로지조차 이제 인도인들이 직접 자신들의 일을 처리하는 길로 나아가야 한다고 판단했던 것이다.

국민회의가 더욱 급진적으로 변해가는 과정을 재촉한 마지막 결정타는 1차 세계대전이 끝난 후 벌어진 일련의 사태였다. 1차 세계대전 중 국민회의 지도자들은 영국의 전쟁 수행

---

* 최초의 인도인 문관은 저명한 시인 타고르의 형이었다.
**나오로지는 종교적으로 파르시Parsi, 조로아스터교도였는데, 이들은 영국 통치하에서 상업과 전문직으로 성공한 사람들이 많았고 영국에 대해 대단히 호의적이었다.

에 전면 협력했는데, 그것은 제국이 위기에 처했을 때 적극 협력해두면 자치령을 허용받으리라는 기대감 때문이다. 실제로 1917년에 인도 장관 몬태규(Edwin Montagu, 1879~1924)는 영국 정부의 정책은 인도에 "책임 정부를 점진적으로 실현"하는 것이라고 천명했다.

그러나 뒤이은 롤래트Rowlatt법과 암리차르 학살 사건은 이러한 선언과는 전혀 딴판인 영국 정부의 모습을 적나라하게 드러냈다. 롤래트법*은 전시에 일시적으로 실시했던 민간인들의 자유의 제한을 평화 시까지 연장함으로써 인도 민족주의자들을 극도로 실망시켰다. 1919년 초에 간디는 롤래트법에 대항하여 전국적인 비폭력 저항 운동을 전개했다. 곧이어 4월에는 펀자브 지방의 암리차르에서 '인도의 부활절 봉기'로 불리는 학살 사건이 발생했다. 즉 다이어(Reginald Dyer, 1864~1927) 준장이 이끈 인도군이 평화적 시위자들에게 발포하여 400명가량이 죽고 1,200명이 부상하는 사건이 발생했던 것이다. 도대체 다이어가 왜 그렇게 이해하기 힘든 야만적 행위를 했는지에 대한 답은, 시위 바로 사흘 전에 5명의 유럽인과 1명의 여성 선교사가 살해되었다는 사실에서 찾을 수 있다. 암리차르 학살은 백인 여성의 희생에 대한 영국 남성들의 폭력적인 과잉 반응의

---

* 1919년 3월에 발효된 이 법은 전시 입법이 효력을 상실하게 되자 일정한 재판 절차를 거치지 않고도 투옥을 가능하게 하여 민족 운동을 탄압하려는 의도를 가지고 있었다.

또 다른 예였던 것이다.

영국도 사실 1차 세계대전이 끝난 시점에서 인도를 영구히 붙잡고 있을 수 없으리라는 사실을 깨닫고 있었다. 문제는 시간이었다. 20세기 초에 영국인들이 인도인들에게 자치 정부를 약속했을 때부터 그들은 그것을 장기적 관점에서 바라보았다. 20세기 초에 인도를 방문했던 노동당 당수 램지 맥도널드(James Ramsay MacDonald, 1866~1937)도 인도는 당분간 자치 정부의 준비가 되어 있지 않다고 판단했다. 영국은 인도의 '간호사'인데 환자를 내버려둔다면 그 나라는 밖으로부터의 침략은 말할 것도 없고 내부의 혼란스러운 요소들의 희생물이 될 것이라는 견해를 피력했던 것이다. 이것이 당대 가장 급진적인 정치인의 견해였다. 영국인들의 일반적인 태도는, 인도 자치 정부가 언젠가는 올 것이지만 아직은 아니라는 것이었다. 1920년대에 창당 후 처음으로 집권한 노동당 정부도 "노동당 정부 아래에서 제국은 완벽하게 안전하다"고 선언했다.[6]

간디의 빛과 그늘,
"두려워하지 말라"[7]

시인 타고르가 간디를 마하트마(위대한 영혼)라 부른 이래 간디의 이름 앞에는 반드시 마하트마가 따라붙는다. 그러나 그의 생전에 이미 간디의 사상을 현실 정치에 적용했을 때 나타나는 문제점이 드러났고, 간디는 인도의 독립을 앞당기기보다 오히려 반세기 이상 늦췄다는 비난을 받기도 한다.

간디도 원래는 영국 예찬론자였다. 그는 변호사 수련을 받기 위해 1888년에 영국에 갔는데, 그때 '문명의 바로 중심지, 철학자들과 시인들의 땅 영국'을 볼 수 있을 것이라는 기대에 부풀었다. 그러나 런던에서 간디는 오히려 영국적인 것의 영향에서 벗어나 인도의 가치를 발견하게 되는데, 그런 변화는 간디가 채식주의자들과 만나면서 접하게 된 '긍정적 오리엔탈리즘'의 영향 때문이다. 즉 인도를 미신적이고 도덕적으로 타락하고 카스트가 지배적인 전제적 사회로, 그리고 절망적으로 후진적인 곳으로 규정하는 부정적 오리엔탈리즘과 달리, 19세기 말의 긍정적 오리엔탈리즘은 인도를 정신적 순수함과 반反물질주의적 가치의 신비로운 고향으로 이상화했다. 그런 서양의 지적 조류와 만나면서 간디는 자신이 미처 보지 못했던 인도의 가치를 발견했다.

변호사 수련을 끝낸 간디는 그 후 20년 동안 남아프리카에서 변호사로 활동하면서 그곳에 성장하고 있던 인도인 사회의 지도자가 되었다. 영제국이라는 존재 덕분에 남아프리카에는 많은 수의 인도인들이 이주하여 일하고 있었다. 1차 세계대전이 발발했을 때 간디는 영국에 적극 협력했다. "우리는 대영제국의 국민이며, 지금 영국 국민으로서 싸우는 것은 인간의 존

엄과 문명이라는 선과 영광을 떨치기 위해 마땅히 해야 할 일"
이라는 것이 간디의 변이었다.[8] 그러던 간디가 변하게 된다.

1915년에 간디는 남아프리카에서의 활동을 접고 인도로
돌아왔다. 간디가 돌아오면서 인도 민족 운동의 성격과 방법
이 변했고 국민회의도 세간의 주목을 받는 중요한 조직이 되었
다. 간디는 한때 서구적 가치에 깊숙이 빠져들었던 경험을 뒤
로하고 이제 서구 근대 문명에 대한 비판 위에서 반反식민주의
운동을 전개했다. 간디가 막강한 영제국에 대항하여 벌인 비
협력 운동이나 사티야그라하 등의 저항 개념은 다른 어떤 반식
민주의 운동에서도 발견되지 않는 독특한 성격을 띤다. 인도에
돌아온 후 그는 인도인들의 정신이 영국인에 대한 강한 증오와
더불어 병적인 두려움으로 심각하게 왜곡되어 있다는 사실을
깨달았다. 그리고 인도인의 자존심과 자신감이 생기기 전에는
영국과 인도의 관계는 건전한 기초 위에 놓일 수 없음도 알게
되었다. 영국의 지배는 지적으로, 도덕적으로 인도인을 위축시
켰고 열등감을 부추겼던 것이다. 간디는 끊임없이 "두려워하지
말라"고 설파했다.

간디가 즐겨 사용한 개념은 스와라지swaraj다. 스와라지는
원래 '자치home-rule'와 '자기 기율self-rule'이라는 의미를 갖는데,
간디는 스와라지에 정치적 독립만이 아니라 개인적 각성과 행
동이라는 의미를 덧붙였다. 필요한 것은 인도 사회의 도덕적
재생이며 그것은 개인 차원에서 시작되어야 했다. 외적·정치적

자유와 내적·정신적 자유의 종합이 이뤄져야 진정한 스와라지가 성취된다는 것이 간디의 믿음이었다. 간디가 개발한 '사티야그라하satyagraha' 개념은 '불의에 대한 평화적 저항'을 뜻하는데, 그것은 윤리적 고지를 차지하여 물리적 공격이 아니라 수동적 저항을 통해 적을 동요시키고 승리하는 것이다.

서구 근대 문명에 대한 간디의 비판을 간단히 설명한다면, 간디는 서양 문명을 질병으로 간주했고, 서구 과학기술을 인도에 도입하려는 시도에 반대했으며, 서양 문명의 악폐가 산업주의에서 가장 적나라하게 드러난다고 생각했다. 산업이 사적 소유에서 떠나 사회화되면 자본주의의 악에서 벗어날 것이라는 사회주의자들의 주장에 대해 간디는 산업주의 자체에 악이 내재한다고 반박했다. 그가 제시한 해결책은 산업주의를 완전히 포기하는 것이었다. 즉 직접 생산하여 소비하는 것만이 올바른 경제적 입장이며 전통적 촌락 생활의 자기 충족으로 돌아가는 것만이 유일한 대안이라는 것이었다.

그러나 이러한 간디의 입장은 근대 산업 경제에 대한 부적절한 이해에서 비롯했다. 그는 서구 근대 문명을 고무하고 그것에 생명력을 불러일으키는 비전과 그것이 함유하는 도덕적 깊이를 이해할 수 없었으며, 인도인들의 경제적 염원도 이해하지 못했다. 인도인들이 서양의 근대성을 염원했기 때문에 식민지가 되었다는 입장을 취한 간디는 근대성 자체를 부정함으로써 인도인들의 염원인 근대화를 무시하기로 작정했다.

간디는 근대적 산업만이 아니라 근대 국민 국가에 대해서도 비판을 가했다. 근대 국가의 복잡한 법적·정치적 기구와 제도들은 사람들로부터 너무나 멀리 떨어져 있으며, 국가는 개인적 책임감과 죄의식을 모호하게 하고 인간을 비도덕적으로 만들어버린다는 것이 그의 진단이었다. 간디에 의하면, 인도는 정신적 문명을 가진 데 반해 국가는 물질문명의 산물이기에 인도에 어울리지 않는다. 인도에서는 비폭력이 숭상되는 반면 국가는 폭력에 의존하며, 인도 문명이 다원적인 데 반해 국가는 동질성을 요구한다.

간디는 국가가 공동체 전체의 안녕을 추구하는 도덕적 기관이라는 믿음은 환상에 불과하며 그것은 단지 소수 권력자들에 의해 조종되고 통제되는 갈등의 장일뿐이라고 주장했다. 따라서 간디가 이상으로 생각한 독립 후 인도의 정치 체제는 '계몽된 무정부'였다. 그것은 사회적으로 책임감 있고 도덕적으로 훈련된 개인들이 서로 해를 끼치지 않고 어떤 형태의 정치 조직도 없이 생활하는 것을 뜻했다.[9] 그러나 국가에 대한 이런 간디의 비판은 국가의 시민이라는 지위가 가져다주는 집단적 기율의 훈련과 도덕성 함양을 이해하지 못한 결과였다.

서양 문명에 대한 간디의 전적인 거부는 인도인들을 당혹시켰다. 그들은 서양 근대 문명을 제대로 이식함으로써만 인도가 부활할 수 있다고 믿었기 때문이다. 인도의 사회 개혁 운동을 이끌던 지도자들은 서구 문명이 "다른 어떤 문명보다 인류 전체를 위해 정의를 지향하는 경향이 강하다"며 간디의 공격에 맞서 서구 문명을 옹호했다. 간디의 정치적 스승인 고칼레는 서양 교육이 인도인들의 정신을 전통 사고의 속박에서 해방시키고 서양의 삶과 사고에서 가장 고귀하고 좋은 것에 동화시키는 위대한 과업을 행하고 있다며 높이 평가해주었다.[10] 시인 타고르도 간디의 서양 문명 배척을 용납할 수 없었다. 간디는 물레로 옷감을 만드는 운동을 전개하면서 외국산 직물을 불태우는 행사를 벌이곤 했는데, 타고르는 특히 헐벗은 인도인들 앞에서 그런 행동을 하는 것을 격렬하게 비난했다. 타고르에게 특히 충격적이었던 것은, 한 신문이 외국산 직물을 태우는 것을 조심스럽게 비판하자 바로 다음 날 독자들의 맹렬한 공격이 그 신문을 뒤흔든 상황이었다. 타고르는 그런 분위기에서 '박해의 정신'을 보았고, '정신의 황무지'가 인도에 닥쳐올 것을 두려워했다.[11]

무엇보다 간디의 모순은 근대적 기술에 대한 언행 불일치에서 잘 드러난다. 비록 그의 철학은 서구의 근대성과 기술에 대한 비판에 근거를 두고 있었지만, 그는 그것의 이기를 누구보다 잘 이용했다. 간디는 언론 매체에 의해 전 세계적으로 유명 인사가 되었으며 가장 사진이 많이 찍힌 당대 정치가들 가운데 한 명이었다. 근대 기술을 불신했음에도 그는 그것을 충분히 활용했으며, 그런 행동의 모순을 별로 깨닫지 못했다. 그는 기차를 탈 때마다 자신이 옳다고 생각하는 것을 저버리는 느낌을 갖지만 그것을 견뎌내야 한다고 변명했다. 간디는 인쇄물 간행도 자신이 비판한 근대성에서 제외시켰다. 그의 검소함에도 위선의 소지가 발견된다. 간디는 여행할 때 항상 기차의 3등석을 이용한다는 전설을 만들었는데, 실상 간디가 탄 3등석 칸은 전부 그와 조수들을 위해 비워두었다. 인도의 유명 여성 시인 사로지니 나이두(Sarojini Naidu, 1879 ~1949)는 간디의 추종자였지만, 사석에서 "간디식 가난을 유지하는 데 비용이 얼마나 많이 드는지"에 대해 언급했고 다른 추종자들은 그런 모순을 못 본 척했다.[12]

정치가로서 더 심각한 문제는 간디가 정치와 종교를 연결시키려 한 것이었다. 이 점에서 간디는 글래드스턴과 비슷했으며, 그의 평화주의는 동시대 정치인들에게 좌절감을 안겨주었다. 그는 2차 세계대전 중 부왕Viceroy*과 가진 면담에서 영국은 히틀러와 무솔리니에게 원하는 것을 모두 주어야 한다고 주장했다. "만약 그들이 당신 목숨을 원하면 기꺼이 목숨을 내놓아야 한다"는 말에 충격을 받아 부왕은 대꾸조차 하지 못했다. 국민회의 동료들도 "정치는 세속적인 사람들의 게임이지 성인들의 게임이 아니"라며 간디에게 심하게 반발했으며, 네루도 간디가 "단식의 정확한 날짜까지 신이 계시한다"고 말하는 것이 끔찍하다고 토로했다.[13]

---

* 인도에서 영국 왕을 대신하는 지위.

간디의 한계는 1947년에 인도가 독립을 성취하자 그 후계자들이 그의 이상과 정반대되는 길로 인도를 이끌었다는 사실에서 잘 드러난다. 사티아그라하와 비폭력 운동은 오랫동안 식민주의적 종속에 시달린 인도인들의 상처받은 자존심을 치유하고 용기와 자신감을 회복시켰으며, 나름대로 도덕적 엄정성에서 자부심을 갖고 있던 영국인들을 불편하게 만드는 효과를 야기했다. 그러나 영국으로부터 독립하기 직전에 아대륙 전역에서 벌어진 힌두−무슬림 간 무력 충돌 사태와 파키스탄의 분리 독립을 막지 못했다는 사실에서 드러나듯 간디의 권위에는 한계가 있었다.

"네루는 머리를 가졌지만 간디는 대중을 가졌다"

잘생긴 외모와 걸출한 능력을 갖춘 네루는 인도인들에게는 마치 왕자 같은 인물이자 대중적 우상이었다.[14] 인도를 근대화하는 기획, 즉 근대 국가, 민주주의, 근대적 사회를 형성하는 데 있어 네루의 역할은 간디를 능가했다. 네루는 희망했던 것을 제대로 성취하지 못했지만 그럼에도 그가 인도 역사에 남긴 영향력과 유산은 중요하다. 물론 네루에 대한 평가도 간디에 대한 평가만큼이나 통일되지 않은 채 남아 있다.

영국 해로스쿨 재학 시절의
네루(1905).

　자와할랄 네루의 아버지 모틸랄 네루는 성공한 변호사로
아들을 영국의 명문 사립학교인 해로와 케임브리지에 보내 교
육시킬 여유가 있었다.* 영국에서 네루는 페이비언 사회주의
에 깊은 인상을 받았고 마르크스와 레닌의 저서도 읽었으며,
1927년에는 소련을 방문하기도 했다. 그러나 그는 점진적 사회
주의에 경도되었으며 공산주의를 혐오했다.

　실상 영국에 대한 그의 태도는 양가적이었다. 그는 비록
영국의 인도 지배에 분노했지만 영국 문명의 우월함을 솔직하

---

* 아버지 네루는 후에 아들의 영향으로 간디를 추종하게 되고 국민회의 지도부에 진출했다. 그
　러나 모틸랄 네루는 끝까지 인도의 완전 독립이 아닌 자치령의 지위를 요구한 온건한 민족주
　의자로 남았다.

게 인정했고 서양 문명의 이기를 이용하면서도 그 문명의 특징이라고 생각된 분열을 극복하려 했다. 네루는 인도를 통치했던 영국인 지배자들에 대해 종종 호의적으로 언급했는데, 심지어 제국 통치 말기에 감옥에 수감되어 있는 와중에도 옛 영국인 동양 학자들이 인도의 고전을 재발견한 데 대해 고마워했다. 서구 근대성을 거부한 간디와 달리 네루는, 영국이 서구로 향한 인도의 창을 처음 열게 했고 철도, 전신, 전화 등을 도입함으로써 서구 산업주의와 과학을 제공해준 공로를 인정해주었다. 그는 영국이 인도에 서구적 의회 정부와 개인의 자유라는 개념을 도입했고, 인도를 하나의 단일 국가로 탈바꿈시켜 인도인들 사이에 정치적 통일감을 주입시키고 민족주의의 발단에 불을 지폈다는 영국인들의 주장에는 "많은 진실"이 있다고 인정했다.[15] 네루 생전 마지막 주駐인도 미국 대사였던 갤브레이스(Galbraith)는 네루가 케임브리지를 회상하기를 즐겼으며 편안한 분위기에서 "당신도 알다시피 나는 인도를 지배하는 마지막 영국인이라오"라고 반쯤 농담으로 말했다고 증언했다.[16]

간디와 달리 네루에게는 세속주의가 굳건한 신조였다. 그는 종교적 요소들을 배제한 채 근대 인도를 만들려는 확고한 의지를 가지고 있었다. 두 사람의 다른 점 가운데 가장 뚜렷한 것은 간디가 산업주의를 혐오한 데 반해 네루는 철저한 산업주의 추종자였다는 사실이다. 네루에게 '근대성'이란 의문의 여지 없이 과학적·기술적 발전 및 산업화를 의미했다. 간디는 근대화 자체를 반대함으로써 서구 문명의 위협에 맞서려 했지만 '목욕물과 함께 아기를 내던진' 꼴이 되어 효과적으로 서구 문명의 도전에 맞설 수 없었다. 반면 네루는 인도가 물질적 진보의 경쟁에서 뒤졌기에 영국 식민지로 전락했다고 믿었다. 네루는 자신을 '근대적 기계의 전적인 찬미자'라고 정의한 근대화주의자였으며 독립 후에는 신생 국가의 경제 계획 및 산업화에 헌신했다.[17] 간디와 달리 네루는 근대 과학과 기술을 받아들이는 것과 제국의 지배를 반대하는 것 사이에 아무런 모순을 발견하지 않았고 그 문제에 관해 간디와 여러 번 충돌했다. 또한 위에서 살펴본 대로 간디에게 국가는 '폭력에 신세 지고 있는 영혼 없는 기계'였지만 네루는 국가의 주도적 역할을 구상했다.

이처럼 간디와 네루 사이에는 여러 차이점이 있었지만 그럼에도 불구하고 네루는 끝까지 간디에 충성했다. 1930년대 초에 국민회의 내 강경파인 보스(Subhas Chandra Bose, 1897~1945)가 간디에 대항해 일으킨 논란에서도 네루는 자신의 입장을 밝힐 용기가 없어 간디를 지지했는데 보스는 네루가 자신을 배반했다고 생각했다.

한편 영국인들은 간디와 네루의 갈등을 즐기면서 네루가 간디를 정치 무대에서 밀어낼 것을 바랐다. 1938년에 영국 부왕은 "네루는 대단히 똑똑하다. 그러나 간디는 위대하다. 네루는 머리를 가졌지만 간디는 대중을 가졌다. 그들이 분리될 수 있다면 우리는 안전하다"고 진단했다.[18] 2차 세계대전이 한

1947년 8월 15일, 인도는 독립을 맞이했다. 하지만 영국이 해결하지 못한 문제들은 여전히 남았고, 네루 정부는 여러 난제에 직면했다.

창 진행 중이고 힌두-무슬림 간 갈등이 고조되고 있던 시점인 1942년에 간디는 갑자기 '인도를 떠나라' 운동을 시작함으로써 영국 식민 통치가 유지될 수 없도록 만드는 결정타를 안겼다. 2차 세계대전을 겪으면서 인도의 독립은 되돌릴 수 없는 당연한 것이 되었고, 전후 들어선 영국의 노동당 정부는 인도에서 손을 떼기로 했다.

영국인들은 인도에 많은 문제를 해결하지 못한 채 1947년 8월 15일 부로 물러났다. 특히 영국인들이 그토록 혐오했던 카스트 제도는 그들이 떠날 때도 여전히 강건하게 남아 있었다.

물론 인도의 문제들은 대부분 영국인들이 통치하기 이전부터 존재하던 것들이었다. 왜 영국인들이 그렇게 오랫동안 인도를 통치하면서 문제들을 해결하지 못하고 결국 독립국 인도에게 넘겨주었는가에 대한 답은, 영국이 그처럼 거대하고 복잡한 아대륙을 지배하려 한 것 자체가 무리였다는 것 외에 달리 적절한 답은 없을 것이다.

간디는 중간층은 물론 농민층을 포함하여 그때까지 인도의 민족 개념에 포함되지 못했던 사람들을 민족 운동에 끌어들임으로써 대중 정치의 시대를 열었고 새로운 인도 민족체를 구성하도록 주도했다. 그러나 문제는 그가 상정한 인도 민족성의 본질이 근본적으로 고대 인도 문명에 있었다는 사실이었다. 그러다 보니 인도 국민회의의 정치는 힌두주의에 기울게 되고 그런 행로에 무슬림들이 반발함으로써 인도와 파키스탄의 분리 독립이라는 사태가 야기되었다. 힌두교도와 무슬림의 갈등이 첨예화된 것은 1937년 즈음이었다. 그때까지 무슬림들은 힌두교도들과 적대 관계에 있지 않았고 국민회의 내에서 함께 활동했다. 그러나 제국 정부가 권력을 일부 양도하기 위해 실시한 1937년 지방 정부 선거에서 이슬람연맹Islam League이 전체 의석의 4분의 1 미만을 차지하는 보잘것없는 결과를 낳자 힌두 세력은 무슬림 측을 무시했다. 이에 분노한 무슬림들이 분리된 국가를 요구했고, 힌두 측은 이에 맞서 파키스탄을 "인위적으로 주입된 증오에 의해 만들어진 괴물"이라고 비난했다.[19]

영국이 인도를 떠나기로 결정한 후 가장 심각한 문제는 인도와 파키스탄의 분리였다. 여기서 네루는 간디와 다른 사고와 행동을 보여주었다. 네루는 분단을 받아들이기로 했는데 그는 그것을 한마디로 "머리를 잘라 두통을 제거"하는 방법이라고 설명했다.[20] 네루만이 아니라 국민회의도 당 차원에서 다수가 압도적으로 분단하는 데 찬성했다. 간디만이 고국의 분단을 거부했지만 아무도 간디에게 주의를 기울이지 않았다. 결국 1946년 8월부터 시작된 폭력 사태로 50만~100만 명이 살해되고 아대륙은 분단의 길로 치달았다.

네루는 1947년 8월 15일에 탄생한 신생국 인도의 초대 수상이 되어 근대 국가를 만드는 작업을 지휘했다. 첫해 네루 정부가 직면한 버거운 난제는 아대륙을 분열시키는 집단주의적 광기와 폭력, 파키스탄에서 유입되는 피난민들, 식량과 생필품의 부족, 500여 개의 들쑥날쑥한 토후국들을 신생국에 통합시키는 문제 등이었다. 인도는 공식적으로 영국령 인도를 물려받았지만 토후국들의 장래에 대해서는 합의된 바가 없었다. 따라서 네루의 급선무는 영국의 제국 권력이 소멸된 후 토후들이 독립국을 건설할 가능성을 차단하는 것과 그들이 파키스탄에 합류하는 것을 막는 것이었다. 그 외 분단으로 야기된 파키스탄과의 군사적 갈등도 심각했다. 무엇보다 당면 과제는 국가의 강한 통치력을 확립하고 경제를 안정시키는 문제였다.

'국가의 언어'를 결정하는 것도 문제였다. 실상 당시 조사

1946년 7월 6일 인도 뭄바이에서 이야기를 나누는 네루와 간디의 모습.

에 의하면, 인도는 수백 종의 언어를 가진 나라였다. 네루는 힌디어가 북부 지역을 통틀어 이해될 수 있다고 주장하며 힌디어를 인도의 '공식' 언어로 간주했다. 그러나 힌디어는 '국민' 언어는 아니었기에 10여 개의 다른 지방어에도 공식 인정이라는 유사한 지위가 주어졌다. 영어는 향후 수십 년 동안 단계적으로 조정한다는 조항과 함께 국가의 언어로 계속 쓰이는 것으로 합의되었는데, 네루는 사실 영어가 인도인들을 뭉쳐주는 '풀'이라고 생각했다.[21]

간디와 네루는 새로운 사회의 건설이라는 도전이 외세의 지배를 전복시키는 것보다 훨씬 더 어렵다는 데 동의했다. 그 작업이 요구하는 노력은 무한해 보였고 독립을 쟁취하는 데 요구된 것과는 질적으로 전혀 달랐다. 앞서도 설명되었듯 네루가 정의한 인도의 개념은 명백히 종교적 색채를 탈피하고 근대 국가의 형태 안에 다양한 가치들, 즉 민주주의, 종교적 관용, 경제 발전, 문화적 다원주의를 모색하는 것이었다.

그러나 독립 직후의 인도 상황은 네루의 포용적인 다원주의가 실현될 수 있는 상황이 아니었다. 인도 사회는 민족이 누구이고 국가가 무엇을 해야 하는가에 대한 상이한 생각들로 분열되어 있었다. 국민회의 안에서도 갈등은 첨예했다. 파키스탄과의 분리 후 힌두 측은 목청을 높였고, 그러는 동안 사회주의적 좌파는 빠져나갔으며, 간디는 그의 특징적인 금언 투로 이제 "할 일을 다 이루었으니 국민회의를 해산하자"고 요구했다.[22] 신생 국가가 이런 소요에서 벗어나 보통 선거에 기반을 둔 세속적인 의회민주주의로 등장한다는 것은 결코 당연한 과정이 아니었다. 간디의 암살(1948년 1월)로 네루는 국민회의 내에서 가장 중요한 동맹을 잃었지만 덕분에 가장 극단적인 힌두 그룹들을 불법화할 수 있었다.

근대 경제의 기반을 닦는 것 역시 힘든 도전이었다. 간디의 물레는 자유를 위한 투쟁의 상징으로는 놀랄 만한 역할을 했지만, 인도 출신의 노벨 경제학상 수상자인 아마르티아 센(Amartya Sen)이 말했듯, 그것은 독립 후 신생 국가의 경제 정책으로는 말이 안 되는 것이었다. 네루는 5개년 경제 계획 등을 야심차게 시작했지만 그의 사회주의적 경제 정책은 결국 실패하고 네루는 의기소침한 노인으로 생을 마감했다. 독립 후 수십 년 동안 지속된 보호주의적 경제 정책과 비효율적 산업,

반서양적 분위기에서 외국인 투자를 규제한 결과 수억 명의 인도인이 비참한 가난에 빠져버렸다. 한편 인도의 공공 부문은 동구권을 제외하고는 세계 최대 규모로 확대되었다.[23]

소련이 몰락한 후 네루가 추진했던 계획 경제에 대한 비판이 진행되었다. 즉 '인도 경제의 후진성은 네루의 유산'이라는 것이 대체적인 평가였고, 네루는 40년 동안 인도를 사회주의적·관료적 형식주의에 묶어놓은 형편없는 이상주의자로 비판 내지는 조롱을 받았다. 그러나 엄밀히 말해 인도 경제의 후진성의 더 큰 책임은 간디에게 있다. 사회주의적 경제 정책을 포기하고 영미식 시장 경제를 하자고 주장한 만모한 싱(Manmohan Singh)은 인도 경제가 직면한 문제점의 핵심을 인도인들의 사고방식에서 찾았다. 즉 인도 지식인들에게 의식적·무의식적으로 잠재해 있는 농촌에 대한 애정이야말로 가장 심각한 핵심 장애라는 것이다. 그것은 네루의 유산이라기보다 간디의 유산이다. 공식적으로는 어떤 정당도 간디의 농촌 철학을 지지하지 않지만 간디의 견해는 관료층과 주류 사회에 남아 있었던 것이다.

한국과 인도는 식민주의 통치를 경험했다는 점에서 비슷하다. 1950년 한국의 일인당 국민 소득은 연 50달러(2005년 기준)로 인도와 동일했다. 그러나 여기서 유사점이 끝난다. 그로부터 50년 후 한국의 일인당 국민 소득은 1만 2,000달러를 넘어 인도의 10배 이상이 되었다. 1991년에야 만모한 싱이 재무장관이 되어 본격적인 개혁을 했다. 비록 시행착오는 있었지만 현재 인도인들은 자신들의 문명을 지켜내면서 영국이 남겨준 제도를 살려 근대 국가를 형성하는 작업을 하고 있다. 인도의 경험은 민주주의와 경제 개발의 두 마리 토끼를 잡는 것이 얼마나 어려운 과제인가를 확인하게 해준다. 비록 네루가 추진한 계획 경제는 실패로 돌아갔지만 인도에서의 민주주의의 정착은 여타 개발도상국에서는 찾아볼 수 없는 사례로 인정받고 있다.

영국이 인도에 기여한 것들 가운데 가장 중요한 것은 아마도 인도를 하나의 국민으로 만들어주었다는 사실일 것이다. 20세기 초까지만 해도 영국인들은 물론이고 인도인들조차 인도라는 개체는 존재하지 않는다는 진단에 동의했다. 인도는 영국 지배 아래에서 동일감과 통일의 순간을 경험하고 하나의 민족으로 탄생했던 것이다. 역사가들은 물론이고 인도 민족주의자들도 그것에 동의한다. 그렇기에 인도인들은 영국에 대해 심각한 미움을 느끼지 않는지도 모른다. 독립 직후 친영파 언론인 차우드후리는 "우리 안에서 훌륭하고 활기찬 모든 것은 영제국에 의해 만들어지고 자극받았다"고 당당하게 주장했다.*

루스벨트 대통령의 미망인 엘레너 루스벨트는 인도가 독립한 지 몇 년 후 그곳을 방문한 후 받은 인상을 다음과 같이 기록했다.

---

* 물론 그는 국영 라디오 방송국에서 쫓겨났다. 피거슨, 『제국』, p.297.

인도인들이 영국인들에게 느끼는 상당한 친밀감은 그들이 지닌 불만을 압도할 정도다. 인도인들은 영국인들이 했던 좋은 행동들을 기억하고 나쁜 행동들은 그냥 넘어가는 경향이 있다. 오늘날 영국인들은 실제로 인도에서 상당한 인기를 누린다.[24]

그녀의 판단이 옳다면 간디보다는 네루가 영국에 대한 인도 대중의 정서를 대변한다고 할 수 있다. 인도가 독립했을 당시 부왕이던 마운트배튼 경(Louis Mountbatten)이 1979년에 IRA의 폭탄에 쓰러졌을 때 인도 의회는 그를 추도하기 위해 정회에 들어갔다. 1920년대에 발표한 『인도로 가는 길A Passage to India』에서 포스터(E. M. Forster)는 동양과 서양이 만나 진정한 친구가 되려면 훨씬 더 많은 시간이 필요하다고 말했다. 다행히 그 영원할 것 같던 간극은 빠르게 좁혀진 것처럼 보인다.

7장

제국의 유산,
민주주의와 경제 성장

영국 식민주의를 바라보는 시각은 극단적으로 갈린다. 긍정적 시각에서 보면 그것은 세상 대부분의 지역에 내린 '문명의 은총'이었다. 이 입장에서 보면 영국 식민주의는 유럽의 기술, 문화, 제도를 나머지 세계에 널리 퍼뜨린 수단이었으며, 비록 강제적으로 진행되긴 했지만 주변부를 세계화로 이끌고 자본주의로 편입시킨 중대한 과업을 이뤄냈다. 그러나 반대로 영국 식민주의를 노예제나 경제적 종속과 동일시하는 시각도 존재한다. 이처럼 극단적으로 대립되는 해석을 피하려면 보다 객관적인 지수를 따져보는 것도 도움이 된다. 한 예로 국제연합개발계획UNDP이 발표한 인간개발지수를 보면 그 목록의 가장 높은 곳에 오스트레일리아와 싱가포르가 발견되고 가장 낮은 곳에 시에라리온, 나이지리아, 방글라데시 등이 위치하며, 목록 중간에는 이집트와 스리랑카가 있다.[1] 흥미롭게도 이들은 모두 영국 식민지였다. 이것은 영국 식민주의의 영향이 지역마다 달랐으며 단순히 긍정적 혹은 부정적으로 평가할 수 없는 문제임을 보여준다.

7장에서는 영제국의 식민 통치가 식민지 사회의 발전에 끼친 영향을 평가해본다. 물론 영제국처럼 오랜 기간에 걸쳐 형성되고 지역적으로 대단히 광범위하게 분포되어 있던 경우 독립 후의 발전은 매우 다양한 양상으로 나타나기 마련이다. 영제국은 다양한 방법으로 식민지 사회 구조를 변화시키고 다양한 제도를 설립했으며 광범위한 범위의 효과를 남겼다.

여기서 짚고 넘어갈 것은 발전development이라 할 때 흔히 경제 발전만 떠올리는 경향이다. 그러나 발전은 경제적 측면만이 아니라 문화적·사회적·생물학적 측면을 아우르는 개념이다. 즉 경제 발전만이 아니라 법과 질서, 교육, 민주주의, 보건 서비스, 생산적인 경제적 기회에 덧붙여 개인의 자존감까지 포함하는 개념이다.[2] 식민 통치가 남긴 유산 가운데 장기적 안목에서 가장 중요한 것은 어쩌면 문화적 유산일지도 모른다. 이 모든 측면을 포괄적으로 따져봐야 식민주의의 참된 유산이 드러날 것이지만 그것은 대단히 복잡하고 어려운 작업이다. 7장에서는 특히 경제 성장과 민주주의, 법 제도의 확립 및 교육이라는 몇 가지 측면에 남긴 영국 식민주의의 유산을 살펴볼 것이다.

식민 통치 방식을
정립하다

오늘날 비서양 국가들이 서양과의 격차를 줄이기 위해 맨 먼저 채택하는 방법은 서양의 제도를 도입하는 것이다. 굳이 제도학파 학자들의 의견을 따르지 않더라도 어떤 사회의 발전을 이해하려면 제도가 중요하다는 사실은 분명하다. 오늘날의 남북한이나 통일 전 동독과 서독의 예가 보여주듯 동일 문화권의 사람들이라도 각기 다른 제도를 받아들임에 따라 대단히 상이한 행동 방식을 가지게 된다.

　제국의 식민지였던 지역들이 독립 후 각각 다른 길을 가게 되는 원인 가운데 가장 중요한 것이 식민지기에 도입된 제도의 차이임은 확실하다. 예를 들어 오늘날 미국과 멕시코 차이는 식민지 시대에 도입된 사회 조직과 그 사회가 남긴 제도적 잔재 때문이라 할 수 있다. 영국인들의 정착 식민지였던 미국은 식민지 시대를 거치면서 민주주의와 포용적 경제 제도를 향유하게 되었지만, 스페인 식민지였던 멕시코는 그렇지 못했다. 독립 후 북아메리카가 남아메리카보다 잘살게 된 이유는 영국식 모델이 스페인 모델보다 더 뛰어났기 때문이라고 해석된다. 영국식 모델의 핵심은 다수에게 배분된 재산권과 민주주의인 데 반해 스페인 모델은 소수에게 부와 권력을 집중하는 것이었다.[3]

　식민 지배의 성격을 이해하는 데 있어 제국의 팽창이 언제

이뤄졌는지도 중요하다.[4] 예를 들어 16세기로 거슬러 올라가는 스페인제국의 건설기에는 종교적 신념이 중요한 동기였기 때문에 스페인제국이 남긴 사회문화적 흔적의 많은 부분은 종교 단체와 선교사들이 만들어놓은 것이다. 한편 18세기부터 실질적으로 팽창한 영제국은 기본적으로 상업 제국의 성격을 띠었다. 영국인들은 자신들이 전 세계에 퍼뜨리는 것은 지배의 속박이 아니라 자유와 자유무역이 가져다주는 이익이라고 믿었고, 그렇게 주장했다. 따라서 영제국은 스페인제국의 종교적 집착에서 벗어나 있었다. 그러나 영국인들은 또 다른 집착, 즉 영국의 문명을 전 세계에 전파해야 한다는 강렬한 욕구에 빠졌다.

식민지 시대의 제도에 주목하는 연구자들 가운데 애쓰모글루(Daron Acemoglu)는 식민 제국 형성기에 있어 가장 중요한 요인으로 유럽인들의 정착 형태를 든다. 어떤 주변부 지역에 유럽인들이 정착했는지에 따라 도입된 제도가 달랐다는 것이다. 다시 말해 발전 정도가 높은 지역을 식민화했는지, 혹은 비교적 덜 복잡한 지역을 식민화했는지에 따라 도입된 제도가 다르고 독립 후의 발전 유형도 달라졌다는 것이다. 스페인제국은 인구 밀도가 높고 제도가 복잡하게 갖추어진 지역을 집중 식민지화했다. 그것은 기존 경제 구조를 급격히 바꾸지 않으면서 강제 노동을 통해 금 같은 자원을 추출하는 중상주의 전략을 실행하려는 의도에서였다. 반면 소규모 농업이나 수렵 채집을 하는 주변부 지역은 그들에게 큰 이득이 없어 새로운 제도

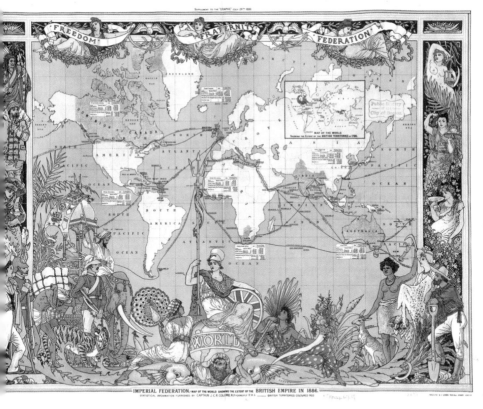

영제국의 영토를 표시한 지도(1886). 20세기 초에 이르면 지표면의 4분의 1을 영제국이 차지한다.

의 도입이나 대규모 정착이 없는 식민화가 진행되었다.

　한편 영국은 스페인제국과 대조적으로 인구가 많지 않고 비교적 덜 복잡한 지역에서 높은 수준의 식민화를 진행했다. 이미 발달한 지역에는 전통적 제도가 굳건히 자리 잡고 있어 영국인들이 원한 자유주의 경제에 필요한 방향으로 경제 네트워크를 수립하는 것이 어려웠기 때문이다. 반면 비교적 단순한 사회에는 새로운 시장 제도와 국가 조직을 도입하기가 용이했기에 영국인들은 그런 곳에 식민지를 건설했고, 자본주의 발전과 법치를 강화하는 법적·행정적 제도들을 다수 도입했다. 그것이 이후 그 지역의 경제적·사회적 발전에 긍정적 효과를 가져다주었다는 것이다. 유럽인들의 정착 여부를 결정한 또 하나의 요인은 토착병 여부였다. 유럽인들은 말라리아, 황열병 등 치명적 질병이 없는 곳에 정착 식민지를 건설했다.[5]

또 다른 연구자들은 유럽인들이 원주민 규모가 작은 곳에 정착한 것은 사실이지만 급격한 대체는 너무 비용이 많이 들어서 낙후된 지역에 정착할 수도 없었다고 주장한다. 이 주장에 따르면, 초기 정착 여부가 아니라 식민화를 진행하면서 식민지 지배자들이 도입한 통치 형태가 그 후의 발전을 좌우했다. 이 입장을 취하는 레인지(Matthew Lange)는 특히 통치 형태에 주목하면서, 영국 식민주의가 식민지 사회의 발전에 미친 충격은 직접 통치를 받았는지 혹은 간접 통치를 받았는지에 따라 지역마다 달랐다고 말한다. 즉 직접 통치와 간접 통치를 구분하고, 제국의 직접 통치하에 있던 지역들이 독립 후 더 빠른 발전 정도를 보인다고 결론짓는다. 직접 통치는 기존 정치 제도를 무너뜨리고 새로운 행정 제도, 법체계, 관료제를 도입하는데, 그 성격은 집중적이고 변화를 야기하기 마련이다. 한편 간접 통치는 현지인들의 협조를 얻어 통치하기 때문에 기존 질서에 끼치는 영향력이 약할 수밖에 없다.

이처럼 영국이 도입한 제도를 긍정적으로 평가하는 입장에서 보면, 간접 통치보다 직접 통치의 효과가 훨씬 더 크고 긍정적이다. 직접 통치는 사회 발전에 훨씬 더 광범위하고 강력하게 효과를 끼쳤는데, 그것은 직접 통치가 더욱 체계적인 관료제를 도입한 덕분에 가능했다. 국가의 의지가 있어도 실행으로 옮길 기제가 없으면 사회 발전은 불가능하므로 식민지 통치 기구의 행정 능력은 매우 중요하다. 영국 통치가 도입한 관료 조직은 국가를 더욱 체계적으로 제도화하고 더 통합적 국가로 만듦으로써 국가의 정책 실행을 가능하게 해주었다. 예를 들어 영국의 직접 통치하에 있던 지역들의 사회 기반 시설이 더욱 잘되어 있음은 사실이다. 결과적으로 영국의 직접 통치를 받은 지역들은 간접 통치 지역들보다 더 빠르게 변모했으며 경제적·정치적·사회적 측면에서 더 빨리 발전했다는 것이다.[6]

그러나 여기서 영제국은 대단히 광활한 지역을 포괄하고 있었고 그 광활한 지역에서 직접 통치 지역은 매우 한정되어 있었음을 지적해야 한다. 흔히 영국의 식민 통치는 간접 통치였다고 말한다. 그러나 이것은 피상적인 일반화이고 사실 영국은 자치 식민지, 직접 통치 지역, 간접 통치를 실시한 지역 등 세 형태의 식민지를 모두 가지고 있었다.[7] 물론 간접 통치가 주를 이루었다. 영국이 간접 통치를 할 수밖에 없었던 이유는 영제국이 오랜 시간에 걸쳐 점차 팽창하면서 그 방대한 제국을 직접 통치할 수 있는 능력과 자원을 가지고 있지 못했기 때문이다. 1849년 현재 식민성에는 23명의 관리가 소속되어 있었으며 1907년에도 그 수는 125명에 불과했다. 1921년 현재 인도에 있는 영국인들은 15만 7,000명이 되지 않았다. 그 가운데 4만 5,000명이 여성이었으며, 약 6만 명이 군인, 행정 관리는 2만 2,000명 미만이었다.[8] 그런 상황에서 영국의 식민 통치는 당연히 제한적일 수밖에 없었다. 그렇다면 레인지가 주장하는 대로 직접 통치인지 혹은 간접 통치인지가 중요하다기보다 식민 정부에 의해 도입된 제도의 성격이 더욱 중요하다고 말할 수 있다. 후술하듯 영국이 도입한 여러 제도는 다른 제국들보다 더욱 우호적인 유산을 남겨주었던 것이다.

경제 성장과 민주주의를 이끌어내다

많은 경제학자와 사회과학자는 제도와 국가 정책의 차이가 소득 차이의 근원이라고 믿는다. 이 입장을 취하는 학자들은 과거 영국 식민지들과 경제 성장의 연관성을 강조한다. 영국으로부터 물려받은 경제적·정치적 제도와 문화가 경제 성장을 촉진했다는 것이다. 경제 발전을 위해서는 특히 재산권 확립이 결정적이기 때문에 식민 통치가 재산권을 포함한 법치주의를 어느 정도 확립했는지가 매우 중요하다. 2장에서 살펴보았듯 영국에서는 1688년 명예혁명 이후 폭넓은 사회 집단이 정부의 정책 결정에 영향을 끼치게 되며 사유 재산이 확고히 보장되고 법체제가 공정하게 시행되는 제도가 마련되었다. 캐나다나 오스트레일리아처럼 백인들이 이주한 정착 식민지에서는 특히 법치의 확립, 관습법에 기반을 둔 보통법 체제의 도입, 자본주의의 토대를 제도화하는 과정이 진행되었다. 물론 이런 과정은 주로 백인 정착 식민지에서 진행되었고 아프리카 노예를 수입해 대농장 체제를 수립한 카리브해 제도에서는 한동안 착취가 대규모로 진행되었지만, 궁극적으로는 영국식 제도가 영제국의 대부분 지역에 도입되었다.

흥미롭게도 최근 연구들은 영국 식민지였던 곳들이 프랑스, 포르투갈, 스페인 식민지였던 곳들보다 더욱 번영한다는 주장을 제시하고 있다. 나아가 이들 예전 영국 식민지들은 독립국이었거나 다른 유럽 국가의 식민지였을 때보다 영제국 아래에서 더 빠르게 발전했다는 것이다. 전반적으로 영국 식민지였던 지역에서는 재산권이 더욱 보장되고, 법치가 확립되었으며, 금융 시장이 더욱 발달하고, 더 좋은 정부가 존재하기 때문에 경제적으로 더욱 번영한다는 주장이다.[9] 여기서 가장 기본적인 것은 법이다. 법치는 한 사회의 발전을 가져오는 가장 중요한 요인이라 할 수 있다. 실상 영국인들은 법치의 확립을 대단히 중시했는데 19세기에 인도 총독을 역임한 벤팅크는 "현명한 법의 공정한 집행보다 더 강력한 문명화의 도구는 없다"고 천명했다.[10] 일부 학자들은 식민주의가 법치를 확립시켰다면 그것으로 만족해야 한다고 말하기도 한다. 실제로 식민 지배가 남긴 근대적 사법 체제는 전통 사회 엘리트가 관습적으로 누리던 초법적인 권위를 헌법상의 통제 안으로 끌어들였는데, 이것은 식민지 사회가 발전하는 데 대단히 중요한 원동력이 되었다.

잘 알려져 있다시피, 서양 법체계는 영국식 보통법 체계와 프랑스식 성문법 체계로 나뉜다. 영국식 보통법은 정부의 자의적 권력 행사에 대항하여 개인의 자유를 보호하는 법체계라 할 수 있다. '법관이 법을 만드는' 보통법 체제의 재판은 효율적인 규칙은 살아남게 하고 비효율적인 규칙은 도태되도록 만들기 때문에 성문법 체제보다 더욱 효율적이다.

학자들은 보통법이 성문법보다 경제 성장에 더 이롭다고 말한다. 보통법은 성문화되어 있지 않으므로 변하는 환경에 유연하게 대처할 수 있고, 그런 특성은 시간이 지나면서 법의 질을 높여 궁극적으로 높은 경제 성과를 가져다준다. 영국식 보통법이 남긴 유산이 경제 성장에 긍정적 효과를 미친다는 주장을 확인해주는 증거도 많다. 총 49개국을 대상으로 한 조사에서, 투자자를 법적으로 보호하는 데 영국식 보통법 체계를 갖춘 나라들이 가장 강하고, 프랑스식 성문법 체계를 가진 나라는 가장 약하다는 결론이 도출되었다. 최근의 또 다른 연구는 전 세계 102개국을 영국식 보통법 체계와 프랑스식 성문법 체계로 나눠 조사했다. 38개국이 보통법 체제를 가지고 있었고 64개국이 성문법 체제였는데, 1960~1992년 동안 일인당 평균 실질 소득의 성장이 보통법 국가에서 훨씬 더 높았다.[11]

보다 구체적으로 살펴보면, 보통법 전통을 가진 나라에서는 성문법 체계를 가진 나라보다 정부 권력을 제한하는 데 더욱 효과적이고, 자본을 형성하고 투자하는 게 용이하며, 금융 시장이 더욱 발전하는 경향이 있었다. 보통법을 따르는 나라들은 몇 가지 측면에서 성문법을 따르는 나라들과 차이를 보인다. 첫째, 보통법 체제는 채무자와 소액 주주들을 보호하는 법적 질서 유지에서 뛰어나므로 보통법 전통의 법체계를 가진 나라들이 투자자를 보호하는 데 더 낫고 그에 상응하는 경제적 성과도 더 좋게 나타난다. 둘째, 보통법은 경영인, 이사, 고위 임원 등에 의한 착취로부터 외부 투자자들을 더욱 보호해주는 경향이 있으므로 금융 시장이 더욱 안정적으로 발전한다. 셋째, 보통법 체제하에서는 경제에 대한 정부 개입의 수준이 낮으며 진입 장벽과 노동 시장 경직성이 낮다. 넷째, 보통법 체제하에서는 사법부의 위상이 성문법 나라들보다 높은데, 사법부의 위상이 높은 나라에서는 개인의 자유, 사유 재산권과 계약권 등이 더욱 존중된다는 것이다.

반대로 프랑스식 성문법 체제를 받아들인 나라들에는 가장 높은 수준의 공권력 개입이 발견된다. 특히 프랑스의 지적 전통에서 18세기는 소유에 대한 공격의 시대라 할 수 있는데, 루소의 영향을 받은 프랑스 지식인들은 경제적 간섭과 부의 재분배를 '일반 의지'의 활동으로 간주했고 국가의 간섭과 더 큰 역할을 인정해주었다. 그 결과 성문법 체제는 정부에 의한 민간 부문의 통제와 간섭을 공공의 이름으로 정당화했는데, 이것은 정부에 의한 재산 침해, 특권과 독점권의 부여, 진입 장벽 등으로 이어질 수 있다는 점에서 경제 발전에 부정적이라고 평가된다.[12]

실제로 보통법 전통은 영국 역사에서 국가 권력을 제한하는 데 중요한 역할을 했다. 2장에서 살펴보았듯 중세를 통해 대지주들은 치안 판사를 겸임하면서 보통법 체제를 발전시켰는데, 그들이 만들어낸 보통법의 핵심은 소유에 관한 법이었다. 잉글랜드의 보통법 판사들은 왕의 권력에 대항하여 법의 지배와 경제적 권리를 대변했다. 17세기 중엽 영국혁명 시기에 보통법은 경제적 자유 및 더 넓은 의미에서 왕의 자의적 통치로부터의 자유라는 개념과 강하게 연결되었다. 이 개념은 로크에 의해 가장 잘 표현되었는데, 로크는 정부의 가장 중요한 기능을 개인의 재산 보호에서 찾았다. 로크가 정립한 이 원칙은 이후 영국의 정치사상에서 가장 중요한 원칙으로 남아 있었다.

영국식 보통법 체제는 다른 방식으로도 식민지 사회의 경제가 성장하는 데 기여했다. 즉 영국 식민 통치를 경험한 나라들에서 발견되는 부정부패는 다른 제국에 종속되었던 지역들보다 그 정도가 덜하다는 것이다. 연구자들은 식민주의 유산과 부패의 관계를 추적하여, 영국 지배하에 있던 나라들이 다른 제국의 식민지였던 곳보다 확실히 덜 부패했다는 사실을 밝혀냈다. 그것은 영국인들이 심어준 법 문화가 법 집행의 엄정함과 절차상의 정의를 뚜렷하게 강조하기 때문으로 해석된다.[13]

20세기 초 영국의 법정을 그린 그림.

이처럼 최근 연구들은 공통적으로 영국의 법치 제도가 국가 혹은 지배 계급의 임의적인 권력 행사를 방지함으로써 식민지의 사회경제적 발전에 이롭게 작용했음을 밝혀주었다.

한편 민주주의의 정착 여부는 식민주의의 제도적 유산 가운데 특히 중요하게 간주된다. 오늘날 아시아·아프리카에서 민주주의가 붕괴되는 현상이 식민주의 때문이라는 비난의 목소리가 들린다. 식민주의를 민주주의의 실패 원인으로 주목하는 사람들은 식민 지배가 낳은 사회적 분열, 강한 국가와 약한 시민 사회라는 현상을 강조한다. 즉 식민 제국이 추구한 분열해서 통치한다는 정책 때문에 독립 후에도 사회적 분열이 계속된다는 것이다. 그러나 이에 대하여, 식민지 사회는 제국 지배자에 의해 분열된 것이 아니라 '사회적으로 분열되어 통일할 수 없으므로 종속되었다'는 반론도 있다. 인과 관계의 순서를 두고 서로 다른 주장이 충돌하는 것이다.

식민주의와 민주주의의 관계는 간단하게 측정될 수 있는 게 아니다. 민주주의 발달 여부에는 강한 국가와 약한 시민 사회라는 요소 외에 경제 발전 여부, 사회 내 인종적·종족적 동질성 및 종교적 갈등 또는 관용 같은 여러 요소가 작용하기 때문이다. 경제적 저개발은 식민 제국이 자신들의 이해관계를 위해 식민지 경제를 운용한 결과로 야기된 측면이 있다. 제국 통치 세력이 행정적으로나 군사상 이유로 식민지 사회에 전통적으로 존재하던 종교적·종족적 분열을 선호했고 그런 분열을 그대로 유지했다는 것도 사실이다. 한편 식민 통치에 도전한 민족 저항 운동은 권위주의적 식민 정부와 마찬가지로 획일적 성향과 충동을 띠게 되기 때문에 독립 후 비슷하게 획일적이고 권위주의적인 국가를 낳게 된다. 게다가 민주주의 발달의 발목을 잡는 요인들은 식민 지배의 유산만이 아니라 식민지 이전 사회의 유산이기도 하다. 독립 후 신생 국가에서 민주주의가 실패하는 것은 이 모든 요인이 결합해서 작용하기 때문일 것이다.

흥미로운 점은 민주주의의 성공과 관련된 영제국의 역할에 대한 평가다. 즉 영제국은 다른 식민 제국과 달리 식민지 사회의 민주주의를 촉진한 효과가 있으며, 더 오랫동안 영제국에 속해 있던 곳에서 민주주의가 더 많이 발전한다는 것이다. 연구자들은 2차 세계대전 후 독립한 신생국들 가운데 지속적으로 민주주의를 유지하는 나라들은 전부 영국 식민지였다는 사실을 발견했다. 식민 통치가 물러난 후 만들어진 세계에서 영제국에 속했던 사회의 민주적인 통치와 인권 수준이 다른 나라들보다 확실히 훨씬 더 높다는 사실이 밝혀진 것이다. 민주주의의 발달에서도 보통법 체제는 민법 체제보다 더 좋은 영향을 끼친 것으로 평가된다.[14]

실제로 영제국으로부터 독립한 많은 나라가 민주주의를 유지하고 있다. 물론 영국 식민지였던 나라들의 거의 반이 민주주의를 경험하지 못했다는 사실을 들어 영국의 기록이 특별히 좋은 것이 아니라는 주장도 있다. 특히 아프리카가 그러한데, 이에 대한 반론으로는, 그것은 달리 생각하면 식민 지배 기간이 짧았기 때문이라고 주장되기도 한다.[15] 하지만 적어도 국가와 시민 사회의 관계에 한정해볼 때 미국을 제외한 어떤 나라보다 영국이 민주주의에 건설적인 영향을 끼친 것은 사실이다. 그리고 영국 식민지만을 대상으로 볼 때, 영국의 통치 기간이 길수록 민주주의의 지속에 긍정적인 것도 사실로 확인된다. 가장 좋은 예가 인도다. 영제국의 통치가 인도에 남긴 가장 중요한 유산은 아마도 의회 정치 제도일 것이다. 독립 후 인도의 초대 수상을 역임한 네루는 영국에 대항해 민족주의 운동을 전개했지만 영국식 민주주의를 인도에서도 구현해야 한다는 확고한 신념을 가지고 있었다.

한편 프랑스 식민주의는 민주주의 유지에 덜 우호적이라고 평가된다. 연구자들은 프랑스식 식민 통치가 민주주의 발전에 긍정적이지 않았다는 사실을 지적한다. 프랑스 식민주의는 독립 후 일당 체제를 만들어내는 경향이 강한데, 그것은 영국의 간접 통치 방식과 다른 프랑스의 직접 통치의 전통에서 기인하는 것으로 해석된다. 즉 간접 통치 방식이 독립 후 다당 체제를 유지하는 데 더욱 이로우며, 영국식 식민 통치는 다른 제국들의 통치보다 강한 시민 사회를 유산으로 남기는 경향이 있다는 것이다.[16] 물론 이견이 있지만 영국식 의회민주주의가 프랑스식 대통령제보다 민주주의 발달에 더 낫다는 주장도 있다. 더욱 중요하게는 영국이 지방 정부 차원에서 식민지인들을 훈련시킨 데 반해 프랑스식 식민 통치는 그러지 않았다는 것이다. 영국은 교육, 교통 통신, 법치, 더 체계적인 관료제, 무엇보다 간접 통치를 통한 훈련 등을 통해 독립 후 민주주의에 더 나은 내부 구조를 만들었다. 제국이 본질상 아무리 권위주의적이고 가부장적이었다 해도 영제국의 권력은 프랑스 제국이나 일본제국보다 훨씬 '덜' 강압적이었다.

그러나 식민지기에 설립된 영국의 제도가 민주주의에 직접적이고 즉각적인 효과를 가진 것은 아니었다. 영국 식민 통치자들도 원주민들의 정치 참여를 제한했기 때문이다. 따라서 장기적 차원에서 민주주의에 끼친 효과를 찾아야 하는데, 교육이 바로 그것에 기여했다고 말할 수 있다. 즉 글을 깨치는 것이 궁극적으로 민주주의에 기여했던 것이다. 원주민 교육은 특히 영국 박애주의자들의 기본 목표 가운데 하나였다. 초기 빅토리아인들은 영국 통치의 목표가 인도인들을 정치적으로 교육시키고 궁극적인 자치 정부 수립을 위한 준비 과정이라고 주장했다. 동인도회사의 고위 관리이자 벤담주의자였던 제임스 밀(James Mill, 1773~1836)은 "동양과 서양을 나누는 물리적·정신적 거리감은 과학적 발견, 상업적 교류 그리고 비범한 영국의 법과 영국식 교육의 이식을 통해 사라지게 될 것"이라고 장담했다.[17] 밀을 존경했던 매콜리는 1833년에 동인도회사의 헌장을 개정하면서 다음과 같이 공언했다.

> 우리는 좋은 정부에 의해 우리 신민을 교육시켜 더 좋은 정부의 역량을 가지게 할 것이다. 그들은 유럽의 지식으로 교육받고 언젠가는 유럽의 제도를 요구할 것이다. 그날이 언제가 될지는 모르지만 그렇게 되면 그날은 '영국 역사에서 가장 자랑스러운 날'이 될 것이다.[18]

그러나 제국 정부가 시행한 교육은 한계가 있었고 식민지인들의 교육에서 당국보다 더욱 중요한 역할을 한 사람들은 기독교 선교사들이었다. 물론 식민 당국도 원주민 교육을 실시했지만 그들은 전반적으로 교육보다는 농업에 치중하고 남성 교육을 강조했다. 선교사들은 달랐다. 그들은 교육을 과학 및 경제 발전과 직접 연관시켰고, 정부가 운영하는 교육 기관과 달리 여성과 사회 최하층민들을 교육함으로써 사회 변화를 적극

인도의 첫 여성 의료 선교사인 클라라 스웨인(Clara Swain, 1834~1910)과 인도인 여성들.

유도했다. 예를 들어 인도에서의 기독교 포교는 특히 여성의 문맹률을 낮추는 데 효과가 컸다. 게다가 선교사들의 교육은 영어가 아니라 지방어로 진행된 덕분에 효과가 더욱 좋았다. 선교사로부터 교육을 받은 원주민들은 활발한 단체 활동을 익혔는데 19세기 후반이 되면 교육받은 하층민들에게 강한 사회의식이 나타났음을 보게 된다. 물론 그 효과는 매우 제한적이었다. 1916년에도 영국령 인도에서 총 인구의 3퍼센트 미만이 기본 교육을 받았다. 그럼에도 그 미미한 시작이 중요한 효과를 야기했고, 식민지기에 서구식 교육을 받았다는 사실은 직접적이지는 않지만 장기적으로 민주주의 발달에 영향을 끼쳤다.

인류 문명을
주도한다는 자부심

19세기 후반에 갑자기 지구 표면의 모양새를 변화시키며 전 세계로 뻗어 나간 유럽 제국주의를 유도한 동기에는 여러 가지가 있었다. 경제적·정치적·전략적인 요인 등 여러 동기가 유럽 국가들을 제국주의로 이끌었는데 그 가운데 미개인들을 문명으로 이끈다는 소위 '문명화 사명'은 매우 강한 동기였다.[19]

자신들이야말로 인류 문명을 주도하고 있다는 자부심으로 뭉친 영국인들은 특히 그 사명감을 누구보다도 심각하게 받아들였다. 자본주의, 계몽주의, 과학기술 등에서 세계 최고를 자랑하던 19세기 영국인들은 문명을 법체제의 정비, 정치 제도, 물질문명과 동일시했으며 자신들의 문명을 미개 사회에 전파해야 한다는 사명감에 불탔다. 영원한 인류의 진보를 위해 헌신하는 것은 영국인들의 '도덕적 의무'로 간주되었으며, 식민주의는 근대화의 필요한 도구로 정당화되었다. 근대화는 원주민들에게 남겨둔다면 할 수 없는, 혹은 잘 할 수 없는 것으로 상정되었다. 영국인들은 그들의 문명이 끝없는 전쟁과 내란에 시달리던 원주민 사회에 평화와 질서를 가져다주며, 식민지 정복은 그곳의 부패한 전제 정치를 타도하고 명확한 법률의 일관성 있는 적용에 기반을 둔 정직하고 효율적인 정부를 수립해주는 축복이라고 믿었다.

특히 영국인들은 영제국이 역사상 어떤 제국보다도, 혹은 동시대 어떤 제국보다도 지배자로서의 자격을 갖추고 있다는 주장을 폈다. 자신들이야말로 우월한 지혜, 지력, 미덕을 갖추고 있고, 타인을 지배할 능력을 갖추도록 훈육되었다는 것이다. 이런 신념으로 무장한 영국인들은 전문적이고 훈련된 식민지 관료제, 산업 자본주의, 놀라운 기술적 발명품, 교통과 통신 수단을 식민지에 이식함으로써 전 세계를 영국식 제도로 꾸며갔다. 영국인들은 이처럼 유럽인의 세계적 사명이라는 개념을 최대한으로 끌고 갔고 다른 어떤 제국보다도 세계화를 촉진했는데, 이를 두고 역사학자 퍼거슨(Niall Ferguson)은 '영국에 의한 지구화Anglobalization'라는 개념을 사용한다.[20]

영국인들이 펼친 문명화 사명의 전형적 예를 인도에서 볼 수 있다. 6장에서 살펴보았듯 영국인들은 19세기 초까지는 인도 문명을 존중해주었을 뿐 아니라 일부 동양학자들은 고대 인도 문명의 유산을 발굴하고 복구하는 데 열심이었다. 그러던 중 영국 내에서 기독교 복음주의가 발흥하고 급진적 자유주의가 세력을 얻게 되자 유럽 외 문명을 무시하는 태도로 돌변하여 인도를 영국화하려는 맹렬한 의지를 보였다. 일부 영국인들은 인도가 유럽보다 오랜 문명을 갖고 있다는 사실을 무시했으며, 인도 문명의 위대한 업적을 인정한 영국인들조차 그것은 다 과거지사이고 현재의 인도 문명은 쇠락해버렸다고 단정했다. 매콜리는 "훌륭한 유럽 도서관의 책장 한 칸이 인도와 아랍의 토착 문헌 전체의 가치와 맞먹는다는 사실을 부인할 수 있는 단 한 명의 동양학자도 발견하지 못했다"고 단언했다. "산스크리트어로 쓰인 모든 책에서 수집된 역사적 정보는 영국의 사립 초등학교에서 사용되는 가장 하찮은 요약본에 들어 있는 정보보다 가치가 덜하다"라고 말했을 때 그는 자신이 과장하고 있다고 생각하지 않았다.[21] 영국인들은 서구 근대 문명이 인류에게 보편적으로 바람직한 것이므로 인도인들도 당연히 그것을 원한다고 간주했고, 인도에 문명이라는 고귀한 선물을 선사한 것을 자신들의 위대한 업적으로 자부했다.

사실 근대 이후 제국의 지배 논리 가운데 가장 강력한 것은 종교였고, 문명화 사명에 가장 열정적인 사람들은 기독교 선교사들이었다. 제국 정부의 1차 목표가 식민화였다면 선교사들의 목표는 기독교 전파와 문명화였다. 선교사들은 정부의 도움 없이 광활한 영제국의 식민지에서 현지인들에게 개신교도의 안목을 심어주려 했다. 선교 목표는 기독교를 넘어 유럽 문명 자체의 전파였다. 그것은 원주민들이 기독교적 생활 방식을 받아들이고 근면과 절제 등 영국식 가치를 몸에 익히는 것까지를 포함했다. 가장 먼저 선교 활동에 나선 사람들은 퀘이커들이었다. 퀘이커들은 1655년부터 5년이라는 짧은 시간 동안 영국의 모든 대서양 식민지에 상륙 거점들을 확립할 정도로 왕성하게 활동했다. 그러나 가장 활발한 활동을 펼친 종파는 침례교였다. 침례교도들은 1792년에 설립된 해외 복음전도 침례교협회를 통해 복음 전파를 확대했는데 1848년에 이르면 100군데가 넘는 선교 기지와 350명 정도의 선교사들을 파견했다. 영국 국교회도 이에 자극을 받아 해외 선교 활동을 시작했다. 1809년에 국교회 선교사가 영제국 식민지 가운데 가장 멀리 떨어져 있는 뉴질랜드로 진출했다.[22]

흥미롭게도 영제국 내 어떤 지역에서는 기독교가 비교적 쉽게 뿌리를 내렸지만 어떤 지역들은 기독교를 완강히 거부했다. 뉴질랜드의 경우 마오리족은 영국인들이 자신들의 땅에 들어왔을 때 매우 호전적이었는데 땅을 두고 원주민들과 정착민들 간의 갈등이 심해지자 많은 원주민은 유럽식 교육과 종교를 거부했다. 그러다가 기독교 선교사들이 들어와 활동을 한 지 20여 년 후인 1840년대가 되면 마오리족의 반 이상이 기독교를 받아들였다.[23] 반면 인도에는 기독교가 거의 침투하지 못했다. 영국 정부는 19세기 초부터 인도에서의 기독교 포교를 허락했는데, 6장에서 살펴보았듯 그런 태도 변화가 세포이 반란을 야기한 원인 가운데 하나였다. 반란 후 그것이 인도인들을 기독교로 개종시키는 데 열성을 보이지 않았기 때문에 신이 내린 벌이라고 믿은 일부 복음주의자들은 더욱 열정적으로 선교에 몰입했지만 거의 효과를 볼 수 없었다.

선교사들은 식민지에서 교육의 주된 제공자였는데 19세기 말경, 식민지 정부가 교육에 적극적 태도를 취하면서 선교사들과 마찰을 빚게 되었다.[24] 식민지 정부와 선교사들의 관심사는 달랐다. 식민지 정부는 원주민들을 동화시켜 좋은 신민을 만들어내고 식민 통치에 활용할 수 있는 사람들을 양성하는 데 관심을 두었다. 그를 위해 교육은 매우 중요한 도구였다. 반면 선교사들은 교육의 종교적 측면을 중시했다. 선교사들이 제공한 교육 제도는 유치원, 초등, 중등, 대학, 신학교 등 다양한 모습을 띠었고 때로 교사도 양성했다. 그들은 정부의 지원에 의존할 수밖에 없었는데 정부는 경제적으로 지원을 하면 할수록 더욱더 간섭하려는 의도를 보였다. 인도의 경우, 인도 사회의 엘리트층을 교화시키는 데 실패하자 선교사들은 대중을 상대로 하는 교육과 선교 사업으로 방향을 돌렸다. 그러나 학교에 오도록 하기 위해 학생들에게 미끼로 돈을 주는 일도 있었고 기숙사를 제공하고 심지어 하인을 제공하기도 했다.[25] 학생들 입장에서는 교육을 받아 식민지 정부에서 일자리를 구하는 게 큰 목적이었지만 이렇게 서양식 교육을 받은 원주민 학생들은 후에 민족주의 운동에도 기여하게 된다.

　오늘날의 통설은 선교사들을 '문화적 제국주의자'로 바라본다. 그러나 현실은 그렇게 단순하지 않았다. 선교사들의 역할은 양가적이었다. 그들의 선교 사업은 한편으로는 병합과 식민화를 추구한 것이 사실이지만, 다른 한편 강력한 저항과 반대의 도구가 되기도 했다. 선교 사업은 토착민들의 도움을 절대적으로 필요로 했고 선교사들은 누구보다도 원주민들을 잘 알아야 했다. 그 때문에라도 선교사들은 식민 통치에 관여하

아프리카 잠비아에서 발행한 우표. 데이비드 리빙스턴과 탐험가 헨리 스탠리(Henry Stanley, 1841~1904)가 만나는 장면을 그렸다.

지 않을 수 없었고 제국 정부에 원주민들에 대한 지식을 제공하기도 했다. 그러나 기독교 선교는 모든 인간이 타락했고 구원의 대상이라는 대전제에서 시작하기 때문에 기본적으로 평등주의 색채를 띠었다. 선교사들은 또한 전통 사회의 최약자인 여성과 하층민들을 교육시킴으로써 사회 발전에 이바지했다. 그럼에도 선교사들은 원주민에 대한 직접적인 정치적 통제와 간섭을 지지하고 제국의 확장에 찬성했다. 리빙스턴의 예에서 보듯 영국인 선교사들은 상업, 문명, 기독교가 함께 전진해야 한다는 확신을 가지고 있었다.

영국인 선교사 가운데 리빙스턴(David Livingston, 1813~1873)만큼 대중적 열정을 불러일으킨 사람은 없었다. 그는 선교를 위해 아프리카에 도착한 후 노예무역에 큰 충격을 받았고 그곳에 문명과 제대로 된 상업을 도입하여 그 사회를 변모시키고자 했다. 리빙스턴은 '기독교와 문명과 상업'이 아프리카를 변화시킬 세 요소라고 확신했다. 특히 그의 영웅적인 아프리카 횡단 탐험(1852~1856) 후 리빙스턴은 위대한 공인이 되었고 옥스퍼드와 케임브리지에서 행한 그의 강연에 자극을 받아 새로운 대학 선교회들이 만들어졌다. 리빙스턴의 『남아프리카 선교 여행과 탐구_Missionary Travels and Researches in South Africa_』(1857)는 출간되자마자 7만 부가 팔렸는데 그때는 1만 부 이상이면 베스트셀러로 인정받던 시기였다.

리빙스턴 같은 진지한 선교사들의 헌신에도 불구하고 문명화 사명은 크게 진척되지 않았다. 인도는 1857년 세포이 반란을 겪고 난 후 영국 정부의 직접 통치령으로 바뀌었다. 1857년에 콜카타, 뭄바이, 첸나이에 대학이 설립된 것은 획기적 계기였다. 그 후 30년 동안 약 6만 명이 이 대학들을 졸업하고 하위 관직이지만 정부 관리로 진출했다. 1881년에는 15만 명의 학생들이 식민지 인도의 영국식 기숙학교 혹은 중등학교에서 교육을 받고 있었으며 1901년이 되면 그들의 수는 42만 명을 넘었다. 같은 기간 동안 누적적으로 3만 명의 학생들이 대학교를 졸업했다.[26] 그러나 그것은 19세기 초에 매콜리를 위시한 영국인들이 제시한 목표에는 턱도 없이 부족한 것이었다.

식민지 엘리트 교육에
주력하다

영국이 통치한 유색인 식민지에서 초등 교육은 어디서나 무시되었다. 영국인들의 간접 통치 방식은 식민지에서 자신들과 협력할 수 있는 엘리트를 키우는 데 집중했기 때문이다. 영국인 지배자와 인도 사회 사이의 '통역자'를 만들어낸다는 목표는 주로 상위 카스트 출신 힌두들이 충족시켜주었고 그들은 정부에서 관료나 전문직에 종사했다.

　기술 교육 역시 비슷한 취급을 받았다. 1830년대에 영국의 개혁가들이 인도를 영국화하는 작업을 시작했을 때, 인도 정부는 영어를 독려하고 과학기술을 가르치겠다는 정책을 추진했다. 아버지의 뒤를 이어 동인도회사에서 일한 저명한 정치사상가인 존 스튜어트 밀이 1854년에 작성한 「교육에 관한 공문」도 기술 교육을 강조했다. 그러나 5장에서 살펴보았듯, 인도 정부가 사회 기반 시설을 근대화하는 데 예산을 집중하면서 교육은 자동적으로 소홀해질 수밖에 없었다. 그러던 중 기술 교육은 1880년대에 다시 공적 토론의 주제가 되었다. 1884년에 영국에서 발표된 기술 교육에 관한 왕립위원회 보고서는 독일 등의 경쟁자들과 비교해 영국 산업이 쇠퇴하는 원인을 불충분한 기술 교육에서 찾았다. 이 보고서는 인도에서도 관심을 끌었다. 1888년에 인도 정부는 각 지역 지방 정부들에게 산업 현상을 조사하도록 명령하고 공업학교를 설립할 것을 주문했다. 그러나 지방 정부를 책임지고 있던 영국인 관리들은 대체로 옥스퍼드에서 인문학을 공부한 사람들이었기에 기술 문제에 거의 경험이 없었고 관심도 없었다. 이 문제는 지지부진한 상태로 남아 있다가 후에 인도 민족 운동이 부상하면서 다시 제기되었다.

20세기 들어 교육, 특히 기술 교육이 영국 통치자와 인도 민족주의 지도자들 사이에 중요한 갈등의 주제로 등장했다. 당시 부왕이던 커즌(George Curzon, 1859~1925)은 기술전문학교를 늘려달라는 인도인들의 요구에 대해 대중 교육이 우선이라고 반박했다. "기술전문학교부터 시작한다는 것은 마치 바지를 원하는 벌거벗은 사람에게 실크 모자를 주는 것과 마찬가지"라는 답변이었다.[27] 따라서 더 높은 수준의 교육을 원하는 인도 젊은이들은 외국으로 유학을 갈 수밖에 없었다. 그러나 막상 귀국했을 때 그들을 기다리는 것은 좌절뿐이었다. 그들은 훌륭한 교육을 받았지만 실제로 사용할 수 있는 기회가 없었다.

오랫동안 교육에 관심을 가졌던 인도의 대표 산업가 타타(J. N. Tata, 1839~1904)는 1898년에 커즌에게 자비로 과학 연구소를 건립하겠다고 제안했지만 죽을 때까지 허가를 받지 못했다. 최초의 대학원급 인도 기술 연구소는 타타의 사망 후 7년이 지난 1911년에야 문을 열었다. 영국인 통치자들의 입장에서도 일자리를 찾지 못한 졸업생들이 가질 불만과 소요를 걱정해야만 했다. 따라서 그들은 기술자가 당장 필요하면 유럽인들을 데려다 고용하는 식의 단기적 발상에 그쳤다. 그 태도에는 당연히 유색인에 대한 편견도 작용했는데, 영국인들은 식민지에서 기술 교육은 토목 공학 수준에 그치는 게 옳다고 생각했다. 인도 민족주의자들에게 대안은 스스로 길을 찾는 것이었고 그 것은 영국인 지배자들을 쫓아냄으로써 가능할 것이었다.

결과적으로 교육을 통한 영국인들의 문명화 사명에는 심각한 한계가 있었다. 인도가 동인도회사의 손을 떠나 직접 통치령이 된 후 50년이 지나도 3억 인구 가운데 글을 깨우친 사람들은 1,200만 명에 불과했다. 또래 아이들 가운데 1퍼센트만이 학교에 갔으며 4분의 3에 해당하는 마을에는 학교조차 없었다. 19세기 말에 영어가 아닌 지방어로 글을 깨우친 사람을 포함해서도 인도인들의 문자 해독율은 10퍼센트에 머물렀다. 고위 행정직을 인도인들에게 개방하고 나서 60여 년이 지난 후인 1929년에도 영국인 고위 관리가 894명인 데 비해 인도인은 367명에 불과했다.[28]

그럼에도 영국인들의 문명화 사명에 감사하는 인도인들의 존재가 분명 있었다. 이미 1823년에 인도의 교육·사회·정치의 개혁을 추구하는 운동 단체를 창설한 람모한 로이(Rammohan Roy, 1772~1833)는 영국에 대한 감사의 마음을 표현했다.

우주의 사건들을 감독하는 최고 '권위자 덕분에 인도는 이전 통

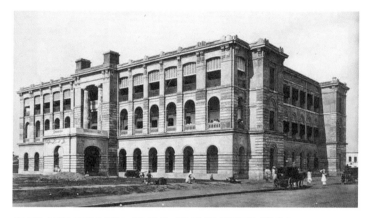

1857년 설립된 콜카타대학교. 인도에서 가장 오래된 국립종합대학이다.

치자들의 오랜 폭정으로부터 뜻밖에도 해방된 후 영국인들의 지
배하에 놓였다. 인도는 영국인들의 영향력이 끼치는 나라들 가
운데 존재하게 되어 시민으로서, 그리고 국민으로서의 자유를
누릴 수 있는 축복을 받았을 뿐 아니라 자유와 사회적 행복을
증진시키는 데 열중하고 있다.[29]

10년 후 죽을 때도 로이는 같은 생각이었다. 고위 행정 관
리를 역임한 더트(R. C. Dutt, 1848~1909)는 19세기 말에, 인도
는 칼로 정복당하고 점령된 것이 아니라 "훌륭한 정부에 의해
취해졌고 유지되었다"고 주저 없이 주장했다. 그가 판단하건
대, 무굴 황제들이 아직 통치하고 있음에도 무법적 약탈꾼들
이 전국을 휩쓸고 토후국과 부족들이 서로 전쟁을 벌이고 있
을 때, 영국의 통치는 나라에 평화와 안식, 안정된 정부, 공정

한 행정을 가져다줄 유일한 권력으로 대두했다는 것이다.[30] 인도 독립 운동의 지도자이며 독립 후 초대 수상을 지낸 네루 역시 영국이 인도에 서구적 의회 정부와 개인의 자유라는 개념을 가져다주었고, 인도인들 사이에 정치적 통일감을 주입시켜 하나의 단일 민족으로 탈바꿈시키고 민족주의의 발단에 불을 지폈다는 영국인들의 주장에는 "많은 진실이 있다"고 인정했다.[31] 영국이 서구를 향한 인도의 창을 처음 열고, 철도·전신·전화 같은 산업주의의 전령을 도입함으로써 인도에 서구 산업주의와 과학을 알려준 공로를 인정해주어야 한다는 것이었다.

물론 이들과 달리 간디는 서양식 교육이 인격을 기르는 데 아무 소용이 없으며, 단지 인도를 노예화하고 부패시키기 위해 고안된 체계일 뿐이라고 주장하면서 그것을 거부하도록 종용했다. 간디는 10만 명도 채 안 되는 영국인들이 3억의 인도인들을 200년 가까이 지배할 수 있었던 이유는 인도인들이 "근대 문명의 유혹에 넘어갔기 때문"이라고 주장했다.[32] 간디와 같이 유럽 근대성에 비판적인 입장에서 보면 유럽이 가져다준 근대 문명은 파괴자에 불과하다. 그러나 간디의 이런 비판은 서양 교육이 인도의 물질적 발전에 중요하다고 판단한 인도 민족운동의 주류에서 벗어난 것이었다.

19세기 유럽 제국들이 강조한 문명화의 사명이 낳은 가장 역설적인 결과는 그것이 비유럽인들에게 어떻게 제국주의의 지배에 저항하는가를 가르친 데 있다. 중요한 점은 비록 소수지만 근대 교육을 받은 사람들이 나타났다는 사실이다. 수에 있어서는 턱도 없이 부족했지만 그들은 궁극적으로 민족주의 운동의 지도자가 되었다. 기독교와 서구식 교육을 통해 식민지 사회를 재구성하려 한 영국인들의 의지는 서구식 교육을 받은 민족주의자들을 양성했고 그들에 의해 대체되고 말았다. 제국은 결국 몰락할 수밖에 없는 운명이었다. 그것은 본질적으로 자신을 파멸시킬 씨앗을 내포하고 있었다. 잘 알려진 '식민지는 익으면 떨어지는 과일과 같다'는 경구는 이런 모순적인 상황을 표현한 말이었다.

장기적으로 식민화가 남긴 유산은 긍정적인 면과 부정적인 면을 모두 포함하고 있었다. 의회민주주의, 자유선거, 기독교 윤리, 법치, 자유주의 경제 체제, 집회와 표현과 사상의 자유 등 영국의 제도들은 원주민 사회에 뿌리를 내렸다. 제한적이지만 영국의 교육, 과학, 기술이 남긴 유산도 명백하다. 자의든 타의든 영제국은 발전의 대리인 역할을 했다. 5장에서 살펴보았듯 영국인들은 전 세계에 과학기술적 지식을 퍼뜨리고 도로, 철도, 항구, 우편 시설, 전보 등 산업이 발전하는 데 필요한 사회 기간산업을 구축해놓았다. 제국주의자들의 의도가 무엇이었든 그들이 식민지에서 벌인 사회 기반 시설의 확충은 독립 후에도 뚜렷한 흔적을 남겼다.

앞서 살펴보았듯 영국으로부터 독립한 나라들이 채택하고 있는 보통법 체제는 시민의 권리와 자유를 확보하는 데 중요한 기여를 하고 있다. 나아가 영국식 사유 재산권과 재산 보호라는 개념은 지금은 영국으로부터 독립한 나라에서는 어디서나 발견되는 일반 현상이 되었다. 동시에 영국의 식민 통치는 인종주의적 편견에 기반을 두고 있었고 종속민들의 자존감을 크게 손상시켰다. 영국 식민주의의 효과는 따라서 긍정적이기도 하고 부정적이기도 하다. 법치와 민주주의 등 영국의 제도가 정상적으로 이식된 곳에서는 긍정적 효과가 부정적 효과를 압도한다. 다른 한편 영국인들의 인종주의적 시각 때문에 문명화 사명은 처음부터 한계를 안고 있었다. 그러나 많은 연구자가 주장하듯 다른 식민 제국들과 비교해볼 때 영국 식민주의가 다른 제국들보다 더 나은 유산을 남겼다는 말에는 동의해도 좋을 것이다.

8장
제국이 만든
다문화·다인종 사회

인류는 지구상에 나타난 이래 이주를 계속해왔지만 근대 이후 그 흐름이 더욱 왕성해졌다. 대항해 시대가 열린 후 세계사에서 가장 중요한 양상 가운데 하나는 대규모의 인구 이동인데, 특히 1860년 이후는 대이주의 시대라고 말할 수 있다. 영국은 유럽 국가들 가운데서도 가장 많은 이민을 떠나보낸 나라였다. 미국이나 프랑스와 달리, 영국은 전통적으로 이민자들이 정착하는 나라가 아니었다. 2차 세계대전 훨씬 이후까지도 영국은 들어오는 사람들보다 떠나는 사람들이 많은 나라였다. 1815~1914년 동안 고향을 떠난 영국인들의 수는 2,260여만 명에 달했다. 300쪽의 표에서 보듯 1970년대까지도 들어오는 사람들보다 나가는 사람들이 더 많았다.

그러나 그 후 언제부턴가 영국은 떠나는 사람보다 들어오는 사람들이 더 많게 되었다. 1914년에 영국 거주 인구의 1퍼센트만이 국외에서 태어난 사람이었고 20세기 중엽에도 2퍼센트만이 영국이 아닌 곳에서 태어났다. 그러나 2014년 영국 거주 인구의 13퍼센트 정도가 국외에서 태어난 사람들이다.[1] 오늘날의 영국이 다인종·다문화 사회임은 확실한데 이 같은 변화는 실은 지난 수십 년 사이에 급하게 일어난 현상이다.

누군가는 직업을 찾아 수 킬로미터 떨어진 데로 이사하는 것도 싫어하는 영국인들이 새로운 집을 마련하려 수천 킬로미터를 여행할 준비가 되어 있었다는 사실이 참으로 믿기지 않는다고 말한다. 영국인들은 먹거리가 좋은 프랑스나 이탈리아로 여행을 가도 집에서 먹던 영국 음식만 고집한다는 말을 듣는다. 그런 사람들이니 나온 말이다. 영제국은 그 광대한 규모만큼이나 거대한 규모에 달하는 사람들의 이동과 교류를 야기했다. 제국은 영국인들이 더 넓은 세계로 이동하고 다른 국민, 다른 문화와 접촉하는 것을 가능하게 해주었다. 이민의 방향도 가지각색이어서 영국인들을 포함해 제국의 신민들은 본국에서 식민지로, 식민지에서 식민지로, 식민지에서 본국으로 옮겨갔다. 그러나 그런 접촉이 물리적 수준을 넘어 정서적·문화적 교류와 통합으로 이어졌는지는 다른 문제라 하겠다.

영국을 떠나간
사람들

영국에서 출국 이민의 대행진은 1830년대에 시작되었다. 이민의 성격은 1880년까지 별다른 변화를 보이지 않다가 그 후 변하게 된다. 그러나 19세기 말까지도 정부 차원의 이민 정책은 부재했고, 이민은 거의 전적으로 개인과 민간단체의 주관에 의해 이뤄졌다. 1880년대부터 정부의 적극적인 개입을 요구하는 목소리가 커졌지만 정부 주도의 출국 이민 정책이 실질적으로 시행된 것은 1920년대에 이르러서였다. 19세기 말이 되면 대규모 정부 지원 없이 제국으로의 이민을 추진하는 것이 불가능하다는 사실이 명백해졌다. 그러나 1910년에도 식민성은 '정부 이민 정책'을 수립할 것을 거부했다. 정부를 대신해 이주를 권장하고 촉진한 것은 개인, 기업 혹은 민간 자선 단체들이었다.

  적어도 18세기 중엽부터 출국 이민은 공적·정치적 논의의 주제가 되었지만 본격적으로 논의가 이뤄지기 시작한 것은 1815년경부터였다. 18세기 중상주의자들은 이민이 본국의 경제적·군사적 인력을 고갈시킨다는 이유로 반대했다. 특히 일할 수 있는 젊은이들이 빠져나간다는 걱정이 컸다. 그러나 1815년경이 되면 인구 증가가 식량 생산을 따라잡지 못할 것이라는 맬서스의 이론이 주목을 받게 되고, 특히 나폴레옹전쟁이 끝난 후 돌아온 군인들로 인해 대량 실업에 대한 걱정이 가시화

웨이크필드(왼쪽)와 뉴질랜드 이민 모집 광고(오른쪽, 1839).

했다. 이제 과잉 인구를 해결하여 사회적 안정을 추구해야 한
다는 입장에서 이민이 활발히 논의되기 시작했다.

　이런 입장에 대해 반대한 사람이 웨이크필드(Edward Wake
field, 1796~1862)였다. 그는 단순히 '거렁뱅이들을 쫓아내는 것'
이 아니라 영제국 전체를 체계적으로 개발할 필요성이라는 관
점에서 이민을 바라보고, 새로운 기획을 시도했다. 웨이크필드
의 영향으로 전국식민협회가 결성(1830)되어 자격을 갖춘 정착
희망자들이 식민지로 떠나는 것을 돕는 활동을 했다. 웨이크
필드의 구상은 오스트레일리아에서 토지를 매매하여 나온 자
금으로 자격 있는 정착민들의 이민을 돕는 것이었다.

　1830년대에 시작된 이민 행렬은 웨이크필드에 힘입은 바

가 컸다. 이때 활동한 이민 단체들은 전문 중개인들을 통해 적격자들을 모집했는데, 중개인들은 광고, 출판물, 강연, 인터뷰 등 다양한 방법을 동원하여 이민자들을 끌어모았다. 정부는 직접 개입을 하지 않고 영국의 주요 항구들에 중개소들을 설립함으로써 승선한 승객의 안전을 보호하고 사기를 예방해주는 역할에만 국한했다. 1850년 이후 자선 단체와 자조self-help를 장려하는 조직들이 고아, 실업자, 처리 불가능한 잉여 여성들의 이민을 돕기 시작했다. 이런 노력에 힘입어 1832년에 유럽 외 지역으로 이주한 사람들의 수가 10만 명을 넘어서더니 1850년대에 130만 명, 1860년대에는 150만 명에 이르렀다.

이 시기에도 국가가 주관한 이주가 있었는데 대표적인 것이 오스트레일리아로의 죄수들의 추방이었다. 1788~1853년 동안 12만 3,000명의 남자들과 2만 5,000명의 여자 죄수들이 뉴사우스웨일스로 추방되었다. 그 외 2만 5,000명의 빈민들이 1834~1860년 동안 그곳으로 떠나갔다. 오스트레일리아는 죄수의 땅이라는 악명이 높아서 자유 정착민들은 1810년에 겨우 1,000명에 불과했으며 1820년대에도 죄수들이 자유 이민자들을 3 대 1로 압도했다. 오스트레일리아로의 이민은 처음에는 양을 방목할 수 있는 광대한 토지가 유인책이었는데 1851년에 멜번 남쪽 지역에서 금광이 발견되면서 이민자의 수가 폭발적으로 늘었다. 1830~1840년 동안 오스트레일리아와 뉴질랜드에 정착하기 위해 떠난 사람들이 6만 8,000명에서 37만

오스트레일리아의 초대 총독을 지낸 아서 필립(Arthur Phillip, 1738~1814)이 1788년 포트잭슨만(지금의 시드니)에 상륙한 장면을 그린 그림이다.

8,000명으로 늘었으며, 1865년이 되면 약 100만 명이 오스트레일리아에 정착했다.[2]

1840~1872년은 아일랜드 대기근이 일어나고 영국 내에도 불경기의 시기였는데, 이때 650만 명이 영국을 떠났다. 그 후에는 속도가 조금 늦어졌지만, 1880~1890년대에도 해마다 20만 명이 떠났다. 물론 모든 사람이 영제국의 식민지로 간 것은 아니었다. 떠난 사람들 중 62퍼센트는 미국으로, 19퍼센트는 캐나다로, 10.5퍼센트는 오스트레일리아와 뉴질랜드로, 나머지 3.5퍼센트가 남아프리카로 떠났다.[3]

가장 눈길을 끈 이민자들은 백인 자치령으로 향한 젊은 여성들이었다. 제국은 특히 잉여 여성들의 출구로 각광을 받았다. 오스트레일리아로의 미혼 여성들의 이주는 1831년에 시작되었고, 캐나다로의 여성 이민은 1850년에 시작되었다. 이들은 무료 항해를 제공받았다. 영국에는 여성들이 넘쳐나고 백인 정착지에는 부족하며, 남아나는 여성들은 정착민들의 아내가 되어 제국의 미래 세대를 낳을 어머니가 되어야 한다는 필요에서 나온 구상이었다. 결혼만이 아니라 취업을 알선하는 단체도 있었다. 1862년에 여성중간계급이민협회가 설립되었다. 목적은 교육받은 중간계급 여성들에게 식민지에서 일자리를 찾아주는 것이었는데, 그들에게 가장 적합한 일자리는 주로 가정교사직이었다. 이 사업 역시 취업을 넘어 결혼을 목표로 했고 매달 80~100명의 미혼 여성들이 뱃삯 지원을 받고 캐나다나 오스트레일리아로 떠났다. 그들은 '존중받을 만한respectable' 여성이라는 이미지를 손상시키지 않기 위해 감독자의 감독을 받으며 엄격한 규율 속에서 항해했다. 인도에서는 인도 주재 관리들의 딸이나 조카 혹은 가족의 친구인 젊은 처녀들이 결혼 상대로 적합한 미혼 남성들을 찾아 화물선 가득히 도착하는 진풍경이 벌어지기도 했다.[4]

그처럼 신중한 조치에도 불구하고 불미스런 일이 벌어지기도 했다. 1911년에 백인 정착 식민지로 이주한 여성들에 관한 보고서가 발표되어 논란을 불러일으켰다. 즉 그들이 도착 후의 관리 부실로 부적절한 대접을 받거나 매춘에 빠지는 경우가 있다는 것이었다. 특히 오스트레일리아에서 그런 사례가 많았다.

영국 국내 여론은 식민지 정부 당국에 더욱 강력한 관리를 요구했지만, 오스트레일리아 관리들은 영국 이민 단체에게 훈시 듣는 것을 달가워하지 않아 마찰이 빚어졌다.[5]

19세기 말에 국내 경제가 침체함에 따라 영제국의 통합 및 제국이 제공하는 기회에 대한 관심이 커지고 이민 논의도 활발해졌다. 제국은 영국이 당면한 여러 어려움의 해결책으로 보였다. 체임벌린의 관세 개혁 운동이나 애머리(Leo Amery, 1873~1955)의 제국 통합론 등이 세간의 관심을 끌었다. 19세기 말까지 제국은 출국 이민자들의 행선지에서 첫 번째 선택이 아니었다. 가장 많은 사람은 미국으로 향했다. 그러나 이제 정부가 나서서 이민자들의 움직임을 통제하고 효율적인 제국 통합을 촉진해야 한다는 요구가 강해졌다. 그런 분위기에 힘입어 1900년 이후 실제로 식민지로 향하는 사람들 수가 늘었다. 1890년대 이민자들 중 3분의 1 미만이 제국으로 향했다면, 1901~1910년 사이에는 이민자들 가운데 거의 절반이 백인 자치령으로 갔다. 가장 선호한 행선지는 캐나다였다.

19세기 말, 20세기 초에 출국 이민에서 눈에 띄는 두 가지 현상이 일어났다. 첫 번째는 이민자 수가 크게 늘었다는 것이다. 1875~1880년 동안 약 79만 7,000명이 떠났는데, 1905~1910년에는 250만 명이 떠났다. 두 번째 현상은 목적지가 달라졌다는 것이다. 앞서 설명되었듯 19세기에는 제국이 목적지가 아니었고 오히려 압도적 다수가 미국을 선호했는데

20세기 들어 식민지로 가는 이민 수가 늘었다. 마지막으로 세 번째 추세는 이민자들의 성격 변화였다. 19세기 초중반에 출국 이민자들의 압도적인 다수는 정착을 목적으로 한 자영농들과 숙련공들이었고 그들은 가족들을 동반해 이민을 떠났다. 그러나 19세기 중반부터, 특히 1880년대 이후 도시 출신과 미숙련 미혼 남성 이민자들이 많아졌다.[6]

시간이 지나면서 새로운 정착지에서 영국인들이 얻게 되는 일자리의 성격에도 변화가 나타났다. 이주 경향은 이중 노동 시장, 즉 경영, 관리, 전문직을 담당하기 위해 인도 같은 곳으로 향하는 엘리트층과 노동력 부족을 채우기 위한 노동자층으로 이분화되었다. 20세기에는 노동 시장의 성격도 많이 변했다. 1874~1914년 동안 옥스퍼드대학 베일리얼 컬리지 졸업생 가운데 제국에 일자리를 구한 사람들은 27퍼센트였는데, 1918~1938년에 이르면 17퍼센트로 감소했다. 반면 기술직과 과학 관련 직종에서의 고용은 늘었다. 즉 제국에서 행정이나 관리직은 줄어든 반면 민간 부문의 고용 기회가 증가했음을 보여주는 것이다. 영연방 국가들도 행정직보다는 기술과 자본을 가진 이민자들을 선호했다.[7]

영국 사회 전체가 출국 이민을 긍정적으로 본 것은 아니었다. 영국이 자원을 들여 양육한 젊은이들을 해외로 유출하는 것은 노동력 상실이라는 반대도 있었다. 사회주의자들은 복지 정책을 통해 국내 경제적·사회적 문제를 근본적으로 해결하는 것이 아니라 그 문제들을 단순히 해외로 반출하고 있다고 비난했다. 한편 19세기 말에 백인 정착 식민지가 이주민들의 인기를 얻게 되자 막상 식민지 정부는 오려는 사람들을 다 받아들이지 않고 자신들이 원하는 사람들을 선택했다. 특히 캐나다와 오스트레일리아에 자치 정부가 수립된 후에 식민지 정부는 영국이 필요 없어 내보내려는 인구를 받지 않겠다고 선언했다. 그들이 원한 이민자들은 자본과 기술을 가진 사람들이었다. 자치령들은 1918년 제국 회의에서 입국 이민을 통제할 수 있는 권한을 얻었고, 그 후 여러 차례 그 권한을 재확인하게 된다.[8]

20세기 들어 체임벌린이 주도한 관세 개혁 운동은 실패했지만 영제국을 더욱 통합시켜야 한다는 사회 분위기는 계속되었다. 제국은 치열한 경쟁에 몰리게 된 영국을 구원해줄 희망으로 보였다. 1910년에는 제국으로의 출국 이민을 보다 효율적으로 진행하기 위한 조직이 발족했다. 이때 설립된 출국이민위원회는 이민 관련 민간단체들의 중복된 활동을 조율하고 국가와 단체들의 더욱 밀접한 협력을 도모하려는 의도에서 결성되었다. 그들의 가장 큰 관심사는 이민자들이 다른 곳이 아니라 제국에 정착하도록 영국 정부에 압력을 가하는 것이었다.

이때 활동하던 49개의 자발적 단체들을 분석해보면, 종교적·박애주의적 성격이 32퍼센트, 여성 이민 단체들이 16퍼센트, 실업자 및 노동 교환 단체들이 5퍼센트였다.[9] 종교 단체들의 활동이 압도적으로 많았음을 알 수 있다. 특히 구세군은 영제국에서 가장 큰 이민 대행자가 되었는데 1930년까지 20만 명의 노동계급 남녀를 주로 캐나다로 이주시켰다. 출국이민위원회는 이민을 가고자 하는 사람들에게 정보와 조언을 제공하고 때로는 승선권 구매 비용을 지원해주었다. 이 위원회의 활동은 해외 정착 문제와 그것이 제국의 통합과 발전에 끼치는 중요성과 관련해서 대중의 관심이 증대했음을 잘 보여준다.[10]

그동안 줄곧 이민 문제에 소극적이던 영국 정부의 태도도 1차 세계대전을 겪으면서 바뀌어, 1919년부터 영국여성해외정착협회 기금을 마련하고 이민 희망자들을 조직한 후 안전한 출발을 지원했다. 1922년에는 제국 내 이민을 지원하려는 의도로 제국 정주법Empire Settlement Act이 제정되었다. 이런 지원책 덕분에 예전에 압도적으로 남성에게 치중되었던 이민 행태가 조금 더 균형 잡힌 모습을 보이게 되었다. 즉 1922~1936년 사이에 출국한 이민자들 가운데 3분의 1은 남성, 3분의 1은 여성, 나머지 3분의 1은 12세 이하 아이들로 구성되었다.[11]

다음 쪽의 표에서 보듯, 19세기 말에 정점에 달했던 출국 이민은 1930년대까지 감소하다가 1950년대부터 다시 증가했다. 1945년 이후에는 전후 복구로 영국이 완전 고용을 누린 시대였지만, 많은 사람이 이민을 떠났다. 여전히 신분 상승이 용이하지 않은 상황에서 더 나은 기회를 찾아 떠나는 사람들은 있었다.

19세기를 통해 영국을 떠난 사람들 가운데 다수는 스코틀랜드, 북아일랜드를 포함한 켈트 변두리 사람들이었다. 잉글랜

연도	출국	입국	비교
1890년	2,181,000	1,095,000	−1,086,000
1910년	1,688,000	976,000	−712,000
1930년	922,000	662,000	−260,000
1950년	1,303,000	660,000	−643,000
1970년	2,907,000	2,246,000	−651,000
1990년	231,000	267,000	+360,000

드에서는 1만 명 중 단 5명이 해외로 떠났지만 스코틀랜드 사람들은 1만 명 가운데 80명, 북아일랜드 출신은 82명이 고향을 떠났다. 1853~1930년 사이에 스코틀랜드 인구 자연 증가분의 61퍼센트가 고향을 떠나 해외로 이주했다. 가장 눈에 띄는 이주민 집단은 스코틀랜드에서도 고지대 출신들이다. 이들은 새로운 정착지에서 디아스포라를 형성하고 자신들의 지역적·문화적 정체성을 적극 유지했다. 즉 동족결혼을 고집한다든지, 자신들의 뿌리를 반영하는 종교적·세속적 활동을 통해 정체성을 유지해갔다. 그 결과 식민지 사회로의 동화는 지연되었다.[13]

　떠나간 사람들이 다시 본국으로 돌아온 경우도 흔했는데, 1861~1900년 사이에 잉글랜드와 웨일스를 떠난 사람들 중 반정도가 다시 돌아왔다. 이들이 돌아온 것을 단순히 실패의 결과로 해석해서는 안 되는데 아마도 원래 떠날 때부터 돌아올 것을 의도했을 수도 있기 때문이다.

영제국의 이민 현상을 관찰할 때 가장 경이로운 점은, 제국의 신민들이 전 지구적으로 퍼져 나간 현상이다. 영국인들이 제국으로 퍼져 나간 것과 마찬가지로 식민지인들이 제국 내 각기 다른 식민지로 옮겨갔다. 특히 많은 수의 계약 노동자들이 아시아, 아프리카를 횡단하며 이동했다. 서인도 제도 출신의 병사들이 아프리카에서 근무하고, 아일랜드 출신 신부와 교사들이 제국 모든 곳에서 활약했다. 가장 많은 이동을 감행한 사람들은 인도인들이었다. 인도인들은 제국 내 모든 곳에서 상인, 경영인, 노동자로 활동했다. 터번을 두른 시크 경찰과 병사들을 아프리카나 홍콩에서 보는 것은 흔한 일이었다. 1832~1937년의 약 100년 동안 인도는 약 3,000만 명을 영제국의 다른 지역에 계약 노동자로 수출했는데, 아마 그들 중 5분의 1은 그곳에 영원히 남았을 것으로 추정된다.[14]

인도인 노동자들은 남아프리카에서 선호되었는데, 토착 아프리카인들과 달리 그들은 고단한 노동으로 고통을 받는다 하더라도 고향으로 돌아갈 수 없었기 때문이다. 그러나 오스트레일리아는 그곳에 남으려는 영제국의 유색인 신민들을 받아들이지 않았다. 많은 제국 신민이 오스트레일리아에서 계약 노동자로 일한 후 그곳에 정착하고 싶어 했지만 백인들은 그것을 허용하지 않았다. 할 수 없이 그들은 백인들이 없는 오스트레일리아 북부의 적도 부근으로 이동해서 그곳에 정착하기도 했다.

영국을 향한 사람들,
이민 문제와 인종 문제

유럽 역사에서 가장 극적인 이주의 물결은 실상 종교개혁 후 가톨릭과 개신교도 간의 종교전쟁으로 야기되었다. 프랑스에서는 1559년부터 40년 동안 신구교도들의 갈등이 치열했고, 1566년에는 스페인제국과 그 속령인 네덜란드 신교도들과의 80년전쟁이 시작되었으며, 독일도 1618년부터 30년전쟁이라 불리는 분쟁에 휘말렸다.

웨스트팔리아조약(또는 베스트팔렌조약, 1648)으로 종교 분쟁은 잠시 잠잠해졌지만 루이 14세가 종교적 관용을 베풀던 낭트칙령을 폐기하고(1685) 가톨릭 신앙을 강제하자 위그노*의 대규모 탈출이 이어졌다. 다음 5년 동안 14~16만 명이 프랑스 땅을 떠났는데 그중 3분의 1이 잉글랜드에 터전을 마련했고, 3분의 1은 네덜란드, 나머지는 스위스와 독일로 향했다. 궁극적으로 8만 명의 위그노들이 잉글랜드에 정착했다.[15] 잉글랜드인들은 도착하는 위그노들을 환영해주었고 그들은 어렵지 않게 잉글랜드 사회에 융합되었다. 잉글랜드 국교회도 기금을 마련해 망명자들을 도왔다. 위그노 가운데는 교육 수준이 높고 기술을 가진 장인과 부자들이 많았다. 그들은 양털 염색 기술

---

* 프랑스의 개신교도.

을 가져왔고, 잉글랜드의 실크 산업을 혁명적으로 바꾸었으며, 농업 경제를 산업 경제로 전환하는 데 일조했다. 직물만 아니라 시계 제조업에서도 위그노들의 기술은 뛰어났으며 금융에도 일가견이 있었다.

잉글랜드은행(영란은행)이 창립되었을 17세기에는 경제 요인에 의한 대규모 인구 이동이 시작되었다. 1840년대 감자마름병으로 인한 대기근 사태 후 아일랜드 사람들의 대규모 이주가 일어났다. 약 100만 명의 아일랜드인들이 이때 고향을 떠났는데 많은 수가 영국과 미국으로 갔으며 그 외 오스트레일리아 등으로도 퍼져 나갔다. 스스로 뱃삯을 지불할 수 있었던 아일랜드인들은 북아메리카나 오스트랄라시아로 떠났지만 가난한 사람들은 가까운 영국으로 건너가 런던, 리버풀, 맨체스터, 글래스고에 정착했다. 1851년에 영국에서 실시된 인구 조사에 의하면, 리버풀 인구의 22.3퍼센트, 글래스고 인구의 18.2퍼센트가 아일랜드 출신이었다.[16] 19세기에는 정치적 망명도 흔했는데 여기서도 영국은 가장 많은 수의 망명객을 받아들인 나라다. 가장 유명한 정치적 망명객은 카를 마르크스였다.

영국 역사를 통해 반反외국인 정서가 강한 시기와 약한 시기가 있었지만, 영국은 다른 어떤 나라보다도 이방인들을 수용하는 기운이 강한 나라였다. 여러 이유로 영국에 모여든 이방인들은 그곳의 자유주의적 분위기 덕분에 서서히 그 사회에 통합될 수 있었다. 즉 가톨릭 해방(1829), 유대인 해방(1835) 등을 통해 그들은 시민권을 부여받고 몇몇은 사회적 사다리의 꼭대기에 오를 수 있었다.

유대인 가운데 최초로 영국 의회 의원이 된 사람은 라이어널 드 로스차일드 남작이었다. 런던에 정착한 로스차일드 가문의 2세대인 그는 1847년 총선에서 당선되었지만 영국 국교회를 인정하는 선서를 거부한 탓에 의석을 차지할 수 없었다. 1858년에 법이 바뀌면서 로스차일드는 의회에 자리 잡은 첫 유대인이 되었고 후에는 상원 의원이 된 첫 유대인이기도 했다. 또 다른 유대인 출신인 디즈레일리는 물론 아버지 대에 국교회로 개종했지만, 수상까지 된 인물이다.

19세기 말까지 영국으로의 입국 이민에 대한 공식적인 제한은 없었다. 19세기 내내 영제국 신민들은 관습에 따라 제국 내에서 자유롭게 이동할 수 있는 권리를 보유했다. 그러나 실질적으로 유입되는 이민의 수는 극히 제한적이었다. 이민을 공식 통제하는 첫 번째 법인 외국인법Aliens Act은 1905년에 보수당 정부에 의해 제정되었다. 그 법은 제국 신민이 아니라 외국인, 특히 러시아와 동유럽으로부터 박해를 피해 유입되는 유대인들의 이민을 제한하려는 의도였다. 이 법은 그동안의 자유로운 이동을 중단시키고 입국자들을 제한하는 첫 틀을 만들었다. 한편 영국 시민이 누구인가는 1914년에 제정된 영국 국적법에 의해 최초로 정의되었다. 1914년 법은 영국 시민을 '국왕 폐하가 다스리고 국왕 폐하에게 충성을 맹세한 영역에서 태어

1914년 이후 이민 관련 주요 법

연도	법률
1914년	영국 국적 및 외국인 지위에 관한 법British Nationality and Status of Aliens Act
1948년	영국 국적법British Nationality Act
1962년	영연방 이민법Commonwealth Immigrants Act
1968년	영연방 이민법Commonwealth Immigrants Act
1971년	이민법Immigration Act
1981년	영국 국적법British Nationality Act
2002년	국적, 이민, 망명법Nationality, Immigration and Asylum Act

난 모든 사람'으로 정의했고 그들은 누구든 영국에 입국할 자격을 가진다고 확인했다.

2차 세계대전 종전까지 입국 이민에 대한 영국 정부의 정책에는 큰 변화가 없었다. 1945년 7월에 집권한 노동당 정부는 영제국과 영연방에 속한 모든 사람에게 영국으로 자유롭게 이주할 수 있는 권리를 부여하는 영국 국적법을 제정했다. 영국 국적법은 영국이 영제국과 영연방이라는 거대한 단위의 중심이자 그 안에 살고 있는 모든 사람의 모국임을 선언했다. 그 배경에는 영국이 전쟁을 겪으면서 위상의 하락을 실감했다는 사실이 있었다. 한 세기 이상 최고 강대국의 지위를 누리던 영국이 '작고 보잘것없는 당나귀'로 전락했던 것이다.

이제 영국은 제국 및 영연방과의 유대를 견고히 다짐으로써 국제 정치적 패권과 경제적 이권을 지켜 나가고자 했고 그것을 구체화한 것이 1948년의 국적법이었다. 이 법은 영국 시민 및 식민지 시민과 영연방 국가의 시민을 구분했지만 이들은 모두 동일한 신민으로서 동등한 권리를 누리도록 조치했다. 다시 말해 단순히 영국 시민인지 혹은 연방 시민인지의 차이만 있을 뿐 모두가 동등한 권리를 누릴 수 있었다. 물론 이 법을 제정했을 당시 영국인들이 염두에 둔 것은 캐나다, 오스트레일리아 같은 구Old영연방국의 백인들이었다. 그러나 후에 드러나듯 2차 세계대전 종전 후 독립하여 새로 영연방에 가입한 소위 신연방국New Commonwealth Country과 식민지가 이 구상에서 배제될 수는 없었다. 1948년 법은 영제국과 영연방의 결속을 다지려는 목적으로 제정되었지만 처음으로 '시민'과 '신민'을 구별함으로써 후에 이민 제한과 관련해 중요해질 범주를 만들어냈다.

이때 이미 유색인 신민들을 차별하는 분위기는 명백했다. 전쟁이 끝난 후 영국은 경제 부흥에 필요한 노동력이 부족한 상황이었다. 당연히 해외 노동력에 의존해야 했지만 기꺼이 영국에서 일하려는 아일랜드, 이탈리아, 네덜란드 출신만으로는 부족했다. 노동당 정부는 유럽으로부터의 이민을 조직화하면서도 식민지로부터의 유색인들의 입국은 막으려 했다. 즉 폴란드인들, 서독과 오스트리아에서 모집한 노동자, 그 외 백인 전쟁 포로를 통해 노동 문제를 해결하려 하면서 제국으로부터 유색인들은 받아들이려 하지 않았던 것이다. 이것은 유색인들이 영국 문화에 동화될 수 없을 것이라는 전제에서 비롯된 태도였다. 결국 이민 문제는 인종 문제였던 것이다. 백인 노동자

1948년, 엠파이어 윈드러시 호가 자메이카, 트리니다드토바고 등에서 노동자들을 데려
오면서 유색인 이민이 시작되었다.

들은 영국인들과 동화할 수 있는 가능성이 있을 뿐 아니라 시
민이 아니었기에 정부가 그들의 노동력을 임의로 사용할 수 있
다는 이점도 있었다.[17]

　앞서 설명되었듯 1948년 국적법은 영제국 내 모든 신민에
게 영국에 입국할 권리를 허락해주었다. 이 법을 제정했을 당
시 노동당 정부는 물론이고 그 누구도 영연방과 식민지의 유색
인들이 그들의 권리를 실제로 행사할 것이라는 점을 진지하게
고려하지 않았다. 그러나 바로 그해에 엠파이어 윈드러시Empire
Windrush 호의 충격이 찾아왔다. 1948년 6월에 자메이카로부터
유색인 이민들을 태운 엠파이어 윈드러시 호가 입항했다. 원래
나치의 전함이었다가 영국 해군에 포획된 이 배는 킹스턴에 남
아 있던 영국 공군 병사들을 데려오는 김에 모객으로 남는 좌

석을 채웠을 뿐이었다. 그러나 이들의 입항은 영국 사회에 큰 충격을 던져주었고, 식민주의가 낳은 불가피한 유산을 상징적으로 보여주는 사건이 되었다.

엠파이어 윈드러시 호의 충격에도 불구하고 영국은 영연방으로부터의 이민을 규제하지 않았다. 보수당 정부(1951~1964)는 유색인 이민자들의 증가를 명백한 문제점으로 간주했으나 이들의 이민을 법적으로 제한하는 것은 망설였다. 영연방의 지도력에 흠집이 생길 것이고 결국 제국과 영연방의 해체를 자극할 것이라 생각했기 때문이다.

그러나 1958년 8월에 노팅엄과 런던 노팅힐에서 일어난 인종 폭동으로 위기감이 크게 증가한 상황에서 1961년 한 해에 입국하는 유색인 이민자들이 10만 명에 육박하는 상황이 되었다. 마침내 식민지와 영연방 사람들의 무제한한 이주권을 제한하는 영연방 이민법이 제정되었다(1962). 이 법은 영국 여권이 없는 사람들의 유입을 억제한 최초의 법으로, 신연방국 출신들을 대상으로 했다. 1962년 법은 일반적으로 영국에서 이민이 제한되는 전환점으로 묘사된다. 그 법은 식민지와 새로독립한 신연방국 시민들이 영국에 입국할 때 다른 외국인들과 마찬가지로 취급하게 함으로써 그들의 특별 지위를 박탈했다. 신연방국 사람들은 유색인들이었고, 1962년 법의 목적은 결국유색인 이민을 효율적으로 막으려는 것이었다. 이제 일자리가 약속된 사람, 영국에 도움될 전문 기술을 갖춘 사람, 그 외 노동 허가서를 발급받은 사람들의 입국만 허용되었다.

1964년에 또 한 번 영국인들의 인종적 인식을 보여주는 사건이 있었다. 그해 치러진 총선에서 전통적으로 노동당이 점해오던 스메딕 선거구에서 보수당 후보가 당선되는 이변이 일어났다. 그는 '만약 당신이 검둥이 이웃을 원한다면 자유당이나 노동당에 투표하라'는 노골적인 인종 차별적 구호를 들고 나왔는데 예상 외로 크게 승리했던 것이다.[18] 노동당의 크로스먼(Richard Crossman)은 "이민자들이 우리 도시의 중심으로 들어와 그곳을 망쳐버리는 것을 노동당이 허용하는 것처럼 보인다면 이민은 노동당이 표를 잃게 되는 가장 큰 잠재 요인이 될 것"이라고 사태를 진단했다.[19] 1964년 총선 후에 노동당이 관용적인 이민 정책을 옹호하는 것은 훨씬 더 어려워졌고 노동당 정부도 유색인 이민에 대한 사회 전반의 적대감이 매우 강하다는 사실을 인식하고 표를 의식할 수밖에 없었다.

1968년에 또 한 차례 충격적 사건이 일어났다. 즉 케냐에 거주하던 아시아인들이 케냐가 독립한(1963) 후 대거 영국으로 이주한 것이었다. 주로 인도에서 동아프리카로 건너간 사람들의 후손인 이들은 독립할 당시 케냐 시민권을 자동으로 부여받지 않았기 때문에 영국 여권을 보유하고 있었다. 독립 후 케냐 정부의 탄압이 시작되자 이제 그 여권을 사용하여 '모국'에 입국하고자 몰려온 것이었다. 케냐 아시아인들의 대거 이주는 영국인들에게 큰 충격이었고, 강력한 이민 제한의 움직임을 자극했다. 이노크 파월(Enoch Powell, 1912~1998)의 유명한, 혹은 악명 높은 인종주의적 연설도 이 맥락에서 나왔다. 1968년 2월, 2주간 무려 1만 명의 케냐 출신 아시아인들이 영국에 발을 들여놓자 다급해진 영국 의회는 사흘 만에 새로운 이민법을 통과시켰다. 당시 집권하던 노동당 정부가 통과시킨 1968년 영연방 이민법은 영국 여권이 없는 사람들만이 아니라 여권을 가진 사람들 가운데서도 영국에서 태어나지 않은 사람, 혹은 부모나 조부모가 영국에서 태어나지 않은 사람들의 권리를 제한했다. "만약 케냐 아시아인들이 백인이었다면 1968년 이민법은 존재하지 않았을 것"이라는 말이 있듯 1968년 법은 유색인들의 입국을 제한하겠다는 명백한 의도를 담고 있었다. 인종 문제와 이민 문제가 또다시 결합되었던 것이다.

1970년에 집권한 보수당 정부도 다음 해에 이민법(1971)을 제정했는데, 이 법은 영연방 출신과 외국인 이민의 구분을 제거함으로써 영연방 출신도 외국인과 마찬가지로 입국이 억제되었다. 이제 영제국 출신에게는 영국에 입국, 거주할 수 있는 어떤 권리도 주어지지 않았다. 그러나 영국에 조부모까지의 혈연관계를 가진 사람들은 예외였는데 그들은 주로 영국인 조상을 가진 오스트레일리아, 캐나다, 뉴질랜드 사람들이었다. 1971년 법 역시 유색인에 대한 차별을 드러낸 것이었다. 이처럼 보수당이나 노동당이나 모두 유색인 이민을 제한하는 정책에서는 한목소리였다. 영국 노동계급의 다수가 그들에 대한 경계심을 가지고 있었고 그것이 투표 행위와 직접 연결되는 상황에서 정당 정치도 무관할 수 없게 되었다. 1971년 이민법은 사실상 제국의 종말을 상징하는 법이었다. 이후 영국이 유럽공동체European Community*에 가입하자 유럽공동체 구성원들에게는 입국이 허용되었다. 1973년 1월 1일 자로 1971년 이민법이 효력을 발휘하기 시작했고, 같은 날 영국은 유럽공동체의 회원국이 되었다. 그날은 영국으로의 입국 방향이 바뀐 날이었다. 영국은 제국을 버리고 유럽을 택했던 것이다.

1970년대의 심각한 노사 관계 악화와 경제 침체를 겪고 난 후 1979년에 집권에 성공한 마거릿 대처의 보수당 정부는 강력한 국민 정체성을 정립하는 것을 국정 목표 가운데 하나로 설정했다. 대처는 계급적 소속감, 국가 관료주의, 노조 장악으로부터 영국 국민을 분리시켜 과거 영국 역사에서 발견된다고 간주된 '자유롭고 책임 있는 개인'으로 다시 태어나도록 만들 것을 갈망했다. 문제는 현실적으로 그런 국민 정체성이 인종주의와 밀접하게 연결될 수밖에 없었다는 것이다.

1981년에 대처 정부는 국민 정체성의 재정립과 배타적 시민권의 수립을 목표로 한 영국 국적법을 제정했다. 이 법은 시민권을 3종, 즉 영국 시민권, 종속령 시민권, 해외 시민권으로 구분하고 영국 시민권을 가진 사람에게만 영국에 살 수 있는

---

* 유럽연합EU의 전신.

거주권을 부여했다. 이것은 실질적으로는 영연방 시민권을 없애고 영국 시민과 그 외 나머지 모두로 구분한 것이었고, 그것은 대체로 백인과 유색인의 구분이었다. 1981년 국적법은 영제국 및 영연방 전통과의 완전한 결별을 의미했다. 이미 1971년 법이 영제국의 종말을 상징했지만 1981년 법은 그보다 한 발자국 더 나아가 제국적 맥락에서 형성된 시민권 개념을 거부하고 국민 정체성을 새롭게 정립하려는 의도를 명백히 했다. 1981년 국적법은 새로운 생각이 아니었다. 그것은 이미 영국 사회에서 상당히 논의가 이뤄지고 있던 사안을 공식화했을 뿐이었다.

문제는 대처가 새롭게 형성하려는 영국 국민 안에 유색인 이민들이 포함될 것인가였다. 마거릿 대처는 1978년에 영국인들이 다른 문화를 가진 사람들에 의해 '잠겨버릴' 것을 걱정한다고 말했는데 그것은 보수당, 영국독립당UK Independence Party, UKIP만이 아니라 노동당까지도 공유한 입장이었다.[20] 이러한 잠재적 갈등이 1980년대에 터져 나왔다. 1985년 9월 버밍엄과 브릭스턴에서 유색인 이민들이 연루된 폭동이 일어났다. 브릭스턴에서는 1981년에도 큰 규모의 폭동이 있었다. 폭동 전 여론조사에서 이민을 영국 사회의 우선적인 문제로 생각하는 사람들의 비율은 5퍼센트에 불과했지만, 폭동 후 그 수치는 12퍼센트로 늘었고 10월에는 17퍼센트로 증가했다.[21] 20세기 말 21세기 초에 또다시 이민에 대한 관심이 폭발적으로 증가했다. 영불 해협(도버 해협) 터널의 프랑스 측에 설립된 난민 캠프로부터

아일랜드에서 일어난 대기근(1845~1849)을 모티브로 한, 더블린 리피강 부둣가에 설치된 조각 작품이다. 로완 길레스피, 〈기근〉, 1997년 작.

망명 희망자들과 불법 이민자들이 물밀 듯이 들어오고 있다는 인식에 따른 것이었다. 2004년 이래 영국은 망명 및 이민법에 의해 영장 없이도 외국인들을 수색할 수 있는 경찰의 권리를 강화했다.

동화와 통합, 상처를 남기다

영국 역사상 소수자 통합에서 가장 큰 문제는 사실 아일랜드 사람들이었다. 근대 이후 영국으로 가장 많이 들어온 사람들이 아일랜드 출신이었고, 그들은 16세기로 거슬러 올라가는 잉글랜드 식민 통치에서 탄압받은 아픈 상처를 가지고 있었다. 더군다나 1840년대 대기근 후에 이주한 아일랜드 사람들은 더욱더 영국에 대한 미움을 품고 있었다. 아일랜드 출신 이민자들은 대개 건설, 부두 노동, 철도 부설 같은 미숙련 및 반숙련 노동에 분포해 있었는데 그들의 생활환경은 열악했고 주로 경범이었지만 범죄에도 많이 연루되었다. 예를 들어 잉글랜드 북부 도시인 요크에서 보고된 범죄의 4분의 1이 아일랜드인들에 의한 것이었다.[22] 더욱 큰 문제는 아일랜드 이민 가운데 흐르고 있던 통합을 거부하는 강한 조류였다. 통합 여부를 가름하는 대표 지표인 결혼 행태를 분석해보면, 아일랜드 사람들끼리의 결혼은 1851년에 86퍼센트에 달했고, 1891년에도 72.4퍼센트에 이르렀다.[23]

이민자에 대한 영국인들의 호감도는 이민자의 출신 지역에 따라 상당히 달랐다. 평균적으로 1980년대에는 여론 조사 대상자 중 60퍼센트 이상이 인도, 파키스탄, 서인도 제도 출신의 정착을 덜 선호했으며, 32퍼센트는 오스트레일리아인들의 이민을 덜 선호했다. 특히 파키스탄 사람들은 가장 인기가 없었는데 이는 알제리 사람들에 대한 프랑스인들의 반응과 유사해 보인다. 무슬림 이민자들에 대한 영국인들의 비호감이 확인되는 것이다. 영국은 이민자들을 통합하는 데 프랑스보다 훨씬 더 성공적이라고 평가되지만, 무슬림 이민자들은 가장 성공적이지 못한 사례라 할 수 있다. 그런 반응은 상호적이었다. 2006년의 조사에 따르면, 무슬림이라고 밝힌 영국 시민들 사이에는 무슬림으로서의 정체성이 영국인으로서의 정체성보다 훨씬 더 강하다는 것이 명확히 드러났다.[24]

영국에서 이민자들의 권리는 프랑스에서보다 훨씬 더 포괄적이었고 반反차별 입법을 통해 더욱 잘 보호되었다. 그러나 동시에 여러 조사는 이런 정책들이 통합과 관련해서는 덜 효과적일 수도 있다는 점을 보여준다. 이민자들의 통합 문제는 1960년대 이래 정치적 현안이었다. 유색인 이민 문제가 총선에서 큰 이슈가 되었던 1964년에 집권에 성공한 노동당의 대변인은 공식적으로 "국민적 삶에 동화될 수 있을 것 같은" 이민자들만 영국 거주를 허용해야 한다고 주장했다.[25] 그러나 다음 해에 노동당 정부는 다문화주의를 이민자 통합 원칙으로 천명했는데, 그것은 1960년대를 지배한 관용적인 분위기 때문이다. 그 원칙에서 영국 정부는 공립학교를 통해 종교적·문화적 다양성에 대한 교육을 실시하고 무슬림 학생들을 위한 급식이나 히잡과 터번 착용의 자유를 허용했다.

이민자들이 다문화주의를 긍정적으로 평가한 것은 당연했다. 그러나 그들의 분리된 삶은 영국 사회에서 끊임없이 문제가 되었고 회의감이 확산되었다. 다문화주의라는 이상이 국민 통합과 응집력의 감소를 두려워하는 사람들의 걱정을 덜어주지 못했던 것이다. 다문화주의는 평등을 보장하는 것처럼 보이지만, 오히려 사회적 불평등을 '피할 수 없는 문화적 차이'의 결과로 환원시키면서 사회적 분열에 대한 변명을 제공했다는 비판을 받았다.[26]

이민자들이 적극적으로 영국인들과 공유하는 정체성을 가지도록 만들어야 한다는 요구와 다문화주의 사이에 긴장감이 고조되었는데, 이것은 교육에 대한 논쟁에서 명백하게 드러났다. '핵심적인 영국의 가치들'을 가르칠 필요가 있다는 주장에 이어 그 '핵심 가치'가 무엇인지에 대한 활발한 논의가 이어졌다. 그 논의는 정치적으로 다각적인 효과를 낳았는데, 국민 정체성을 강조하는 것은 정치적으로 보수당에게 유리했다. 한편 노동당에게 이민자들은 잠재적인 새로운 유권자이자 정치적 자원일 수 있지만 실제로는 강력한 정치적 자원이 되지 못했다.

1980년대 대처 정부는 다문화주의를 포기하고 확실하게 동화주의로 태도를 바꾸었다. 위에서도 언급되었듯 대처 정부는 국민 정체성을 재정립할 것을 목표로 했는데 그 노력의 일환으로 해외로부터의 이민자들을 적극 영국화하려고 시도했다. 1989년 2월에 대처 정부의 내무장관 더글라스 허드(Douglas Hurd)는 무슬림들에게 그들이 "주류에 동참해야 하고 영국 사회에 통합되어야 한다"며 설득에 나섰다. 몇 개월 후에 영국 정부는 다문화주의를 포기하는 것은 아니지만 무슬림 이민자들이 영국의 가치를 받아들여야 한다는 공식 입장을 밝혔다. 즉 무슬림이되 '영국 무슬림'임을 생각하라는 것이었다. 곧

이어 보수당 의원 노먼 테빗(Norman Tebbit)이 논쟁에 다시 불을 붙였다. 즉 크리켓 경기를 보는 이민자가 영국이 아니라 자신의 출신 국가를 지지한다면 그는 영국적 삶에 충분히 적응한 것이 아니고 정당하게 영국인이라고 불릴 수 없다고 말함으로써 소위 '크리켓 테스트' 논란을 불러일으켰던 것이다.

1997년에 들어선 노동당 정부라고 해서 다르지 않았다. 토니 블레어가 이끈 노동당 정부와 당 지도자들도 귀화 희망자에게 '영국성英國性 테스트'를 부과하고 시민권 수여식에 시민권 선언을 정식 도입하자고 제안했다. 최근에는 '크리켓 테스트'보다 더 강한 충성심과 애착이 필요하다며 '전쟁 테스트'를 도입해야 한다는 주장까지 제기되었다. 즉 영국과 이민자의 출신 국가가 전쟁을 한다면 어느 편을 들 것인지라는 질문에 영국이라고 대답할 수 있어야 그가 진정 통합되었다고 볼 수 있다는 주장이다. 특히 이민 2세대에 의한 테러 사건들이 발생하면서 다문화주의에 대한 비판이 거세졌다. 다문화주의가 오히려 영국의 사회 분화를 야기하며, 이민자들로 하여금 종교적·문화적 전통을 유지하도록 함으로써 이슬람 근본주의자가 되도록 방치했다는 비판이다. 이민자들을 통합하는 길은 영국성을 심어주는 길밖에 없다는 동화주의적 주장이 힘을 얻게 된 것이다.

이런 방향으로 나아가는 가장 중요한 상징적 변화는 시민권 시험과 의례다. 2005년 11월 1일부터 귀화를 원하는 모든 지원자는 영어 자격증과 함께 '영국에서의 삶Life in the UK' 시험을 통과해야 한다. 이 시험의 질문들은 영국의 역사, 정치, 사회를 포괄하는데 일반적으로 미국 시민권 시험과 흡사하다. 2007년에 영국 정부는 이민자들이 영국의 전통과 생활방식을 이해하고 따르려는 노력을 보이지 않는다며 이민자들을 위하여 공문서나 안내 표시를 외국어로 번역하는 데 돈을 낭비하지 않겠다고 발표했다. 이민자 스스로가 주류 사회의 언어, 문화, 사회 가치를 습득해야 한다는 것이다.[27] 그러나 지난 몇 년 사이에 일어난 2세대 무슬림들의 테러 행위는 동화주의가 성공했는지에 회의를 품게 한다.

사회 통합 문제는 '우리는 누구인가'에 대한 자기 성찰의 반영이기도 하다.[28] 한 나라에 사는 것은 단순히 법적으로 그럴 권리를 가지는 것 이상을 요구한다. 시민권의 획득이 국민 정체성의 획득과 동일한 것은 아니라는 말이다. 정치 공동체는 동시에 문화 공동체여야 하며, 정치 공동체에 참여하는 것은 언어, 관습, 성격의 공유를 의미한다. 그러한 맥락에서 보면 시민권보다 문화적 정체성이 더욱 중요해진다. 가장 바람직한 것은 소수자들의 문화를 지켜주면서 동시에 '공유된 국민 문화를 가진 결집된 사회'가 되는 것이다. 그러나 현실적으로 그 이상은 대단히 어려워 보인다. 한 사회에 함께 살고 있는 사람들이 통합되어야 한다는 것은 당연한 말이며, 그들이 무언가를 중심으로 응집되어야 한다는 것도 당연하다. 많은 사회에서 '다문화주의는 좋은 것'이라는 환상이 발견되는데, 실상 다문화주

2016년 영국은 국민 투표를 통해 EU를 탈퇴하기로 결정했다.

의는 사회적 분화와 분열에 대한 충분히 강력한 충격 완화제가
아니며 모든 집단을 묶어주는 '사회적 접착제'가 될 수 없다.

동화주의의 한계가 분명하듯 다문화주의도 한계가 있다
는 말이다. 다문화주의자나 동화주의자는 모두 문화란 우리가
그 속에서 태어나는 어떤 것이며 획득하는 것이 아니라는 신념
을 고집한다. 그러나 다문화주의와 동화주의를 뛰어넘어 문화
갈등에 대한 더 나은 해결책을 찾으려면 문화란 변할 수 있
고 실제로 변하는 것이며 새롭게 만들어가야 한다는 사실을
인정해야 한다. 최근에는 다문화multiculture가 아니라 폴리컬처
polyculture라는 개념을 도입하자는 주장도 있다. '멀티multi'와 '폴
리poly'는 다 같이 '많은'이라는 의미이지만 엄밀히 말하면 차이

가 있다는 것이다. 즉 '다문화'는 각기 다른 문화들의 병렬적 공존을 의미하는 데 반해 '폴리컬처'는 구분할 수 없을 정도로 얽혀 있는 요소들의 혼합을 의미하며 '전체의 합보다 더 큰 어떤 것'을 의미한다. 문화들 사이의 경계보다 연결을 강조함으로써 폴리컬처는 더욱 응집력 있고 긍정적인 개념이라 할 수 있다.[29] 폴리컬처가 의미하는 것처럼, 각각의 악기가 각기 다른 소리를 내면서 조화로운 음악을 만들어내는 심포니 오케스트라가 바로 다인종 사회가 앞으로 나아가야 할 방향일 것 같다.

2016년에 영국은 국민 투표를 통해 근소한 표차로 유럽연합EU을 탈퇴하기로 했다. 브렉시트 결정의 몇 가지 요인 가운데 하나가 이민 문제였다. 이전까지의 이민 문제가 주로 과거 영제국이 남긴 유산에 의해 제국으로부터 유입되는 유색인들에 대한 불만이었다면, EU 성립 후의 문제점은 EU에 속한 유럽인들의 유입이었다. 다른 서유럽 국가들과 비교해보면, 영국으로 들어온 순 이민 총계는 1991년까지 상대적으로 낮은 수치를 유지했다. 유입이 많았지만 유출도 많았다. 그러나 1991년 이후 영국으로의 유입은 거의 2배 증가했다. 2002년에는 15만 ~17만 명의 순 유입이 있었고, 이는 프랑스보다 상당히 높은 수치였다. 그러나 더 중요한 것은 대부분의 국가에서는 외국인들의 수가 인구 대비 안정되거나 감소했으나 영국에서는 거의 50퍼센트 정도 증가했다는 사실이다.[30]

만일 영국 정책의 목표가 유입 이민을 감소시키거나 없애

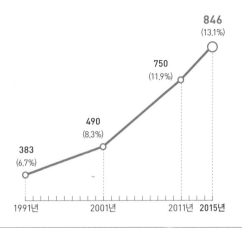

영국 인구 중 외국 출생자 증가 추이 단위: 만 명(괄호 안은 전체 인구 대비 비율)

846
(13.1%)

750
(11.9%)

490
(8.3%)

383
(6.7%)

1991년   2001년   2011년 **2015년**

자료: 영국 통계청

는 것이었다면 그것은 실패했으며, 독일이나 프랑스보다 훨씬 더 큰 실패였다. 게다가 영국은 국가 간 통행에 제한을 없앤 솅겐조약에 서명하지 않은 몇 개 안 되는 나라인데도 EU 국가의 시민들은 거의 문제없이 영국에서 일할 수 있었다. 그것에 대한 불만이 브렉시트로 폭발했던 것이다. 역사적으로 관용은 영국적 가치의 하나로 중요시되었고 영국은 다른 나라들에 비해 이방인에 대해 개방적이었다. 그러나 1945년 이후 그런 영국의 이미지는 지탱하기 어렵게 되었다. 자유와 관용과 개방성이라는 영국적 가치가 브렉시트 이후의 영국에서 어떻게 전개될지 지켜볼 수밖에 없는 상황이다.

인류 역사상 최강의 제국, 영제국의 빛과 그림자

유럽 제국들의 해체는 2차 세계대전이 종결된 후 급속도로 진행되었다. 이때 100여 개의 독립국들이 만들어졌는데 그것은 실로 세계 정치 체제가 경험해본 것 중 가장 중요한 변화들 가운데 하나였다. 제국의 해체에서도 영국은 다른 나라들과 달랐다. 무엇보다 가장 덜 폭력적이었다. 포르투갈은 1970년대까지 아프리카 점령지에 집요하게 매달렸으며, 프랑스는 베트남(1946~1954), 모로코(1952~1956), 알제리(1954~1962), 카메룬(1955~1958)을 대상으로 치열한 전쟁을 치렀다.

그러나 영국은 주로 합의에 의해 식민지를 독립시켰다. 간혹 전쟁도 치렀지만 합의에 의한 탈식민화가 불가능할 때에 한했다. 1945년에 집권한 노동당 정부의 입장은 "만약 당신이 당신의 존재를 원치 않는 곳에 있다면, 그리고 당신을 원치 않는 사람들을 분쇄해버릴 힘이나 의지가 없다면, 당신이 할 수 있는 유일한 일은 그곳을 떠나는 것"이었다. 그러나 반드시 그런 것만은 아니었다. 노동당 정부는 전반적으로 식민지 독립에 소극적이었고 제국 문제에 무지했다.

영제국을 종합적으로 평가한다면 위대한 문명이 모두 그렇듯, 영제국 역시 야누스의 얼굴을 가지고 있다. 즉 영제국의 유산에는 긍정적인 면과 부정적인 면이 공존했다. 영국은 자신의 신민들을 위해 '자유의 제국'을 세우겠다고 표명했지만 결국 영토 획득이라는 욕망을 완전히 누르지 못했다. 반면 영국은 모든 유럽 제국이 사악한 제도 가운데서도 가장 사악한 노예 제도에 집착할 때 거기서 빠져나왔을 뿐 아니라 그 제도 자체를 무너뜨리는 데 돈과 시간을 썼다.

1920년대에 버마에서 제국 관리로 일했지만 제국주의를 혐오했던 영국 작가 조지 오웰(George Orwell)조차 영제국을 다른 어떤 제국보다 나은 것으로 평가했다. 도덕적 측면에서 영제국은 프랑스, 독일, 포르투갈, 네덜란드 제국보다 훨씬 우월하다는 것이었다. 영국은 확실히 '가장 덜 나쁜' 제국이었다. 여기서 만약 누군가의 식민지가 되어야만 한다면 영국의 식민지가 되는 것이 가장 낫다는 말이 생겨났다.

그러나 영제국이 도덕적으로 자신들이 주장한 바에 훨씬 못 미쳤음은 확실하다. 영국인들은 자신들이 표방한 윤리적이고 이상적인 자유주의적 틀에 걸맞게 행동하는 데 실패했다. 비록 민주주의와 법치주의의 확립에서 영제국은 다른 제국들보다 나은 업적을 보였지만 그들의 선민의식은 19세기 후반 이후에 인종 차별적인 성격으로 변해갔다. 그럼에도 영제국은 다른 제국과 비교해서 점잖은 제국이었다. 간디가 만일 영제국이 아니라 다른 제국, 이를테면 일본제국에 대항하여 민족 운동을 펼쳤다면 그가 이룬 많은 일은 애초에 꺾였을 것이다. 오늘날 영연방 나라들에서 발견되는 민주적인 통치와 인권 수준이 다른 제국으로부터 독립한 나라들보다 훨씬 더 높은 것도 사실이다. 모든 것을 감안할 때, 영제국은 편견과 연민, 박애주의와 무관심 그리고 강한 의무감과 이기심을 모두 구현했다고 말하는 것이 옳을 것이다.

2차 세계대전이 끝나고 폐허가 된 유럽이 재건하면서 통합을 지향할 때 영국은 제국의 존재 때문에 유럽에 다가가는 것을 꺼렸다. 그러다가 1973년에 영국은 유럽에 합류했다. 한동안 유럽의 일부였던 영국은 2016년에 다시 유럽에서 떨어져 나오기로 결정했다. 그렇다고 다시 돌아갈 제국이 남아 있는 것은 아니다. 오늘날의 영연방은 예전의 영제국과는 전혀 다른 조직이다. 브렉시트 이후의 영국에게 제국의 기억이 어떻게 작용할지는 두고 볼 일이다.

'대영제국'은 인류가 만들어낸 가장 거대하고 영향력 있는 구성체 가운데 하나였다. 그것은 한동안 이 세상을 전쟁이 없는 안전한 곳으로 만들어주었고, 자신들의 우월한 제도와 기술을 세계 곳곳에 심어주었으며 그 유산은 오늘날에도 발견된다. 강점과 약점을 모두 포함하여 영제국의 기억은 인류에게 영원히 남을 것이다.

[주석]

프롤로그

1 Robert J. C. Young, *Postcolonialism: An Historical Introduction*(Oxford: Blackwell, 2001), p.15.

2 안토니 파그덴 지음, 한은경 옮김, 『민족과 제국』(을유문화사, 2003), p.111.

3 David Armitage, *The Ideological Origins of the British Empire*(Cambridge: Cambridge University Press, 2000), p.12.

4 J. H. Muirhead, "What Imperialism Means," *Fortnightly Review*, CCCCIV(August 1, 1900), p.179.

5 존 맥닐·윌리엄 맥닐 지음, 유정희·김우영 옮김, 『휴먼 웹』(이산, 2007), p.327.

6 제국 팽창의 동기는 박지향, 『제국주의: 신화와 현실』(서울대학교출판문화원, 2016) 4장 참조.

7 Ronald Hyam, "The Primacy of Geopolitics: The Dynamics of British Imperial Policy, 1763~1963" in Robert King, and Robin Kilson, eds., *The Statecraft of British Imperialism*(London: Frank Cass, 1999), pp.31~32.

8 Robert Johnson, *British Imperialism: Histories and Controversies*(New York: Palgrave Macmillan, 2003), p.99.

1장 해적에서 해군으로

1 H. A. Gemery & J. S. Hogendorn, "Technological Change, Slavery and the Slave Trade" in *Technology and European Overseas Enterprise*, ed. Michael Adas(Brookfield Vermont: Variorum, 1996), pp.168~169.

2 폴 케네디 지음, 김주식 옮김, 『영국 해군 지배력의 역사』(한국해양전략연구소, 2010), p.57, p.70.

3 위의 책, p.86.

4 어니스트 페일 지음, 김성준 옮김, 『서양 해운사』(혜안, 2004), pp.188~189.

5   Peter Padfield, *Tide of Empires, vol.1: 1481~1654*(London: Routledge & Kegan Paul, 1979), p.112.

6   *Ibid.*, pp.125~127; 폴 케네디, 『영국 해군 지배력의 역사』, pp.71~74.

7   Peter Padfield, *Tide of Empires*, p.140.

8   N. A. M. Rodger, "Queen Elizabeth and the Myth of Sea-Power in English History," *Transactions of the Royal Historical Society*, 6th series, 14(2004).

9   Geoffrey Parker, "The Place of Tudor England in the Messianic Vision of Phillip II of Spain," *Transactions of the Royal Historical Society*, 6th series, 12(2002).

10 Peter Padfield, *Tide of Empires*, p.137.

11 *Ibid.*, p.136.

12 *Ibid.*, p.144.

13 Arthur Herman, *To Rule the Waves: How the British Navy Shaped the Modern World?*(New York: Harper Perennial, 2004), pp.145~148. 그러나 강력한 전제 군주 루이 14세의 팽창 정책으로 네덜란드의 세력은 약화하기 시작했다. 박지향, 『근대로의 길: 유럽의 교훈』(세창출판사, 2017) 8장 참조.

14 폴 케네디, 『영국 해군 지배력의 역사』, pp.77~78, pp.89~90.

15 Arthur Herman, *To Rule the Waves*, p.171, p.175, p.181.

16 *Ibid.*, p.202.

17 Peter Padfield, *Maritime Power and the Struggle for Freedom*(Woodstock, New York: Overlook Press, 2006), pp.219~220.

18 폴 케네디, 『영국 해군 지배력의 역사』, pp.246~247.

19 버나드 로 몽고메리 지음, 승영조 옮김, 『전쟁의 역사』(책세상, 2004), p.517, pp.576~577.

20 위의 책, p.625.

21 폴 케네디, 『영국 해군 지배력의 역사』, pp.257~258.

22 위의 책, p.239.

2장 자유가 태어난 나라

1   Hans Kohn, *Prophets and Peoples: Studies in Nineteenth Century Nationalism*(New York: Macmillan, 1969), p.19.

2   Alan Macfarlane, *The Origins of English Individualism*(Oxford: Basil Blackwell, 1978), p.169; 리처드 파이프스 지음, 서은경 옮김, 『소유와 자유』(나남, 2008), p.200.

3   Robert Winder, *Bloody Foreigners: the story of immigration to Britain*(London: Abacus, 2005), p.147.

4   잉글랜드 역사는 박지향, 『클래식 영국사』(김영사, 2012) 참조.

5   프랑수아 기조 지음, 임승휘 옮김, 『유럽 문명의 역사』(아카넷, 2017), p.446.

6   Alan Macfarlane, *The Origins of English Individualism*, pp.176~178.

7   *Ibid.*, p.180.

8   John Locke, *The Second Treatise of Government*(New York: The Liberal Arts Press, 1952). 특히 8장.

9   프랑수아 기조, 『유럽 문명의 역사』, p.421, p.427.

10 자유주의에 대한 설명은 박지향, 『정당의 생명력: 영국 보수당』(서울대학교출판문화원, 2017) 1장 참조.

11 F. M. L. Thompson, *The Rise of Respectable Society*(London: Fontana, 1988).

12 조이스 애플비 지음, 주경철·안민석 옮김, 『가차 없는 자본주의』(까치, 2012), pp.177~178.

13 Adam Smith, *An Inquiry into the Nature and Causes of the Wealth of Nations*, Book I(Oxford: Clarendon, 1976), p.27.

14 조엘 모키르 지음, 김민주·이엽 옮김, 『성장의 문화』(에코리브르, 2018), p.491 주33.

15 대런 애쓰모글루·제임스 A. 로빈슨 지음, 최완규 옮김, 『국가는 왜 실패하는가』(시공사, 2012), pp.288~293.

16 존 킨, 「독재와 민주주의, 1750~1850: 국가와 시민 사회 구분의 기원과 발전」, 한국정치연구회 정치이론분과 편, 『국가와 시민 사회』(녹두, 1993), p.215.

17 John Thompson, "The Theory of the Public Sphere," *Theory, Culture & Society*, vol. 10, no. 3(August 1993), pp.176~177.

18 Bob Harris, *Politics and the Rise of the Press: Britain and France, 1620~ 1800*(London: Routledge, 1996), pp.9~10; John Darwin, *The Empire Project*(Cambridge: Cambridge University Press, 2009), p.48.

19 Bob Harris, *Politics and the Rise of the Press*, p.6, p.86.

20 대런 애쓰모글루·제임스 A. 로빈슨, 『국가는 왜 실패하는가』, p.446.

21 Lawrence Stone, *The Past and the Present Revisited*(New York: Routledge & Kegan Paul, 1987), p.240.

22 새뮤얼 스마일스 지음, 공병호 옮김, 『자조론』(비즈니스북스, 2006).

23 Pat Thane, "Government and society in England and Wales, 1750~1914" in *The Cambridge Social History of Britain, vol. 3: Social Agencies and Institutions*, ed. F. M. L. Thompson(Cambridge: Cambridge University Press, 1993), p.2, p.32.

24 Asa Briggs, "The Welfare State in historical perspective" in *The Collected Essays vol. 1*, p.190.

25 Jose Harris, "Society and the state in twentieth-century Britain" in *The Cambridge Social History of Britain, vol. 3: Social Agencies and Institutions*, ed. F. M. L. Thompson(Cambridge: Cambridge University Press, 1993), p.64.

26 박지향, 『대처 스타일』(김영사, 2012) 참조.

3장 자유무역을 선도한 세계의 공장

1   유발 하라리 지음, 조현욱 옮김, 『사피엔스』(김영사, 2015), pp.350~351; 조이스 애플비, 『가차 없는 자본주의』, p.167.

2   이 장에 서술한 산업혁명에 관한 설명은 박지향, 『근대로의 길』(세창출판사, 2017) 4장에 의존했다.

3   주경철, 『주경철의 유럽인 이야기 3: 근대의 절정』(휴머니스트, 2017), pp.266~267; 조이스 애플비, 『가차 없는 자본주의』, pp.165~166; Bernard Waites, *Europe and the Third World: from colonisation to decolonisation, c. 1500~1998*(New York: St. Martin's Press, 1999), p.48.

4   폴 케네디, 『영국 해군 지배력의 역사』, p.232.

5   존 맥닐·윌리엄 맥닐, 『휴먼 웹』, pp.330~331.

6   에이미 추아 지음, 이순희 옮김, 『제국의 미래』(비아북, 2008), p.344.

7   보다 구체적인 논의는 박지향, 『근대로의 길』 4장 참조.

8   Stone, Lawrence, *The Past and the Present Revisited*(Routledge & Kegan Paul, 1987), chapter 12.

9   조엘 모키르, 『성장의 문화』, pp.315~319, p.331.

10 막스 베버 지음, 박성수 옮김, 『프로테스탄티즘의 윤리와 자본주의 정신』(문예출판사, 1996).

11 니얼 퍼거슨 지음, 구세희·김정희 옮김, 『시빌라이제이션』(21세기북스, 2011), p.418.

12 Joel Mokyr, "The Industrial Revolution and the New Economic History" in *The Economics of the Industrial Revolution, ed. Joel Mokyr*(Totowa, NJ: Rowman & Allanheld, 1985), p.17.

13 데이비드 랜즈 지음, 안진환·최소영 옮김, 『국가의 부와 빈곤』(한국경제신문, 2009), p.334; 이영석, 『공장의 역사』(푸른역사, 2012), p.75.

14 조이스 애플비, 『가차 없는 자본주의』, p.162; 조엘 모키르, 『성장의 문화』, p.114.

15 조엘 모키르, 『성장의 문화』, pp.117~118.

16 Joel Mokyr, *The Gifts of Athena: Historial Origins of the Knowledge Economy*(Princeton: Princeton University Press, 2002), pp.35~37.

17 *Ibid.*, pp.66~67; Darwin, *The Empire Project* (Cambridge: Cambridge University Press, 2009), p.48.

18 송병건, 「산업혁명 시기 영국 기술 선도의 요인」, 《경제사학》 40권 3호(2016. 12), pp.508~509.

19 Patrick O'Brien, "The Pax Britannica and American Hegemony: Precedent, Antecedent or Just Another History?" in *Two Hegemonies: Britain 1846~1914 and the United States 1941~2001*, eds. Patrick O'Brien and Armand Clesse(Aldershot, Hants: Ashgate, 2002).

20 어니스트 페일 지음, 『서양 해운사』, p.244.

21 Arthur Herman, "The 'Myth' of British Seapower," *Orbis*, vol. 49, no. 2(Spring 2005).

22 Charles More, *The Industrial Age Economy and Society in Britain 1750~1985*(London: Longman, 1995), pp.139~140.

23 Robert Johnson, *British Imperialism: Histories and Controversies*(New York: Palgrave Macmillan, 2003), pp.21~22.

24 Patrick O'Brien, "The Pax Britannica and American Hegemony" in *Two hegemonies*.

25 영국 경제의 쇠퇴와 그 원인은 박지향, 『근대로의 길』 5장 참조.

26 조이스 애플비, 『가차 없는 자본주의』, p.320, p.412.

4장 '팍스 브리타니카'를 지키는 세계 경찰

1 Arthur Herman, *To Rule the Waves: How the British Navy Shaped the Modern World?*(New York: Harper Perennial, 2004), p.150.

2 Rebecca Berens Matzke, *Deterrence through Strength: British Naval Power and Foreign Policy under Pax Britannica*(Lincoln: University of Nebraska Press, 2011), p.1.

3 James Morris, *Heaven's Command: An Imperial Progress*(New York: Harcourt Brace, 1973), pp.406~407.

4 Arthur Herman, *To Rule the Waves: How the British Navy Shaped the Modern World?*, pp.293~303.

5 Robert Stafford, "Scientific Exploration and Empire" in *The History of the*

   British Empire, Vol. III: The Nineteenth Century, ed. Andrew Porter(Oxford: Oxford University Press, 1999), p.295.

6   *Ibid.*, p.300.

7   Stephen Conway, "Empire, Europe and British Naval Power" in *Empire, the Sea and Global History: British Maritime World, c.1760~c.1840*, ed. David Cannadine(New York: Palgrave Macmillan, 2007).

8   폴 케네디, 『영국 해군 지배력의 역사』, p.380.

9   Rebecca Berens Matzke, *Deterrence through Strength*, pp.5~7, pp.219~223.

10   버나드 베일린 지음, 백인호 옮김, 『대서양의 역사』(뿌리와이파리, 2010), p.124.

11   주경철, 『문명과 바다』(산처럼, 2009), pp.202~204.

12   Bernard Waites, *Europe and the Third World: From Colonisation to Decolonisation, c.1500~1998*(New York: St. Martin's Press, 1999), p.48, p.51.

13   사이먼 C. 스미스 지음, 이태숙·김종원 옮김, 『영국 제국주의: 1750~1970』(동문선, 2001), pp.65~66; Waites, *Europe and the Third World*, p.47.

14   주경철, 『문명과 바다』, pp.217~218.

15   니얼 퍼거슨 지음, 김종원 옮김, 『제국』(민음사, 2006), p.180.

16   윤영휘, 「영국의 해외 노예무역 억제 외교 정책: 국제 중재 법원의 설립과 운영을 중심으로 1815~1851」, 《서양사론》 128권(2016. 3), p.260.

17   전윤재, 「영국 해군의 노예무역 단속 함대를 둘러싼 정치적 갈등 1839~1850: 의회의 함대 철수 논의를 중심으로」, 《서양사연구》 44권(2011. 5), pp.120~123.

18   Andrew Lambert, "Slavery, Free Trade and Naval Strategy, 1840~1860" in *Slavery, Diplomacy and Empire: Britain and the Suppression of the Slave Trade, 1807~1975*, eds. Keith Hamilton and Patrick Salmon(Brighton: Sussex Academic Press, 2009), p.78.

19   Kenneth Pomeranz, "Empire and 'Civilizing' Missions, Past and Present," *Daedalus*, vol. 134, no. 2(Spring 2005), p.44.

20   서상규, 「W. T. 스테드의 해군 캠페인과 19세기 말 영국 해군 개혁」, 《서양사연구》 44권(2011. 5), p.156.

21   폴 케네디, 『영국 해군 지배력의 역사』, p.359.

22   Andrew Thompson, *Imperial Britain: The Empire in British Politics, c.1880~1932*(Harlow: Pearson Education, 2000), p.45.

23   폴 케네디, 『영국 해군 지배력의 역사』, p.385.

24   James Morris, *Heaven's Command*, pp.411~414.

25 폴 케네디, 『영국 해군 지배력의 역사』, pp.364~365, p.399, p.263.

26 위의 책, pp.234~235.

27 위의 책, p.399.

28 Stephen Conway, "Empire, Europe and British Naval Power" in *Empire, the Sea and Global History*, ed. Cannadine.

29 Andrew Thompson, *Imperial Britain*, pp.114~116.

30 폴 케네디, 『영국 해군 지배력의 역사』, p.444.

31 Arthur Herman, "The 'Myth' of British Seapower," *Orbis*, vol. 49, no. 2(Spring 2005), p.348.

32 *Ibid.*, p.351.

33 Arthur Herman, *To Rule the Waves*, xix.

5장 기술로 무장한 제국

1 마이클 에이더스 지음, 김동광 옮김, 『기계, 인간의 척도가 되다』(산처럼, 2011), p.228.

2 James Morris, *Pax Britannica: The Climax of an Empire*(New York: Harcourt Brace, 1968), p.361.

3 *Ibid.*, pp.365~372.

4 *Ibid.*, p.132.

5 Daniel R. Headrick, *The Tools of Empire: Technology and European Imperialism in the Nineteenth Century*(Oxford: Oxford University Press, 1981), pp.142~146.

6 하부 제국주의는 박지향, 『제국주의: 신화와 현실』 3장 참조.

7 Daniel R. Headrick, *The Tools of Empire*, pp.150~151.

8 Daniel R. Headrick, *The Tentacles of Progress: Technology Transfer in the Age of Imperialism, 1850~1940*(Oxford: Oxford University Press, 1988), p.26.

9 James Morris, *Heaven's Command: An Imperial Progress*(New York: Harcourt Brace, 1973), p.420.

10 Philip Lawson, *The East India Company: A History*(London: Longman, 1994), p.107.

11 Joel Mokyr, *The Gifts of Athena: Historical Origins of the Knowledge Economy*(Princeton: Princeton University Press, 2002), p.90.

12 *Ibid.*, p.90.

13 Daniel R. Headrick, *The Invisible Weapon: Telecommunications and International Politics, 1851~1945*(Oxford: Oxford University Press, 1991), p.51.

14 Simon J. Potter, "Webs, Networks, and System: Globalization and the Mass Media in the Nineteenth and Twentieth-Century British Empire," *Journal of British Studies*, vol. 46, no. 3(July 2007), pp.630~631.

15 John Darwin, *The Empire Project: The Rise and Fall of the British World-system, 1830~1970*(Cambridge: Cambridge University Press, 2009), pp.114~115.

16 Daniel R. Headrick, *The Tools of Empire*, p.129.

17 Daniel R. Headrick, *The Tentacles of Progress*, p.97.

18 마이클 에이더스, 『기계, 인간의 척도가 되다』, p.243.

19 위의 책, p.285.

20 David Fieldhouse, *The West and the Third World*(Oxford: Wiley-Blackwell, 1999), p.81.

21 Geoffrey Moorhouse, *India Britannica*(Chicago: Academy Chicago Publishers, 2000), pp.72~73.

22 *Ibid.*, pp.124~125.

23 니얼 퍼거슨, 『제국』, p.272.

24 마이클 에이더스, 『기계, 인간의 척도가 되다』, pp.294~295.

25 Geoffrey Moorhouse, *India Britannica*, p.123; Daniel R. Headrick, *The Tentacles of Progress*, p.173, p.176.

26 니얼 퍼거슨, 『제국』, p.297.

27 James Morris, *Pax Britannica*, pp.362~363.

28 Robert Kubicek, "British Expansion, Empire, and Technological Change" in *The Oxford History of the British Empire, Vol. III: The Nineteenth Century*, ed. Andrew Porter(Oxford: Oxford University Press, 1999), p.248, p.267.

29 마이클 에이더스, 『기계, 인간의 척도가 되다』, p.296.

30 T. O. Lloyd, *The British Empire, 1558~1983*(Oxford: Oxford University Press, 1991), p.177.

6장 왕관의 보석, 인도

1 David Gilmour, *The Ruling Caste; Imperial Lives in the Victorian Raj*(NY. Farrar, straus and Giroux, 2005), p.284.

2 Geoffrey Moorhouse, *India Britannica*, p.82.

3 에이미 추아, 『제국의 미래』, p.12.

4 David Gilmour, *The Ruling Caste; Imperial Lives in the Victorian Raj*, p.17; 니얼 퍼거슨, 『제국』, p.216.

5   John R. McLane, "The Early Congress, Hindu Populism, and the Wider Society" in Richard Sisson and Stanley Wolpert eds., *Congress and Indian Nationalism the Pre-Independence Phase*(U of California P, 1988), p.53.

6   Grigg, John, "Myths about the Approach to Indian Independence" in *More Adventures with Britannia: Personalities, Politics and Culture in Britain*, ed. Wm. Roger Louis(Austin, Texas: University of Texas Press, 1998), p.210.

7   이 절의 서술은 박지향, 「간디 다시 읽기: 근대 문명 비판을 중심으로」, 《역사비평》 66(2004, 봄)에 근거했다.

8   에이미 추아, 『제국의 미래』, p.319.

9   Partha Chartterjee, *Nationalist Thought and the Colonial World*, U of Minnesota P, 1998, pp.132~133; Parech, Gandhi's Political Philosophy, pp.110~113.

10   Denis Judd, *Empire: The British Imperial Experience from 1765 to the Present*(Fontana, 1996), p.261.

11   Jack, Homer A., ed., *The Gandhi Reader*, p.223, p.225.

12   Rovert J. C. Young, *Postcolonialism*, p.328; Geoffrey Moorhouse, *India Britannica*, p.174.

13   스탠리 월퍼트 지음, 한국리더십학회 옮김, 『영혼의 리더십』(시학사, 2002), p.380; *The Gandhi Reader*, p.289.

14   네루에 대한 서술은 박지향, 「자와할랄 네루의 나라 만들기」, 《영국연구》 25호 (2011. 6)에 근거했다.

15   Appadorai, *Indian Political Thinking in the Twentieth Century*, p.1.

16   Geoffrey Moorhouse, *India Britannica*(Academy Chicago Publishers, 1983), p.194; Sunil Khilnani, *The Idea of India*(NY: Farrar, Straus, Giroux, 1997), p.30.

17   A Speech in the Lok Sabha(11 Dec 1963), *Nehru's India; Selected Speeches*, pp.317 ~318.

18   B. R. Nanda, "Nehru and the British," *Modern Asian Studies*, 30/2(May 1996), p.474.

19   Bimal Prasad, "Congress versus the Muslim League, 1935~1937" in *Congress and Indian Nationalism* eds. Sisson and Wolpert, p.323; In spite of the Gods, p.227.

20   Stanley Wolpert, *A New History of India*(OUP, 1997), p.347.

21   "States Reorganization" speech in the Lok Sabha(21 Dec 1955). *Nehru's India; Selected Speeches*, p.186; Khilnani, *The Idea of India*, p.179.

22   Sunil Khilnani, *The Idea of India*, p.29.

23　이언 브레머 지음, 진영욱 옮김, 『J 커브』(베리타스북스, 2007), pp.270~271.

24　Geoffrey Moorhouse, *India Britannica*, p.193.

7장 제국의 유산, 민주주의와 경제 성장

1　Matthew Lange, *Lineages of Despotism and Development: British Colonialism and State Power*(Chicago: University of Chicago Press, 2009), p.2.

2　*Ibid.*, pp.10~11.

3　대런 애쓰모글루·제임스 A. 로빈슨, 『국가는 왜 실패하는가』, pp.69~70.

4　식민주의의 시대적 차이를 강조하는 최근 연구는 다음이 있다. Matthew Lange, James Mahoney and Matthias Vom Hau, "Colonialism and Development: A Comparative Analysis of Spanish and British Colonies," *American Journal of Sociology*, vol. 111, no. 5(March 2006); Ola Olsson, "On the Institutional Legacy of Mercantilist and Imperialist Colonialism," *Working Papers in Economics*, no. 247(March 2007), University of Gothenburg, Sweden, http://hdl.handle.net/2077/3135.

5　Daron Acemoglu, Simon Johnson and James A. Robinson, "The Colonial Origins of Comparative Development: An Empirical Investigation," *The American Economic Review*, vol. 91, no. 5(December 2001).

6　Matthew Lange, *Lineages of Despotism and Development*, pp.6~8.

7　박지향, 『제국주의』 9장 참조.

8　Judith Brown, "India" in *The Oxford History of the British Empire, Vol. IV: The Twentieth Century*, eds. Judith Brown and WM Roger Louis(Oxford: Oxford University Press, 1999), p.423.

9　David Landes, *The Wealth and Poverty of Nations*(London: Little, Brown and Company, 1998), 19~20장; Rafael La Porta et al., "The Quality of Government," *Journal of Law, Economics, and Organization*, vol. 15, no. 1(April 1999).

10　Andrew Porter, "Trusteeship, Anti-Slavery, and Humanitarianism," in *Oxford History of the British Empire, Vol. III: The Nineteenth Century*, ed. Andrew Porter(Oxford: Oxford University Press, 1999), pp.200~201.

11　니얼 퍼거슨, 『제국』, p.361; Paul Mahoney, "The Common Law and Economic Growth," *The Journal of Legal Studies*, vol. 30, no. 2(June 2001), pp.503~504, pp.514~515.

12　Rahael La Porta, Florencio Lopez-de-Silanes and Andrei Shleifer, "The Economic Consequences of Legal Origins," *Journal of Economic Literature*, vol. 46, no. 2(June 2008), pp.303~308.

13 Daniel Treisman, "The Causes of Corruption: A Cross-national Study," *Journal of Public Economist*, vol. 76. no. 3(June 2000), p.4.

14 스티븐 하우 지음, 강유원·한동희 옮김, 『제국』(뿌리와이파리, 2007), p.193.

15 Tomila Lankina and Lullit Getachew, "Mission or Empire, Word or Sword? The Human Capital Legacy in Postcolonial Democratic Development," *American Journal of Political Science*, vol. 56, no. 2(April 2012), p.466.

16 Michael Bernhard, Christopher Reenock and Timothy Nordstrom, "The Legacy of Western Overseas Colonialism on Democratic Survival," *International Studies Quarterly*, vol. 48, no. 1(March 2004), pp.230~232.

17 Geoffrey Moorhouse, *India Britannica*, pp.68~69.

18 안토니 파그덴, 『민족과 제국』, p.175.

19 박지향, 『제국주의』 4장 참조.

20 Niall Ferguson, *Empire: The Rise and Demise of the British World Order and the Lessons for Global Power*(New York: Basic Books, 2002). 국내에는 『제국』(민음사, 2006)으로 번역되어 출간되었다.

21 Geoffrey Moorhouse, *India Britannica*, pp.75~76.

22 버나드 베일린 지음, 백인호 옮김, 『대서양의 역사』(뿌리와이파리, 2010), pp.131~132.

23 Robert Johnson, *British Imperialism: Histories and Controversies*(London: Palgrave Macmillan, 2003), p.102.

24 Andrew Porter, "Religion, Missionary Enthusiasm and Empire" in *The Oxford History of the British Empire*, Vol. III, ed. Porter.

25 Felicity Jensz, "Missionaries and Indigenous Education in the 19th-Century British Empire: Church-State Relations and Indigenous Actions and Reactions," *History Compass*, vol. 10, no. 4(April 2012), p.297.

26 Robin Moore, "Imperial India, 1858~1914" in *The Oxford History of the British Empire*, Vol. III, ed. Porter, p.431; Ian Copland, *India, 1885~1947: The Unmaking of an Empire*(Harlow: Longman, 2001), p.31.

27 Daniel R. Headrick, *The Tentacles of Progress: Technology Transfer in the Age of Imperialism, 1850~1940*(Oxford: Oxford University Press, 1988), p.330.

28 James Morris, *Pax Britannica: The Climax of an Empire*(New York: Harcourt Brace, 1968), p.140; John Darwin, *The Empire Project: The Rise and Fall of the British World-system, 1830~1970*(Cambridge: Cambridge University Press, 2009), p.180; Bill Nasson, *Britannia's Empire: Making a British*

World(Gloucestershire: Tempus, 2004), p.198.

29 Geoffrey Moorhouse, *India Britannica*, p.66.

30 Indian National Congress, *A Centenary History of the Indian National Congress* vol. 1(New Delhi, released by Shri Rgiv Ganden, 1985), p.145.

31 Angadipuram Appadorai, *Indian Political Thinking in the Twentieth Century from Naoroji to Nahru*(Madras: Oxford University Press, 1971), p.1, p.5.

32 Bhikhu Parekh, *Gandhi's Political Philosophy: A Critical Examination*(London: Macmillan, 1989), p.16.

8장 제국이 만든 다문화·다인종 사회

1   David Feldman, "Talking the Talk: Immigration Policy since 1962," *Political Quarterly*, vol. 85, no. 3(July-September 2014), p.348.

2   Marjory Harper, "British Migration and the Peopling of the Empire" in *The Oxford History of the British Empire, Vol. III: The Nineteenth Century*, ed. Andrew Porter(Oxford: Oxford University Press, 1999), p.78.

3   Robert Johnson, *British Imperialism: Histories and Controversies*(New York: Palgrave Macmillan, 2003), pp.63~65.

4   James Morris, *Pax Britannica: The Climax of an Empire*(New York: Harcourt Brace, 1968), p.68; Geoffrey Moorhouse, *India Britannica*(Chicago: Academy Chicago Publishers, 2000), p.92.

5   Robert Johnson, *British Imperialism*, pp.144~145.

6   이들은 아마도 다시 돌아올 것을 염두에 두었을 것으로 추측된다. Andrew Thompson, *Imperial Britain: The Empire in British Politics, c.1880~1932*(Pearson Education, 2000), pp.133~135.

7   Stephen Constantine, "Migrants and Settlers," in *The Oxford History of the British Empire, Vol. IV: The Twentieth Century*, eds. Judith Brown and WM Roger Louis(Oxford: Oxford University Press, 1999), pp.169~170.

8   Marjory Harper, "British Migration and the Peopling of the Empire," p.83.

9   Andrew Thompson, *Imperial Britain*, p.47.

10 Robert Johnson, *British Imperialism*, pp.136~137.

11 Stephen Constantine, "Migrants and Settlers," p.173.

12 Martin A. Schain, *The Politics of Immigration in France, Britain and the United States: A Comparative Study*(Basingstoke: Palgrave Macmillan, 2008), p.123.

13 Marjory Harper, "British Migration and the Peopling of the Empire,"

　　　pp.85~86.

14　John Darwin, *The Empire Project: The Rise and Fall of British World-system, 1830~ 1970*(Cambridge: Cambridge University Press, 2009), pp.4~5.

15　Leslie Page Moch, *Moving Europeans: Migration in Western Europe since 1650* (Bloomington: Indiana University Press, 2003), pp.27~28.

16　M. A. G. Ó Tuathaigh, "The Irish in Nineteenth-century Britain: Problems of Integration," *Transactions of the Royal Historical Society*, Fifth series, vol. 31(1981), p.152.

17　Robert Miles, "Nationality, Citizenship, and Migration to Britain, 1945~ 1951," *Journal of Law and Society*, vol. 16, no. 4(Winter 1989).

18　박은재, 「영국 노동당 정부(1964~1970)의 이민-인종 정책」, 《영국연구》 26권 (2011. 12), p.273.

19　Martin A. Schain, *The Politics of Immigration*, p.174.

20　David Feldman, "Talking the Talk," p.349.

21　Martin A. Schain, *The Politics of Immigration*, p.149.

22　M.A. G.Ó Robert Winder, *Bloody Foreigners: The Story of Immigration to Britain*(London: Abacus, 2005), p.203.

23　Tuathaigh, "The Irish in Nineteenth-century Britain," p.167.

24　Martin A. Schain, *The Politics of Immigration*, p.147, p.159.

25　Erik Bleich, "The Legacies of History? Colonization and Immigrant Integration in Britain and France," *Theory and Society*, vol. 34, no. 2(April 2005), pp.179~180.

26　Kenan Malik, *The Meaning of Race: Race, History and Culture in Western Society*(New York: Palgrave, 1996), p.172.

27　정희라, 「영국 자유방임식 다문화주의」, 박단 편, 『현대 서양 사회와 이주민: 갈등과 통합 사이에서』(한성대학교출판부, 2009), pp.404~412.

28　이하 논의는 박지향, 「서양 역사에 나타난 다문화와 문화 충돌」, 《지식의 지평》 8호(아카넷, 2010)에 의거했다.

29　Robert Winder, *Bloody Foreigners*, p.467 주석.

30　Martin A. Schain, *The Politics of Immigration*, p.143.

Abernethy, David, *The Dynamics of Global Dominance: European Overseas Empires 1415~1980*(New Haven: Yale University Press, 2000).

Acemoglu, Daron and James A. Robinson, *Why Nations Fail?: The Origins of Power, Prosperity and Poverty*(New York: Crown, 2012).

Acemoglu, Daron, Simon Johnson and James A. Robinson, "The Colonial Origins of Comparative Development: An Empirical Investigation," *The American Economic Review*, vol. 91, no. 5(December 2001).

Adas, Michael, ed., *Technology and European Overseas Enterprise*(Brookfield, Vermont: Variorum, 1995).

Ahmad, Aijaz, "The Making of India," *Social Scientist*, vol. 33, no. 11/12(Nov/Dec. 2005).

Akbar, M. J., *Nehru: The Making of India*(New York: Viking, 1988).

Alexander, James, "The Major Ideologies of Liberalism, Socialism and Conservatism," *Political Studies*, vol. 63, no. 5(June 2014).

Allen, Robert, *The British Industrial Revolution in Global Perspective*(Cambridge: Cambridge University Press, 2009).

Appadorai, Angadipuram, *Indian Political Thinking in the Twentieth Century, from Naoroji to Nehru*(Madras: Oxford University Press, 1971).

Bayly, C. A., *Empire and Information: Intelligence Gathering and Social Communication in India, 1780~1870*(Cambridge: Cambridge University Press, 1996).

Bendix, Reinhard, *Kings or People: Power and the Mandate to Rule*(Berkeley: University of California Press, 1978).

Bernhard, Michael, Christopher Reenock and Timothy Nordstrom, "The Legacy of Western Overseas Colonialism on Democratic Survival," *International Studies Quarterly*, vol. 48, no. 1(March 2004).

Bleich, Erik, "The Legacies of History? Colonization and Immigrant Integration in Britain and France," *Theory and Society*, vol. 34, no. 2(April 2005).

Brendon, Piers, "A Moral Audit of the British Empire," *History Today*, vol. 57, no. 10(October 2007).

Briggs, Asa, "The Welfare State in Historical Perspective" in *The Collected Essays of Asa Briggs, vol. 1*(Brighton: Harvester Press, 1985).

Brown, Judith, *Gandhi's Rise to Power: Indian Politics, 1915~1922*(Cambridge: Cambridge University Press, 1972).

_____, *Gandhi: Prisoner of Hope*(New Haven: Yale University Press, 1998).

_____, "Gandhi-A Victorian Gentleman" in *The Statecraft of British Imperialism*, eds. Robert King and Robin Kilson(London: Frank Cass, 1999).

_____, "India" in *The Oxford History of the British Empire, Vol. IV: The Twentieth Century*, eds. Judith Brown and Wm. Roger Louis(Oxford: Oxford University Press, 1999).

_____, *Nehru: A Political Life*(New Haven: Yale University Press, 2003).

Brown, Judith and Wm. Roger Louis, eds., *The Oxford History of the British Empire, Vol. IV: The Twentieth Century*(Oxford: Oxford University Press, 1999).

Brubaker, William, "Immigration, Citizenship, and the Nation-State in France and Germany: A Comparative Historical Analysis" in *Citizenship: Critical Concepts*, eds. Bryan Turner and Peter Hamilton(London: Routledge, 1994).

Bryant, Joseph M., "The West and the Rest Revisited," *Canadian Journal of Sociology*, vol. 31, no. 4(Autumn 2006).

Burton, Antoinette, *At the Heart of the Empire: Indians and the Colonial Encounter in Late-Victorian Britain*(Berkeley: University of California Press, 1998).

Cain, Peter and A. Hopkins, *British Imperialism, Vol. 1: Innovation and Expansion, 1688~1914; Vol. 2: Crisis and Deconstruction, 1914~1990*(Harlow: Longman, 1993).

Cameron, Rondo, *A Concise Economic History of the World: From Paleolithic Times to the Present*(Oxford: Oxford University Press, 1993).

Cannadine, David, ed., *Empire, the Sea and Global History: British Maritime World, c.1760~c.1840*(New York: Palgrave Macmillan, 2007).

Canny, Nicholas, ed., *The Oxford History of the British Empire, Vol. I: The Origins of Empire*(Oxford: Oxford University Press, 1998).

Chamberlain, Muriel E., *'Pax Britannica'? British Foreign Policy 1789~1914*(Harlow, Essex: Longman, 1999).

Chatterjee, Partha, *Nationalist Thought and the Colonial World: A Derivative Discourse?*

(Minneapolis: University of Minnesota Press, 1998).

Chaudhuri, K. N., "The Structure of the Indian Textile Industry in the Seventeenth and Eighteenth Centuries" in *Technology and European Overseas Enterprise*, ed. Michael Adas(Brookfield Vermont: Variorum, 1996).

Clark, Gregory, *A Farewell to Alms: A Brief Economic History of The World*(Princeton: Princeton University Press, 2007).

Coates, David, *The Question of UK Decline*(Hempstead, Hertfordshire: Harvester Wheatsheaf, 1994).

Colley, Linda, *Britons: Forging the Nation, 1707~1837*(New Haven: Yale University Press, 1992).

Collini, Stefan, *Public Moralists: Political Thought and Intellectual Life in Britain, 1850~1930*(Oxford: Clarendon, 1993).

Colls, Robert and Philip Dodd, eds., *Englishness, Politics and Culture, 1880~1920* (London: Croom Helm, 1987).

Conklin, Alice and Ian C. Fletcher, eds., *European Imperialism, 1830~ 1930*(Boston: Houghton Mifflin, 1999).

Constantine, Stephen, "Migrants and Settlers" in *The Oxford History of the British Empire, Vol. IV: The Twentieth Century*, eds. Judith Brown and Wm. Roger Louis(Oxford: Oxford University Press, 1999).

Conway, Stephen, "Empire, Europe and British Naval Power" in *Empire, the Sea and Global History: British Maritime World, c.1760~c.1840*, ed. David Cannadine(New York: Palgrave Macmillan, 2007).

Cooper, Frederic and Ann Stoler, eds., *Tensions of Empire: Colonial Cultures in a Bourgeois World*(Berkeley: University of California Press, 1997).

Copland, Ian, *India, 1885~1947: The Unmaking of an Empire*(Harlow: Longman, 2001).

Crafts, Nicholas, "British Relative Economic Decline Revisited," *Working Paper*, Coventry, Department of Economics, University of Warwick, CAGE Online Working Paper Series, 2011/42(May 2011). http://wrap.warwick. ac.uk/44719/

Dalton, Dennis, *Mahatma Gandhi: Nonviolent Power in Action*(New York: Columbia University Press, 1993/2000).

Daniels, Ronald, Michael Trebilcock and Lindsey Carson, "The Legacy of Empire: The Common Law Inheritance and Commitments to Legality in Former British Colonies," *The American Journal of Comparative Law*, vol. 59, no. 1(Winter 2011).

Darwin, John, *The End of the British Empire*(Cambridge: Basil Blackwell, 1991).

_____, *The Empire Project: The Rise and Fall of the British World-system, 1830~ 1970*(Cambridge: Cambridge University Press, 2009).

Davis, Lance and R. Huttenback, *Mammon and the Pursuit of Empire: The Political Economy of British Imperialism, 1860~1912*(Cambridge: Cambridge University Press, 1988).

Dixon, David, "Thatcher's People: The British Nationality Act 1981," *Journal of Law and Society*, vol. 10, no. 2(Winter 1983).

Drescher, Seymour, "History's Engines: British Mobilization in the Age of Revolution," *William and Mary Quarterly*, Third series, vol. 66, no. 4(October 2009).

Dunn, John, *Western Political Theory in the Face of the Future*(Cambridge: Cambridge University Press, 1993).

_____, *Setting the People Free: The Story of Democracy*(London: Atlantic Books, 2005).

Edelstein, M., "Foreign Investment and Empire 1860~1914" in *The Economic History of Britain since 1700, Vol. 2, 1860~1939*, eds. Roderick Floud and Deirdre McCloskey(Cambridge: Cambridge University Press, 1994).

Eldridge, C. C., ed., *British Imperialism in the Nineteenth Century*(London: Macmillan, 1984).

English, Richard and Michael Kenny, eds., *Rethinking British Decline*(Basingstoke, Hampshire: Macmillan, 2000).

Feinstein, Charles, "Britain's Overseas Investments in 1913," *The Economic History Review*, vol. 43, no. 2(May 1990).

_____, "Slowing Down and Falling Behind" in *New Directions in Economic and Social History*, eds. Anne Digby, Charles Feinstein and David Jenkins(Basingstoke: Macmillan, 1992).

Feldman, David, "Talking the Talk: Immigration Policy since 1962," *Political Quarterly*, vol. 85, no. 3(July-September 2014).

Ferguson, Niall, *Empire: The Rise and Demise of the British World Order and the Lessons for Global Power*(New York: Basic Books, 2002).

Fieldhouse, David, *The West and the Third World*(Oxford: Wiley-Blackwell, 1999).

Fischer, Louis, ed., *The Essential Gandhi: An Anthology of His Writings on His Life, Work, and Ideas*(New York: Vintage Books, 1983).

Fisher, Michael, *Indirect Rule in India: Residents and the Residency System 1764~ 1858*(Oxford: Oxford University Press, 1991).

Floud, Roderick and Deirdre McCloskey, eds., *The Economic History of Britain since 1700, Vol. 2, 1860~1939*(Cambridge: Cambridge University Press, 1994).

Gallagher, John and Ronald Robinson, "The Imperialism of Free Trade," *Economic History Review*, vol. 6, no. 1(1953).

Gamble, Andrew, *Britain in Decline: Economic Policy, Political Strategy, and the British State*(Basingstoke, Hampshire: Macmillan, 1985).

Gartzke, Erik and Dominic Rohner, "The Political Economy of Imperialism, Decolonization and Development," *British Journal of Political Science*, vol. 41, no. 3(July 2011). http://journals.cambridge.org/JPS.

Gascoigne, John, "The Expanding Historiography of British Imperialism," *Historical Journal*, vol. 49, no. 2(June 2006).

Gemery, H. A. and J. S. Hogendorn, "Technological Change, Slavery and the Slave Trade" in *Technology and European Overseas Enterprise*, ed. Michael Adas(Brookfield Vermont: Variorum, 1996).

Gilmour, David, *The Ruling Caste; Imperial Lives in the Victorian Raj*(New York: Farrar, Straus and Giroux, 2005).

Gopal, S., ed., *Jawaharlal Nehru: An Anthology*(London: Jonathan Cape, 1980).

Greenfeld, Liah, *Nationalism: Five Roads to Modernity*(Cambridge: Harvard University Press, 1992).

Grigg, John, "Myths about the Approach to Indian Independence" in *More Adventures with Britannia: Personalities, Politics and Culture in Britain*, ed. Wm. Roger Louis(Austin, Texas: University of Texas Press, 1998).

_____, ed., *Nehru Memorial Lectures, 1966~1991*(Oxford: Oxford University Press, 1993).

Guha, Ramachandra, *India After Gandhi: The History of the World's Largest Democracy*(New York: HarperColllins, 2007).

Gustafson, Sandra, "Histories of Democracy and Empire," *American Quarterly*, vol. 59, no. 1(March 2007).

Hamilton, Keith and Patrick Salmon, eds., *Slavery, Diplomacy and Empire: Britain and the Suppression of the Slave Trade, 1807~1975*(Brighton: Sussex Academic Press, 2009).

Harper, Marjory, "British Migration and the Peopling of the Empire" in *The Oxford History of the British Empire, Vol. III: The Nineteenth Century*, ed. Andrew

Porter(Oxford: Oxford University Press, 1999).

Harris, Bob, *Politics and the Rise of the Press: Britain and France, 1620~1800*(London: Routledge, 1996).

Harris, Jose, "Society and the State in Twentieth-century Britain" in *The Cambridge Social History of Britain, vol. 3: Social Agencies and Institutions,* ed. F. M. L. Thompson(Cambridge: Cambridge University Press, 1993).

Hasan, Mushirul, ed., *Nehru's India; Selected Speeches*(London: Oxford University Press, 2007).

Hastings, Adrian, *The Construction of Nationhood: Ethnicity, Religion and Nationalism* (Cambridge: Cambridge University Press, 1997).

Hatton, Timothy and Jeffrey Williamson, *Global Migration and the World Economy: Two Centuries of Policy and Performance*(Cambridge: The MIT Press, 2008).

Havinden, Michael and David Meredith, *Colonialism and Development: Britain and its Tropical Colonies, 1850~1960*(London: Routledge, 1993).

Headrick, Daniel R., *The Tools of Empire: Technology and European Imperialism in the Nineteenth Century*(Oxford: Oxford University Press, 1981).

_____, *The Tentacles of Progress: Technology Transfer in the Age of Imperialism, 1850~ 1940*(Oxford: Oxford University Press, 1988).

_____, *The Invisible Weapon: Telecommunications and International Politics, 1851~ 1945*(Oxford: Oxford University Press, 1991).

Held, David, "Central Perspective on the Modern State" in *States and Societies*, eds. David Held et al.(New York: New York University Press, 1983).

Held, David et al., eds., *States and Societies*(New York: New York University Press, 1983).

Herman, Arthur, *To Rule the Waves: How the British Navy Shaped the Modern World?*(New York: Harper Perennial, 2004).

_____, "The 'Myth' of British Seapower," *Orbis*, vol. 49, no. 2(Spring 2005).

_____, *Gandhi and Churchill: The Epic Rivalry that Destroyed an Empire and Forged Our Age*(New York: Bantam Books, 2008).

Huttenback, Robert, *Racism and Empire*(Ithaca: Cornell University Press, 1976).

Hyam, Ronald, "The Primacy of Geopolitics: The Dynamics of British Imperial Policy, 1763~1963" in *The Statecraft of British Imperialism*, eds. Robert King and Robin Kilson(London: Frank Cass, 1999).

Jack, Homer A., ed., *The Gandhi Reader*(Bloomington, Indiana University Press, 1956).

Jensz, Felicity, "Missionaries and Indigenous Education in the 19th-Century British Empire: Church-State Relations and Indigenous Actions and Reactions," *History Compass*, vol. 10, no. 4(April 2012).

Johnson, Robert, *British Imperialism: Histories and Controversies*(New York: Palgrave Macmillan, 2003).

Joshi, P. C., "Gandhi and Nehru: The Challenge of a New Society" in B. R. Nanda, P. C. Joshi and Raj Krishna, *Gandhi and Nehru*(Delhi: Oxford University Press, 1979).

Judd, Denis, *Empire: The British Imperial Experience from 1765 to the Present*(London: Fontana Press, 1996).

Kennedy, Paul, "Continuity and Discontinuity in British Imperialism 1815~1914" in *British Imperialism in the Nineteenth Century*, ed. C. C. Eldridge(London: Macmillan, 1984).

Khilnani, Sunil, *The Idea of India*(New York: Farrar, Straus and Giroux, 1997).

King, Robert and Robin Kilson, eds., *The Statecraft of British Imperialism*(London: Frank Cass, 1999).

Kohn, Hans, *Prophets and Peoples: Studies in Nineteenth Century Nationalism*(London: Collier-Macmillan, 1969).

Koshal, Manjulika and Rajindar K. Koshal, "Gandhi's Influence on Indian Economic Planning: A Critical Analysis," *The American Journal of Economics and Sociology*, vol. 32, no. 3(July 1973).

Krishna, Raj, "The Nehru-Gandhi Polarity and Economic Policy" in B. R. Nanda, P. C. Joshi and Raj Krishna, *Gandhi and Nehru*(Delhi: Oxford University Press, 1979).

Kubicek, Robert, "British Expansion, Empire, and Technological Change" in *The Oxford History of the British Empire, Vol. III: The Nineteenth Century*, ed. Andrew Porter(Oxford: Oxford University Press, 1999).

Kupchan, Charles, *The Vulnerability of Empire*(London: Cornell University Press, 1994).

Lacher, Hannes and Julian Germann, "Before Hegemony: Britain, Free Trade and Nineteenth-Century World Order Revisited," *International Studies Review*, vol. 14, no. 1(March 2012).

Lambert, Andrew, "Slavery, Free Trade and Naval Strategy, 1840~1860" in *Slavery, Diplomacy and Empire: Britain and the Suppression of the Slave Trade, 1807~1975*, eds. Keith Hamilton and Patrick Salmon(Brighton: Sussex

Academic Press, 2009).

Landes, David, *The Wealth and Poverty of Nations*(London: Little, Brown and Company, 1998).

———, "Why Europe and the West? Why Not China?," *Journal of Economic Perspectives*, vol. 20, no. 2(Spring 2006).

Lange, Matthew, *Lineages of Despotism and Development: British Colonialism and State Power*(Chicago: University of Chicago Press, 2009).

Lange, Matthew, James Mahoney and Matthias Vom Hau, "Colonialism and Development: A Comparative Analysis of Spanish and British Colonies," *American Journal of Sociology*, vol. 111, no. 5(March 2006).

Lankina, Tomila and Lullit Getachew, "Mission or Empire, Word or Sword? The Human Capital Legacy in Postcolonial Democratic Development," *American Journal of Political Science*, vol. 56, no. 2(April 2012).

La Porta, Rafael, Florencio Lopez-de-Silanes and Andrei Shleifer, "The Economic Consequences of Legal Origins," *Journal of Economic Literature*, vol. 46, no. 2(June 2008).

La Porta, Rafael, Florencio Lopez-de-Silanes, Andrei Shleifer and Robert W. Vishny, "Law and Finance," *Journal of Political Economy*, vol. 106, no. 6 (December 1998).

———, "The Quality of Government," *Journal of Law, Economics, and Organization*, vol. 15, no. 1(April 1999).

Lawson, Philip, *The East India Company: A History*(London: Longman, 1994).

Lloyd, T. O., *The British Empire, 1558~1983*(Oxford: Oxford University Press, 1991).

Locke, John, *The Second Treatise of Government*(New York: The Liberal Arts Press, 1952).

Lopez, Robert, *The Birth of Europe*(New York: M. Evans, 1972).

Louis, Wm. Roger, ed., *More Adventures with Britannia: Personalities, Politics and Culture in Britain*(Austin, Texas: University of Texas Press, 1998).

Luce, Edward, *In Spite of the Gods*(New York: Doubleday, 2007).

Macfarlane, Alan, *The Origins of English Individualism: The Family, Property and Social Transition*(Oxford: Basil Blackwell, 1978).

———, *The Culture of Capitalism*(Oxford: Blackwell, 1989).

Mackenzie, John, ed., *Imperialism and Popular Culture*(Manchester: Manchester University Press, 1986).

_____, *Propaganda and Empire*(Manchester: Manchester University Press, 1988).

_____, "Empire and Metropolitan Cultures" in *The Oxford History of the British Empire, Vol. III: The Nineteenth Century*, ed. Andrew Porter(Oxford: Oxford University Press, 1999).

Mahoney, Paul, "The Common Law and Economic Growth," *The Journal of Legal Studies*, vol. 30, no. 2(June 2001).

Malik, Kenan, *The Meaning of Race: Race, History and Culture in Western Society*(Basingstoke: Macmillan, 1996).

Mangan, J. A., ed., *Making Imperial Mentalities*(Manchester: Manchester University Press, 1990).

Mann, Michael, *States, War and Capitalism*(New York: Blackwell, 1992).

Marshall, P. J., ed., *The Cambridge Illustrated History of the British Empire*(Cambridge: Cambridge University Press, 1996).

Masani, Zareer, *Indian Tales of the Raj*(Berkeley: University of California Press, 1987).

Matzke, Rebecca Berens, *Deterrence through Strength: British Naval Power and Foreign Policy under Pax Britannica*(Lincoln: University of Nebraska Press, 2011).

McEwan, Cheryl, *Postcolonialism and Development*(New York: Routledge, 2009).

McLane, John R., "The Early Congress, Hindu Populism, and the Wider Society" in *Congress and Indian Nationalism: The Pre-Independence Phase*, eds. Richard Sisson and Stanley Wolpert(Berkeley: University of California Press, 1988).

Miles, Robert, "Nationality, Citizenship, and Migration to Britain, 1945~1951," *Journal of Law and Society*, vol. 16, no. 4(Winter 1989).

Misra, B. B., *The Bureaucracy in India*(Delhi: Oxford University Press, 1977).

Moch, Leslie Page, *Moving Europeans: Migration in Western Europe since 1650*(Bloomington: Indiana University Press, 2003).

Mokyr, Joel, ed., *The Economics of the Industrial Revolution*(Totowa, NJ: Rowman & Allanheld, 1985).

_____, *The Gifts of Athena: Historical Origins of the Knowledge Economy*(Princeton: Princeton University Press, 2002).

Mommsen, W. and J. Osterhammel, eds., *Imperialism and After*(London: Allen & Unwin, 1986).

Moore, Robin, "Imperial India, 1858~1914" in *The Oxford History of the British*

Empire, Vol. III: The Nineteenth Century, ed. Andrew Porter(Oxford: Oxford University Press, 1999).

Moorhouse, Geoffrey, *India Britannica*(Chicago: Academy Chicago Publishers, 2000).

More, Charles, *The Industrial Age: Economy and Society in Britain 1750~ 1985*(London: Longman, 1995).

Morris, James, *Pax Britannica: The Climax of an Empire*(New York: Harcourt Brace, 1968).

_____, *Heaven's Command: An Imperial Progress*(New York: Harcourt Brace, 1973).

Muirhead, J. H., "What Imperialism Means," *Fortnightly Review*, CCCCIV(August 1, 1900).

Nanda, B. R., *Gokhale, Gandhi and the Nehrus*(New York: St. Martin's, 1973).

_____, "Nehru and the British," *Modern Asian Studies*, vol. 30, no. 2(May 1996).

_____, *Jawaharlal Nehru: Rebel and Statesman*(Oxford: Oxford University Press, 1995).

_____, *Gandhi: Pan-Islamism, Imperialism and Nationalism in India*(Oxford: Oxford University Press, 2002).

Nanda, B. R., P. C. Joshi and Raj Krishna, *Gandhi and Nehru*(Delhi: Oxford University Press, 1979).

Nasson, Bill, *Britannia's Empire: Making a British World*(Gloucestershire: Tempus, 2004).

Nehru, J., *Selected Writings*, vol. 8(New Dehli: Indian Printing Works, 1976).

Nigam, Raj K., *Memoirs of Old Mandarins of India*(New Delhi: Documentation Centre for Corporate & Business Policy Research, 1985).

O'Brien, Patrick, "The Costs and Benefits of British Imperialism 1846~1914," *Past and Present*, no. 120(August 1988).

_____, "Path Dependency, or Why Britain Became an Industrialized and Urbanized Economy Long before France," *Economic History Review*, vol. 49, no. 2(May 1996).

_____, "The Pax Britannica and American Hegemony: Precedent, Antecedent or Just Another History?" in *Two hegemonies: Britain 1846~1914 and the United States 1941~2001*, eds. Patrick O'Brien and Armand Clesse(Hants, England: Ashgate, 2002).

O'Brien, Patrick and Armand Clesse, eds., *Two hegemonies: Britain 1846~1914 and the United States 1941~2001*(Hants, England: Ashgate, 2002).

O'Brien, Phillips P., "The Titan Refreshed: Imperial Overstretch and the British Navy before the First World War," *Past & Present*, no. 172(August 2001).

Olsson, Ola, "On the Institutional Legacy of Mercantilist and Imperialist Colonialism," *Working Papers in Economics*, no. 247(March 2007), University of Gothenburg, Sweden. http://hdl.handle.net/2077/3135.

Ó Tuathaigh, M. A. G., "The Irish in Nineteenth-century Britain: Problems of Integration," *Transactions of the Royal Historical Society*, Fifth series, vol. 31(1981).

Osterhammel, Jürgen, *Colonialism: A Theoretical Overview*(Princeton: Markus Wiener, 1997).

Padfield, Peter, *Tide of Empires, vol. 1: 1481~1654*(London: Routledge & Kegan Paul, 1979).

_____, *Maritime Power and the Struggle for Freedom*(New York: Overlook Press, 2006).

Palkhivala, Nani A., "Forty-three Years of Independence" in *Nehru Memorial Lectures 1966~1991*, ed. John Grigg(Oxford: Oxford University Press, 1993).

Palmer, Alan, *Dictionary of the British Empire and Commonwealth*(London: John Murray, 1996).

Parekh, Bhikhu, *Gandhi's Political Philosophy: A Critical Examination*(London: Macmillan, 1989).

_____, "Nehru and the National Philosophy of India," *Economic & Political Weekly*, vol. 26, no. 1/2(January 5–12, 1991).

Parker, Geoffrey, "The Place of Tudor England in the Messianic Vision of Phillip II of Spain," *Transactions of the Royal Historical Society*, Sixth series, vol. 12(2002).

Pomeranz, Kenneth, "Empire and 'Civilizing' Missions, Past and Present," *Daedalus*, vol. 134, no. 2(Spring 2005).

Porter, Andrew, "Religion, Missionary Enthusiasm and Empire" in *The Oxford History of the British Empire, Vol. III: The Nineteenth Century*, ed. Andrew Porter(Oxford: Oxford University Press, 1999).

_____, "Trusteeship, Anti-Slavery, and Humanitarianism" in *The Oxford History of the British Empire, Vol. III: The Nineteenth Century*, ed. Andrew Porter(Oxford: Oxford University Press, 1999).

_____, ed., *The Oxford History of the British Empire, Vol. III: The Nineteenth Century*(Oxford: Oxford University Press, 1999).

Porter, Bernard, *Absent-minded Imperialists*(Oxford: Oxford University Press, 2004).

_____, *The Lion's Share: A Short History of British Imperialism, 1850~1970*(New York: Longman, 1975).

Potter, Simon J., "Webs, Networks, and Systems: Globalization and the Mass Media in the Nineteenth-and Twentieth-Century British Empire," *Journal of British Studies*, vol. 46, no. 3(July 2007).

Prasad, Bimal, "Congress versus the Muslim League, 1935~1937" in *Congress and Indian Nationalism: The Pre-Independence Phase*, eds. Richard Sisson and Stanley Wolpert(Berkeley: University of California Press, 1988).

Pratt, Mary Louise, *Imperial Eyes: Travel Writing and Transculturation*(New York: Routledge, 1992).

Price, Richard, "One Big Thing: Britain, Its Empire, and Their Imperial Culture," *Journal of British Studies*, vol. 45, no. 3(July 2006).

Ramusack, Barbara N., "Congress and the People's Movement in Princely India: Ambivalence in Strategy and Organization" in *Congress and Indian Nationalism: The Pre-independence Phase*, eds. Richard Sisson and Stanley Wolpert(Berkeley: University of California Press, 1988).

Reynolds, David, *Britannia Overruled*(London: Longman, 1996).

Rich, Paul, *Race and Empire in British Politics*(Cambridge: Cambridge University Press, 1990).

Rodger, N. A. M., "Queen Elizabeth and the Myth of Sea-Power in English History," *Transactions of the Royal Historical Society*, Sixth series, vol. 14(December, 2004).

Schain, Martin A., *The Politics of Immigration in France, Britain and the United States: A Comparative Study*(Basingstoke: Palgrave Macmillan, 2008).

Sharma, Shankar Dayal, "Nehru's Internal Impact on India as PM" in *Nehru Memorial Lectures 1966~1991*, ed. John Grigg(Oxford: Oxford University Press, 1993).

Sisson, Richard and Stanley Wolpert, eds., *Congress and Indian Nationalism: The Pre-Independence Phase*(Berkeley: University of California Press, 1988).

Skidelsky, Robert, *Interests and Obsessions*(London: Macmillan, 1993).

Smiles, Samuel, *Self-Help*, ebook(Waiheke Island: The Floating Press, 2009).

Smith, Adam, *An Inquiry into the Nature and Causes of the Wealth of Nations*, Book I(Oxford: Clarendon, 1976).

Smith, Martin, "Institutional Approaches to Britain's Relative Economic Decline" in *Rethinking British Decline*, eds. Richard English and Michael Kenny(Basingstoke, Hampshire: Macmillan, 2000).

Stafford, Robert, "Scientific Exploration and Empire" in *The Oxford History of the British Empire, Vol. III: The Nineteenth Century*, ed. Andrew Porter(Oxford: Oxford University Press, 1999).

Steger, Manfred B., "Mahatma Gandhi on Indian Self-rule: A Nonviolent Nationalism?," *Strategies*, vol. 13, no. 2(2000).

Steinmetz, George, "The Sociology of Empires, Colonies, and Postcolonialism," *Annual Review of Sociology*, vol. 40(June 2014). *The Cambridge Social History of Britain, vol. 3: Social Agencies and Institutions*, www.annualreviews.org.

Stone, Lawrence, *The Past and the Present Revisited*(London: Routledge & Kegan Paul, 1987).

Storry, Mike and Peter Childs, eds., *British Cultural Identities*(London: Routledge, 2002).

Thane, Pat, "Government and Society in England and Wales, 1750~1914" in *The Cambridge Social History of Britain, vol. 3: Social Agencies and Institutions*, ed. F. M. L. Thompson(Cambridge: Cambridge University Press, 1993).

Thompson, Andrew, *Imperial Britain: The Empire in British Politics, c. 1880~1932*(Harlow: Pearson Education, 2000).

_____, *The Empire Strikes back?*(Harlow: Pearson Education, 2005).

Thompson, F. M. L., *The Rise of Respectable Society*(London: Fontana, 1988).

_____, ed., *The Cambridge Social History of Britain, vol. 3: Social Agencies and Institutions*(Cambridge: Cambridge University Press, 1993).

Thompson, John, "The Theory of the Public Sphere," *Theory, Culture & Society*, vol. 10, no. 3(August 1993).

Treisman, Daniel, "The Causes of Corruption: A Cross-national Study," *Journal of Public Economist*, vol. 76, no. 3(June 2000).

Turner, Bryan and Peter Hamilton, eds., *Citizenship: Critical Concepts*(London: Routledge, 1994).

Waites, Bernard, *Europe and the Third World: From Colonisation to Decolonisation, c. 1500~1998*(New York: St. Martin's Press, 1999).

Waters, Chris, "'Dark Strangers' in Our Midst: Discourses of Race and Nation in Britain, 1947~1963," *Journal of British Studies*, vol. 36, no. 2(April 1997).

Webster, Anthony, *The Debate on the Rise of the British Empire*(Manchester:

Manchester University Press, 2006).

Webster, Wendy, *Englishness and Empire, 1939~1965*(Oxford: Oxford University Press, 2007).

Winder, Robert, *Bloody Foreigners: The Story of Immigration to Britain*(London: Abacus, 2005).

Wolpert, Stanley, *A New History of India*(London: Oxford University Press, 1997).

_____, *Gandhi's Passion: The Life and Legacy of Mahatma Gandhi*(Oxford: Oxford University Press, 2001).

Young, Robert J. C., *Postcolonialism: An Historical Introduction*(Oxford: Blackwell, 2001).

Zachariah, Benjamin, *Nehru*(London: Routledge, 2004).

간디, 마하트마 지음, 안찬수 옮김, 『힌두 스와라지』(강, 2002).

기조, 프랑수아 지음, 임승휘 옮김, 『유럽 문명의 역사』(아카넷, 2017).

김성준 외, 『세계해양사』(한국해양대학교출판부, 2003).

네루, 자와할랄 지음, 정민걸·김정수 옮김, 『네루 자서전: 자유를 향하여』(간디서원, 2005).

디킨스, 찰스 지음, 최석진 옮김, 『청소년을 위한 잉글랜드인 이야기』(시와진실, 2012).

랜즈, 데이비드 지음, 안진환·최소영 옮김, 『국가의 부와 빈곤』(한국경제신문, 2010).

린, 존 지음, 이내주 옮김, 『배틀, 전쟁의 문화사』(청어람, 2006).

맥닐, 존·윌리엄 맥닐 지음, 유정희·김우영 옮김, 『휴먼 웹: 세계화의 세계사』(이산, 2007).

모키르, 조엘 지음, 김민주·이엽 옮김, 『성장의 문화: 현대 경제의 지적 기원』(에코리브르, 2018).

몽고메리, 버나드 지음, 승영조 옮김, 『전쟁의 역사』(책세상, 2004).

바루마, 이언·아비샤이 마갤릿 지음, 송충기 옮김, 『옥시덴탈리즘 반서양주의의 기원을 찾아서』(민음사, 2007).

박단 편, 『현대 서양사회와 이주민: 갈등과 통합 사이에서』(한성대학교출판부, 2009).

박은재, 「영국 노동당 정부(1964~1970)의 이민-인종 정책」, 《영국연구》 26권(2011, 12).

박지향, 「영국 노동조합운동: 노동주의의 전개과정」, 《역사학보》 130권(1991, 6).

_____, 『제국주의: 신화와 현실』(서울대학교출판문화원, 2000).

_____, 「간디 다시 읽기: 근대문명 비판을 중심으로」, 《역사비평》 66권(2004, 봄).

_____, 『영국적인 너무나 영국적인』(기파랑, 2008).

_____, 「서양 역사에 나타난 다문화와 문화 충돌」, 한국학술협의회 편, 《지식의 지평》 8호(아카넷, 2010).

_____, 「자와할랄 네루의 나라 만들기」, 《영국연구》 25권(2011, 6).

_____, 『대처 스타일: 누구도 사랑하지 않았지만 모두가 존경했던 철의 여인』(김영사, 2012).

_____, 『클래식 영국사』(김영사, 2012).

_____, 『정당의 생명력: 영국 보수당』(서울대학교출판문화원, 2017).

_____, 『근대로의 길』(세창, 2017).

버크, 에드먼드 지음, 이태숙 옮김, 『프랑스혁명에 관한 성찰』(한길사, 2010).

베버, 막스 지음, 박성수 옮김, 『프로테스탄티즘의 윤리와 자본주의 정신』(문예출판사, 1995).

베일린, 버나드 지음, 배인호 옮김, 『대서양의 역사』(뿌리와이파리, 2010).

보비오, 노르베르토 지음, 황주홍 옮김, 『자유주의와 민주주의』(문학과지성사, 1992).

브레머, 이언 지음, 진영욱 옮김, 『J 커브』(베리타스북스, 2007).

서상규, 「W. T. 스테드의 해군 캠페인과 19세기 말 영국 해군 개혁」, 《서양사연구》 44권(2011, 5).

송병건, 「산업혁명 시기 영국 기술선도의 요인」, 《경제사학》 40권 3호(2016, 12).

스미스, 사이먼 C. 지음, 이태숙·김종원 옮김, 『영국 제국주의: 1750~1970』(동문선, 2001).

애쓰모글루, 대런·제임스 A. 로빈슨 지음, 최완규 옮김, 『국가는 왜 실패하는가』(시공사, 2012).

애플비, 조이스 지음, 주경철·안민석 옮김, 『가차 없는 자본주의: 파괴와 혁신의 역사』(까치, 2012).

에이더스, 마이클 지음, 김동광 옮김, 『기계, 인간의 척도가 되다』(산처럼, 2011).

월퍼트, 스탠리 지음, 한국리더십학회 옮김, 『영혼의 리더십』(시학사, 2002).

윌리엄스, 에릭 지음, 김성균 옮김, 『자본주의와 노예제도』(우물이있는집, 2014).

윤영휘, 「영국의 해외 노예무역 억제 외교정책국제 중재법원의 설립과 운영을 중심으로 1815~1851」, 《서양사론》 128권(2016, 3).

이영석, 『공장의 역사』(푸른역사, 2012).

전윤재, 「영국 해군의 노예무역 단속함대를 둘러싼 정치적 갈등 1839~1850: 의회의 함대 철수 논의를 중심으로」, 《서양사연구》 44권(2011, 5).

정희라, 「영국 자유방임식 다문화주의」, 박단 편, 『현대 서양사회와 이주민: 갈등과 통합 사이에서』(한성대학교출판부, 2009).

주경철, 『대항해시대』(서울대학교출판문화원, 2008).

_____, 『문명과 바다』(산처럼, 2009).

_____, 『주경철의 유럽인 이야기 3: 근대의 절정』(휴머니스트, 2017).

차기벽, 『간디의 생애와 사상』(한길사, 1995).

차다, 요게시 지음, 정영목 옮김, 『마하트마 간디』(한길사, 2001).

추아, 에이미 지음, 이순희 옮김, 『제국의 미래』(비아북, 2007).

케네디, 폴 지음, 이일수·전남석·황건 공역, 『강대국의 흥망』(한국경제신문, 1988).

_____, 김주식 옮김, 『영국 해군 지배력의 역사』(한국해양전략연구소, 2010).

킨, 존, 「독재와 민주주의 1750~1850: 국가와 시민사회 구분의 기원과 발전」, 한국
    정치연구회 정치이론분과 편, 『국가와 시민사회』(녹두, 1993).

킨들버거, 찰스 P. 지음, 주경철 옮김, 『경제 강대국 흥망사』(까치, 2004).

파그덴, 안토니 지음, 한은경 옮김, 『민족과 제국』(을유문화사, 2003).

파이프스, 리처드 지음, 서은경 옮김, 『소유와 자유』(나남, 2008).

퍼거슨, 니얼 지음, 김종원 옮김, 『제국』(민음사, 2006).

_____, 구세희·김정희 옮김, 『시빌라이제이션: 서양과 나머지 세계』(21세기북스,
    2011).

페로, 마르크 편, 고선일 옮김, 『식민주의 흑서』 상권(소나무, 2008).

페일, 어니스트 지음, 김성준 옮김, 『서양 해운사』(혜안, 2004).

푸르카드, 마리, 「인도의 영국인, 1959~1947 또는 '냉소주의' 시대」, 마르크 페로
    편, 고선일 옮김, 『식민주의 흑서』 상권(소나무, 2008).

하라리, 유발 지음, 조현욱 옮김, 『사피엔스』(김영사, 2015).

하우, 스티븐 지음, 강유원·한동희 옮김, 『제국』(뿌리와이파리, 2007).

한국정치연구회 정치이론분과 편, 『국가와 시민사회』(녹두, 1993).

헬드, 데이비드 지음, 박찬표 옮김, 『민주주의의 모델들』(후마니타스, 2014).

홉스봄, 에릭 지음, 김동택 옮김, 『제국의 시대』(한길사, 1998).

[색인]

리펄스 호 177

밀, 존 스튜어트 97, 280

KI신서 7716

제국의 품격

1판 1쇄 발행 2018년 8월 30일
1판 5쇄 발행 2024년 6월 3일

지은이 박지향
펴낸이 김영곤
펴낸곳 (주)북이십일 21세기북스

서가명강팀장 강지은 **서가명강팀** 박강민 서윤아
디자인 표지 민진기디자인 **본문** 푸른나무디자인
출판마케팅영업본부장 한충희
마케팅2팀 나은경 정유진 백다희 이민재
출판영업팀 최명열 김다운 김도연 권채영
제작팀 이영민 권경민

출판등록 2000년 5월 6일 제406-2003-061호
주소 (10881) 경기도 파주시 회동길 201(문발동)
대표전화 031-955-2100 **팩스** 031-955-2151 **이메일** book21@book21.co.kr

(주)북이십일 경계를 허무는 콘텐츠 리더

21세기북스 채널에서 도서 정보와 다양한 영상자료, 이벤트를 만나세요!
페이스북 facebook.com/jiinpill21   포스트 post.naver.com/21c_editors
인스타그램 instagram.com/jiinpill21   홈페이지 www.book21.com
유튜브 youtube.com/book21pub
서울대 가지 않아도 들을 수 있는 명강의! 〈서가명강〉
유튜브, 네이버, 팟캐스트에서 '서가명강'을 검색해보세요!

ⓒ 박지향, 2018
ISBN 978-89-509-7663-7 03920